国家社会科学基金教育学青年课题资助项目(CBA120108)

流动青少年心理健康教育研究

王道阳　著

中国矿业大学出版社
·徐州·

内容提要

本书针对流动青少年群体采用网络测试取样的方式，调查了不同类型的流动青少年群体，调查内容包括人格、情绪、主观健康、家庭社会经济地位以及人口学变量等，形成了一定规模的流动青少年心理健康数据库。并且检验了相应工具在流动青少年群体中的信效度，比较了不同类型、途径流动青少年在心理健康观、人格、情绪以及幸福感等方面的差异，探讨了流动青少年人格、情绪及幸福感的影响因素，以及它们相互之间的关系与作用。最后，针对流动青少年心理健康存在的问题及影响因素，提出了心理健康教育整合机制以及构建流动青少年社会融合心理支持系统的对策。

图书在版编目(CIP)数据

流动青少年心理健康教育研究/王道阳著. —徐州：中国矿业大学出版社，2018.11

ISBN 978-7-5646-3652-4

Ⅰ. ①流… Ⅱ. ①王… Ⅲ. ①青少年—流动人口—心理健康—健康教育—研究 Ⅳ. ①G444

中国版本图书馆 CIP 数据核字(2017)第 185636 号

书　　名　流动青少年心理健康教育研究
著　　者　王道阳
责任编辑　赵　雪　王美柱
出版发行　中国矿业大学出版社有限责任公司
（江苏省徐州市解放南路　邮编 221008）
营销热线　(0516)83884103　83885105
出版服务　(0516)83995789　83884920
网　　址　http://www.cumtp.com　**E-mail**：cumtpvip@cumtp.com
印　　刷　江苏淮阴新华印务有限公司
开　　本　787 mm×1092 mm　1/16　**印张** 11.25　**字数** 281 千字
版次印次　2018 年 11 月第 1 版　2018 年 11 月第 1 次印刷
定　　价　36.00 元

目　录

前　言

近40年的改革开放，城市化进程不断加快，我国人口流动的规模也逐年增长。截至2017年年底，我国流动人口规模达2.45亿人，占总人口的18%。其中，24岁以下的流动青少年占流动人口总数近五分之一。流动青少年的生活特点是生活环境处于城与乡、城与城、城市内部的流动中。流动青少年的迁移、流动使得他们原有的学习与生活受到城市生活的极大冲击。这些冲击、变化给流动青少年的学习与身心健康带来了巨大挑战，需要他们在心理与行为方面作出相应的调整。因此，只有整合家庭—学校—社区(社会)资源才能有效应对流动青少年的心理健康问题。一方面，传统的学校心理健康教育体系面对不断流动的教育对象会面临诸多困难，把家庭心理健康教育、学校心理健康教育、社区(社会)心理健康教育有机整合是提升流动青少年心理健康教育的有效对策。另一方面，个体心理健康“病因根植于家庭，病象显现于学校，病情恶化于社会”，所以，流动青少年的心理健康教育需要家庭、学校、社区(社会)相结合，需要从整体视角构建流动青少年心理健康教育体系，融合、共享不同途径、类型的流动青少年心理健康教育资源。

2012年12月在《中小学心理健康教育指导纲要》颁布十周年之际，教育部对原指导纲要进行了进一步修改，并颁布了《中小学心理健康教育指导纲要(2012年修订)》。该文件的出台是为深入贯彻党的十八大精神，落实《中共中央国务院关于进一步加强和改进未成年人思想道德建设的若干意见》和《国家中长期教育改革和发展规划纲要(2010—2020年)》要求。这些文件都明确提出针对特殊群体的心理健康教育的重要意义。流动青少年作为特殊群体之一，清楚了解该群体面临的现实问题，探索其心理健康教育新对策是每一个心理学、教育学研究者义不容辞的责任。

本书针对流动青少年群体采用网络测试取样的方式，调查了不同类型的流动青少年群体，总样本数近1万份，调查内容包括人格、情绪、主观健康、家庭社会经济地位以及人口学变量等，形成了一定规模的流动青少年心理健康数据库。并且检验了相应工具在流动青少年群体中的信效度，比较了不同类型、途径流动青少年在心理健康观、人格、情绪以及幸福感等方面的差异，探讨了流动青少年人格、情绪及幸福感的影响因素，以及它们相互之间的关系与作用。最后，针对流动青少年心理健康存在的问题及影响因素，提出了心理健康教育整合机制以及构建流动青少年社会融合心理支持系统的对策。

本书是作者主持的国家社会科学基金教育学青年课题“不同类型流动青少年心理健康教育的衔接与贯通研究”（项目编号：CBA120108）的研究成果。

在撰写本书过程中，作者曾广泛阅读了国内外大量文献资料，引用了诸多相关研究成果和测验量表，谨向这些文献资料的著作权人和作者们致以衷心的感谢。我的研究生陆祥、董丹、周丽、魏玮、殷欣、宋冉、邹梓成、陈少月、左晨毅、袁芳琦、朱巧凤、钱雪蕾等同学，协助我进行了数据的收集、整理和分析，对他们的帮助表示衷心感谢。还要感谢中国矿业大学出版社王美柱、赵雪等老师提出的宝贵修改意见与付出的辛勤劳动。

2018年10月8日

第一章　流动青少年心理健康教育研究背景

第一节　我国流动青少年心理健康研究现状

随着社会经济的高速发展，社会流动的规模越来越大，流动人口中大多数是18～45岁的中青年，而他们的子女正处在学龄阶段。在现行的城乡政策框架下，流动人口子女无法享受与城市同龄儿童同等的教育机会，也被排斥于乡村正式的教育体系之外，形成了一个被"边缘化"的庞大群体——"流动青少年"。流动青少年主要由农民工子女组成，是新型城镇化的主要对象。其特点是生活环境处于城与乡、城与城、城市内部的流动中，生活状态处于学习、就业、待业的变化中。这种变化容易造成社会适应等心理问题，而心理问题的成因又交织着社会、学校、家庭及身心等诸多因素。流动青少年已经成为城市人口的重要组成部分，流动青少年的社会融合是新型城镇化、创新社会治理必须面对的课题。

一、流动青少年心理健康存在的问题

（一）流动青少年心理健康整体水平偏低

流动青少年规模逐渐扩大，而流动青少年心理健康整体水平偏低。调查显示，我国流动人口已达2.61亿，其中流动青少年占流动人口总数近五分之一①。研究显示，31.6%的流动青少年存在一定程度的心理健康问题，8.9%的流动青少年存在较为严重的心理健康问题②。有统计表明，在我国青少年人群死亡案例中，自杀是最大的死因，超过了车祸、疾病等。而农村自杀率是城市的3倍，即75%的自杀发生在农村③。流动青少年处于农村与城市的边缘地带，长期的心理健康问题未能及时调适与疏导，正是导致高自杀率的因素之一。肖蕊④研究发现，流动儿童心理健康总体状况堪忧，超过半数的被调查流动儿童存在轻度及以上的心理问题。来自不同类别学校的流动儿童与本地儿童在心理健康水平上存在明显的差异，普通中学本地儿童的心理问题总检出率明显低于农村中学流动儿童的检出率。邓远平等⑤研究显示，流动人口子女的心理问题检出率要高于本地生源。陈艳君⑥的研究发现，

① 程遥.健康城镇化背景下的流动人口发展趋势与对策[J].经济地理，2012，32(4)：25-31.

② 中国青少年研究中心课题组."十五"期间中国青年发展状况与"十一五"期间中国青年发展趋势研究报告[R].中国青少年研究网.2008.

③ 谢绮珊.农村自杀率三倍于城市[N].广州日报.2011-09-08.

④ 肖蕊.北京市流动儿童心理健康状况及学校社会工作路径研究[D].武汉：华中农业大学，2012：1-53.

⑤ 邓远平，林赞歌.公立小学流动人口子女心理健康状况调查与分析[J].内蒙古师范大学学报（教育科学版），2010，23(2)：33-37.

⑥ 陈艳君.流动儿童心理健康研究述评[J].南京人口管理干部学院学报，2012，28(3)：33-36.

流动儿童心理健康水平普遍低于城市儿童。张清霞①的研究表明，流动人口子女在心理健康状况总分及恐怖倾向、学习焦虑、身体症状和过敏倾向上得分均显著高于非流动人口子女，尤其是在学习焦虑和身体症状方面。周文娇②的研究指出，农民工子女，尤其是流动儿童，整体来说心理复原力较差，从外界环境获得的心理资源和支持较少，对外部环境的参与也相对较少。从国内研究来看，得出的结论基本一致，即流动青少年的心理健康水平显著低于城市本地青少年，心理健康状况堪忧。这些流动青少年的心理发展呈现出以下特点：自卑、孤独感、焦虑、恐惧、反抗以及各种行为问题。

（二）流动青少年城市认同感、归属感较低

调查显示，流动青少年心理认同感、社会公平感较低。其中近 80%的流动青少年对城市生活没有归属感，不认同自己的城市身份；67.3%的流动青少年不认为社会公平。在流动青少年生活满意度上，研究结果也表明农民工随迁子女的生活满意度显著低于城镇子女。流动青少年对城市生活的心理认同是社会融合的重要基础。身份认同感、归属感的缺失，直接影响着社会公平感。社会公平感是青少年形成正确的世界观、价值观、人生观的核心。单丹丹③的研究指出，城市儿童的社会身份认同表现出了很大的模糊性；男生较女生对于自己的身份认同更加明确，女生则表现出更大的模糊性；随着年级的增长，流动儿童对于农村人身份认同呈下降趋势，城市人身份认同呈上升趋势，不清楚认同也呈上升趋势并且幅度大于前者；城市人认同与农村人认同在居住时间上，以 3～5 年为界，呈现相反的变化趋势，不清楚认同随着居住时间的增加而逐渐降低。唐咏④的研究表明，流动儿童的特殊性往往会导致他们产生身份认同危机。刘杨等⑤的研究表明，社会身份冲突会负向影响流动儿童城市适应状况；社会身份冲突在歧视与城市适应中的心理适应维度之间起中介作用。袁晓娇等⑥的研究结果表明，流动儿童的社会认同大多属于同化和分离模式；流动儿童的社会认同及适应模式在性别、家庭经济地位、来京时间、教育安置方式等因素上存在显著差异。

（三）流动青少年受困心理、失衡心理导致犯罪率上升

据中国青少年犯罪研究会统计资料表明，近年我国青少年犯罪总数已占到了全国刑事犯罪总数的 70%，其中流动青少年犯罪又占到青少年犯罪总数的 70%以上⑦。究其原因：首先，流动青少年既是农村的城市人，又是城市的乡村人，交织着城市与乡村的复杂情感。特殊身份使他们在寻职受挫或境遇不佳时，常产生一种进退维谷的受困之感；其次，城市发展的“经济接纳”“社会拒入”模式，使得流动青少年主观期望与实际地位出现相对低下的落

---

① 张清霞，王赛男，王倩倩，等. 流动人口子女心理健康状况及对策研究[J]. 山东省青年管理干部学院学报，2005，21(6)：13-16.

② 周文娇，高文斌，孙昕霙，等. 四川省流动儿童和留守儿童的心理复原力特征[J]. 北京大学学报（医学版），2011，43(3)：386-390.

③ 单丹丹. 城市流动儿童社会身份认同及其对心理健康的影响[D]. 西安：陕西师范大学，2011：1-49.

④ 唐咏. 流动儿童的身份认同和心理健康研究[J]. 天津市经理学院学报，2008(5)：9-10.

⑤ 刘杨，方晓义，戴哲茹，等. 流动儿童歧视、社会身份冲突与城市适应的关系[J]. 人口与发展，2012，18(1)：19-27.

⑥ 袁晓娇，方晓义，刘杨，等. 流动儿童社会认同的特点、影响因素及其作用[J]. 教育研究，2010，31(3)：37-45.

⑦ 陈维环. 浅析未成年人犯罪[J]. 法制与社会，2011(36)：277-278.

差，导致内心失衡。受困心理、失衡心理无法有效排解，积聚到一定程度，在一定条件下就可能导致违法犯罪行为的发生。何雪松等①的研究表明，流动儿童在敌意、行为等方面存在一定的问题，且在一定程度上略高于本地儿童。高云娇等②的研究发现，流动儿童的犯罪行为很严重，社会支持水平和罪错行为发生的可能性呈负相关。陈曦等③研究证实负面情绪是压力与流动儿童越轨行为间的重要中介变量；由于缺少社会支持，流动儿童的负面情绪更易导致其越轨行为的发生。曹文慧④的研究指出，农民工子女长期被排斥在城市的主流群体之外，歧视性的待遇、城市生活与工作中的挫折感，以及与城市未成年人相比产生的相对剥夺感，易诱发不同程度的认同危机和心理危机。农民工子女违法犯罪问题严重植根于一个很重要的原因，就是他们很难获得对城市的“文化认同”。苏利荣⑤的研究指出，由于生活环境的不同，加上得不到城市的认可，有些孩子往往会产生自卑心理。在这种自卑的心态下，有的孩子就会走极端，轻则违反社会治安，破坏社会公共环境，重则走上违法犯罪的道路。

二、流动青少年心理健康的影响因素

（一）文化冲突影响身份认同

彭丽娟⑥的研究指出，群体文化启动情境下，流动儿童的文化身份认同对其心理适应有显著影响作用，认同城市人身份的流动儿童，他们在城市人积极文化启动情境下的生活满意度最高。而对于认同农村人身份的流动儿童，其积极情感体验显著高于认同城市人身份的儿童，但他们在消极的文化氛围中会体验更多的消极情感。刘杨等⑦的研究发现，流动儿童社会身份认同会促进城市适应的进程，社会身份认同对自尊具有积极影响，自尊水平对城市适应、心理适应、社会文化适应具有显著的正向预测作用，自尊在社会身份认同与城市适应中起中介作用。有关社会身份认同与冲突对流动儿童心理健康的影响的研究结果比较复杂，涉及方面广泛，也突显了这一问题的研究价值。其中，居住时间、性别、经济状况等都对流动儿童的身份认同有影响，身份认同又作为其他因素的中介影响着流动儿童的适应及心理健康。城市和农村两种身份认同究竟哪一种更有利于流动儿童的心理健康，有待进一步的研究。

（二）不良的家庭教养方式

程绍珍等⑧研究表明，流动人口子女家庭环境的亲密度、情感表达、矛盾性、独立性、

① 何雪松，刘东，张靖．流动儿童的敌意与行为问题：以上海为例的问卷调查[J]．青少年犯罪问题，2009(6)：14-17．

② 高云娇，余艳萍．我国流动儿童社会支持和罪错行为的状况及关系的研究综述[J]．青年探索，2012(3)：67-73．

③ 陈曦，钟华．压力、负面情绪与中国流动儿童的越轨行为[J]．青少年犯罪问题，2012(5)：22-33．

④ 曹文慧．对农民工子女违法犯罪问题的思考[J]．武警学院学报，2008，24(3)：32-35．

⑤ 苏利荣．农民工子女违法犯罪原因分析及对策思考[J]．重庆科技学院学报（社会科学版），2011(16)：53-54．

⑥ 彭丽娟．群体文化启动情境下，流动儿童的文化身份认同及其对心理适应的影响研究[D]．重庆：西南大学，2012：1-69．

⑦ 刘杨，方晓义．流动儿童社会身份认同与城市适应的关系[J]．社会科学战线，2013(6)：190-194．

⑧ 程绍珍，杨明，师莹．城市流动人口子女的家庭环境与心理健康的关系研究[J]．南京工程学院学报（社会科学版），2012，12(1)：14-16．

文化性、娱乐性、道德宗教观和组织性与心理健康的多数维度呈现统计学意义相关关系。邓远平等①研究表明，流动人口相对不良的家庭环境对子女心理健康有负面影响，主要影响因素是矛盾性、成功性、情感表达和娱乐性。陈雷音②的研究发现，父母的养育方式与流动儿童的行为、社会能力、焦虑、抑郁和自我意识有关，积极的养育方式与社会能力、自我意识正相关，而不良的养育方式与行为问题、焦虑、抑郁情绪正相关。母亲情感温暖显著预测流动儿童的行为问题、焦虑抑郁情绪和自我意识，年龄预测行为、焦虑抑郁情绪。栾文敬③研究表明，夫妻关系、亲子关系中的忽视、当着外面人的吼骂显著影响流动儿童的心理健康。毛向军④的研究指出，尽管流动儿童个人、家庭、学校因素对其心理韧性有预测作用，但流动儿童的亲子依恋因素对其心理韧性有更强的预测性。

从以上研究可以看出，家庭环境以及父母的教养方式对流动青少年的心理健康有重要影响。流动人口属于弱势群体，流动家庭的家长大多从事体力劳动，工作辛苦，没有时间教育和照顾流动青少年，这样的现实情况造成流动青少年缺少家庭温暖和父母的关怀。由于流动青少年家长受教育程度普遍不高，教育子女手段简单、粗暴，当子女出现了某种困惑时，往往得不到及时有效的疏导和交流，甚至是错误的指导和示范，这会对子女的心理健康造成严重的负面影响，容易使流动青少年产生自卑、孤僻、自暴自弃等心理现象。由于家庭经济问题，流动青少年的学习用品、服饰等都不如同龄人，这使得他们容易产生自卑心理。他们通常住在简陋的环境里，居住环境拥挤、狭小、不卫生，缺乏可以静心学习的必要环境和条件，面临的是生活甚至生存的困境，这对流动青少年的学习成长是不利的。因此，想要从根本上解决流动青少年的心理健康问题，还要从其家庭环境入手。

（三）社会支持系统不健全

赵英淑等⑤研究指出，社会支持对流动儿童的心理健康具有重要影响，其中部分是通过学校归属感的中介作用而实现的。对流动儿童进行心理干预，应当充分重视和利用学校归属感的积极作用。许松芽⑥的研究表明，流动儿童的社会支持能够影响心理适应性，不同性别、流动时间、自评学习成绩的流动儿童的心理适应性和社会支持存在一定的统计差异。社会支持是一个人通过社会联系所获得的能减轻心理应激、缓解紧张状态、提高社会适应能力的影响。对于流动青少年来说，社会支持可以满足其自尊的需要，给予其情感安慰，帮助其解决问题。学校和同辈群体作为流动青少年社会支持的重要来源，也是实施心理健康教育的重要环节，应作为改善流动青少年心理健康水平的关键点。

---

① 邓远平，林赞歌．公立小学流动人口子女心理健康状况调查与分析[J]．内蒙古师范大学学报（教育科学版），2010，23(2)：33-37.

② 陈雷音．长沙市流动儿童心理状况的对照研究[D]．长沙：中南大学，2011：1-50.

③ 栾文敬，路红红，童玉林，等．家庭关系对流动儿童心理健康的影响[J]．学前教育研究，2013(2)：27-36.

④ 毛向军，王中会．流动儿童亲子依恋及对其心理韧性的影响[J]．中国特殊教育，2013(3)：50-55.

⑤ 赵英淑，杨磊．流动儿童社会支持与心理健康：学校归属感的中介作用[J]．青岛职业技术学院学报，2011，24(6)：56-59.

⑥ 许松芽．流动儿童心理适应性和社会支持的关系研究[J]．宁波大学学报（教育科学版），2012，34(6)：59-63.

第二节　美国移民青少年心理健康研究现状

迁徙不仅对于动物至关重要，对于人类的生存繁衍也是至关重要。特别是进入全球化的今天，移民对于一个国家、民族的社会经济政治发展都有着重要的影响。最为典型的国家就是美国，2014 年，美国移民人口比 1980 年增加逾一倍，占总人口的 13.3%，即每 8 个美国公民中就有一个是在外国出生。若再加上移民家庭出生的子女，移民人口将达 5 860 万人，占美国居民人数的 1/6①。移民以及移民子女的社会融入是社会学、教育学、心理学等不同学科研究者，以及政府相关部门急切关注的问题，移民儿童往往面临着身心健康、教育、贫困等问题，往往难以融入当地社会，因此，越来越多学者开始关注怎样提高他们的学业成就、身心健康、社交和认知发展水平以及社会经济状况。

一、移民青少年社会心理认同的理论取向

关于移民与社会心理认同问题，大致有三种理论取向，一是熔炉理论（melting pot theory）。该理论认为移民到一个新的环境，不同种族、民族相互借鉴学习，相互融合，形成新的独特文化；建国前期，美国移民主要来自英国、德国、爱尔兰和法国等西北欧国家，此后，俄国、奥匈帝国、意大利和波兰等东南欧国家也逐渐增多。移民在相互学习、交流的过程中逐渐接受美国人的文化与价值观念，效仿美国人的生活方式，认同并遵从美国的社会制度，在政治上、文化上、心理上和民族感情上树立"美国第一"的观念②。

二是线性同化理论（straight-line assimilation theory）。该理论认为移民同化是一个自然过程，一般会经历相遇、竞争、适应、同化等几个阶段。最终不同文化背景的移民都逐渐摒弃来源地文化，认同当地文化，并最终与当地趋同③。线性同化理论本质上是移民以及他们后代向上流动过程的同化，每一代通过努力逐步融入美国主流社会，每一代都会获得比上一代更高的社会和经济地位，以至于达到文化、语言、社会经济地位以及社会心理认同上越来越类似于美国的中产阶级。因此，线性同化理论认为同化和向上移动是同步进行的。

三是多向分层同化理论（segmented assimilation theory）。该理论是针对线性同化理论无法解释有些族裔的移民群体长期被困社会底层，而有些族裔群体能够避开。美国社会是多样化和分段的，许多新移民家庭第一次定居在下层阶级居住的城市中心。因此，新移民可以被不同的群体所同化，从而可能采取不同的同化路径。这些路径包括传统上的向上和向下的同化，以及有选择的文化互渗。因为社会经济背景以及文化差异，移民群体中或移民群体间将会有不同的融合方式，一般有三种：(1) 融合于欧洲裔白人为主导的核心文化或融合于白人中产阶级为主导的主流社会；(2) 融合于本土边缘社会亚文化；(3) 通过族裔经济实

① CAMAROTA S A，ZEIGLER K. Immigrant population hits record 42.1 million in second quarter of 2015[J]. Center for immigration studies，2015(8)：1-10.

② 姚建军. 试析美国"熔炉论"理想与现实之间的悖论[J]. 世界民族，2011(2)：40-44.

③ PARK R E，BURGESS E W，JANOWIT M. Introduction to the science of sociology：including the original index to basic sociological concepts[M]. Chicago：University of Chicago Press，1969.

现选择性融合①。

三种理论都有其历史意义以及历史局限性，比如，美国文化形成时期能用熔炉理论很好地解释；对于美国独立之后的第一代新移民来说，往往符合线性同化理论，是一种被动的融合；第二代或之后的移民不再符合线性同化理论，而是一种多元化的融合，即符合多向分层同化理论。

二、移民青少年社会心理认同研究领域

（一）移民青少年的语言学习能力获得

倾向于推动“强制同化”的社会学者认为，双语主义会抑制主要讲英语的人们适应社会，并创造一种“新的种族隔离”。Leventhal 等②研究了 4 个种族的 6～16 岁的移民儿童英语口语能力的差异，结果表明，所有儿童的平均分随年龄增长而增长，移民儿童比非移民儿童得分更低；然而，移民儿童在青年期比非移民儿童在口语能力上的增长更多；家庭资源仅仅对平均口语得分有影响。“强制同化”的研究者认为，应该让移民儿童仅仅学习英语，主动融入美国社会，才会对将来的就业及自身发展更加有利。

也有研究者认为，双语不仅仅意味着能说两种语言，也要求具备参与两种文化沟通的语言能力，掌握两种语言更具有就业、自身发展的优势。Johannesson 等③研究了从芬兰到瑞典的学龄前儿童双语教育情况，结果表明，在学龄前开始双语教育是必不可少的。3～6岁是儿童语言发展的关键期，这种早期发展对儿童以后义务教育阶段有着重要影响。研究还发现，双语能力受到父母对孩子教育问题的态度和参与程度的影响。Golosh-Boza④ 研究表明，除了与父母沟通的能力，双语儿童还具有更多优势。英美双语能力为拉美裔和亚裔美国人提供了一种有价值的文化资本，但双语能力仅在英语熟练度低、才智和沟通力强的团队里发挥优势。Reyes 等⑤研究了自然拥有两种语言的读写能力和是否生长在双语环境中的关系。得出结论，双语学前儿童在早年发展了双语读写的知识和元语言意识，两种语言的知识、语境和特殊语言环境影响双语读写能力的发展，如家庭教育中使用两种语言的书面材料，家庭成员两代间的互相学习。该研究还提出了一个整合了促进或阻碍双语读写能力发展的文化背景的模型。这种启发式的设计使得研究人员和教师开始考虑不同的语言和文化空间对儿童的双语读写能力发展的影响。双语移民儿童在其中担当中介是有积极意义的，他们是连接移民家庭和东道国移民联系机构的重要纽带。

---

① PORTES A，ZHOU M. The new second generation：segmented assimilation and its variants[J]. The annals of the American academy of political and social science，1993，530(1)：74-96.

② LEVENTHAL T，XUE Y G，BROOKS-GUNN J. Immigrant differences in school-age children's verbal trajectories：a look at four racial/ethnic groups[J]. Child development，2006，77(5)：1359-1374.

③ JOHANNESSON I. Bilingual-bicultural education of immigrant children in Sweden[J]. International review of education，1975，21(3)：347-355.

④ GOLASH-BOZA T. Assessing the advantages of bilingualism for the children of immigrants[J]. International migration review，2005，39(3)：721-753.

⑤ REYES I，AZUARA P. Emergent biliteracy in young Mexican immigrant children[J]. Reading research quarterly，2008，43(4)：374-398.

（二）移民青少年的教育融合

大多数移民青少年缺乏接受良好教育的渠道，通过早期教育可以改善这一状况造成的消极结果。Takanishi① 研究表明，移民儿童在幼儿园掌握的技能以及他们三年级末的成绩能很大程度预测他们未来的生活前景。精心设计的早期教育和课外活动能减少认知技能和社交技能上的种族差异，家庭语言课程对于提高移民儿童及其父母的语言能力有一定效果，但与当地儿童相比，移民儿童很少参与这些课程。Crosnoe② 研究表明，墨西哥移民家庭的儿童与当地儿童相比，接受亲代养育过多，而中心式养育过少，这部分导致了他们在幼儿园较低的数学成绩和较多的行为问题，这些通过早期教育可以得到改善。

移民儿童的学业成就受到居住地、移出国、移入国和移民团体特征的影响。Hans Gronqvist③ 长期研究成长在种族飞地中的移民的学业成就和收入。结果表明，飞地面积越大，移民儿童从高等院校毕业的可能性就越小，没有证据证明飞地面积对收入的影响。Feliciano④ 研究了移民团体的平均教育状况和移民团体的社会经济地位对移民儿童的学业期望的影响。结果表明，更好的移民团体教育状况能促进更高的亲代志向，从而促进第二代年轻人的学业期望；团体因素和个体因素的协同作用受到父母社会经济地位的影响；移民团体的水平特征影响二代移民的社会适应性。Pong 等⑤研究表明，与当地人相比，移民人口的居住环境和学校状况更差，其中西班牙移民的状况最差；与本地儿童相比，居住环境和学校因素更多地影响移民儿童的学业成就。Levels 等⑥通过研究移出国、移入国和移民团体的宏观特征来解释移民儿童学业成就的差异。结果表明，移民儿童在传统的移民移入国学业成就更高；移出国的经济发展水平越高，移民儿童的学业成就越低；移出国的政治环境越稳定，移民儿童的学业成就越高；移民团体和本地人口的差异以及移民团体的相对大小也影响着移民儿童的学业成就。

移民儿童的学业成就受到学校状况的影响。Bygren 等⑦研究表明，种族居住区的隔离影响移民儿童未来的受教育生涯，居住在教育资源有限的社区的移民儿童的学业成就较低，达不到居住在其他地区的移民儿童的平均水平；对于居住在教育资源良好的社区的移民儿

① TAKANISHI R. Leveling the playing field: supporting immigrant children from birth to eight[J]. The future of children, 2004, 14(2): 60.

② CROSNOE R. Early child care and the school readiness of children from Mexican immigrant families[J]. International migration review, 2007, 41(1): 152-181.

③ GRÖNQVIST H. Ethnic enclaves and the attainments of immigrant children [J]. European sociological review, 2006, 22(4): 369-382.

④ FELICIANO C. Beyond the family: the influence of premigration group status on the educational expectations of immigrants's children[J]. Sociology of education, 2006, 79(4): 281-303.

⑤ PONG S L, HAO L X. Neighborhood and school factors in the school performance of immigrants' children[J]. International migration review, 2007, 41(1): 206-241.

⑥ LEVELS M, DRONKERS J, KRAAYKAMP G. Immigrant children's educational achievement in western countries: origin, destination, and community effects on mathematical performance[J]. American sociological review, 2008, 73(5): 835-853.

⑦ BYGREN M, SZULKIN R. Ethnic environment during childhood and the educational attainment of immigrant children in Sweden[J]. Social forces, 2010, 88(3): 1305-1329.

童,成长在种族飞地对移民儿童的学业成就有积极影响,学校在中间起到调节作用。Baum 等①高等学校已全面向移民青少年开放,但老挝裔、柬埔寨裔、拉丁美裔的美国人往往还不能获得大专学历。除了社区、学校和法律上的障碍,移民本身的特点,如他们的原籍国、种族、父母的社会经济地位,都会影响他们获得的学历水平。Feliciano② 研究表明,与欧裔移民、加勒比裔黑人移民、拉丁美裔移民相比,亚裔移民的后代接受高等教育的比率增加;在控制父母的社会经济地位和移民群体的平均社会经济地位的情况下,一代移民的教育选择能显著预测从大学毕业的 1.5 代和二代移民的学业期望。

(三) 移民青少年身心健康的发展

移民儿童的身体素质与文化适应有着密切关系。Hook③ 研究了移民儿童肥胖症和文化适应之间的关系,结果表明,社会隔绝庇护着美国的移民儿童远离"易发胖"的环境,但是这种保护的效果被移民儿童父母有限的识别和应对这种健康风险的能力所抵消,这些因素更多地影响男孩而非女孩;精通英语的父母的儿子比不精通英语的父母的儿子体重增加得慢;移入地的现代化程度和社会隔离状态对儿童体重增长的负向影响对男孩更显著。Perreira 等④研究表明,国外出生移民到美国的孩子,通常比美国出生的孩子有更低的死亡率和发病率的风险。然而,随着时间的推移,跨代移民子女的健康优势消失。例如,移民青少年超重或肥胖的关键指标最低,但这些风险随着移民青年过渡到成年迅速增加。Crosnoe⑤ 研究表明,过渡到小学一年级之前,白人儿童的身体健康状况最好,拉丁美洲和亚洲移民家庭的孩子身体健康状况最差,但心理健康状况最好。这些差异部分解释了在这段时期内,黑人儿童较低的数学成绩和学业成就,拉丁美洲儿童较低的数学成绩,亚洲儿童较低的学业成就。可见,随着移民儿童居住在移入国时间的增加,其身体状况越来越差。

移民儿童心理健康状况大致类似于身体状况,随着移入时间的增长,心理健康问题逐渐增加,影响移民儿童心理健康的因素可归纳为移出国的特征,移民团体的特征,家庭对移民的满意度,家庭的社会支持和经历的负性生活时间等。Polat 等⑥研究表明,家庭对移民的满意度,家庭的社会支持和经历的负性生活事件对移民儿童心理健康状况有影响。Montazer 等⑦研究表明,移民儿童心理健康的代际差异仅发生在来源于低经济发展水平国

① BAUM S, FLORES S M. Higher education and children in immigrant families[J]. The future of children, 2011, 21(1): 171-193.

② FELICIANO C. Does selective migration matter explaining ethnic disparities in educational attainment among immigrants' children[J]. International migration review, 2005, 39(4): 841-871.

③ VAN HOOK J, BAKER E. Big boys and little girls: gender, acculturation, and weight among young children of immigrants[J]. Journal of health and social behavior, 2010, 51(2): 200-214.

④ PERREIRA K M, ORNELAS I J. The physical and psychological well-being of immigrant children [J]. The future of children, 2011, 21(1): 195-218.

⑤ CROSNOE R. Health and the education of children from racial/ethnic minority and immigrant families[J]. Journal of health and social behavior, 2006, 47(1): 77-93.

⑥ POLAT, GONCA. The effect of internal migration on child mental health and social work intervention[J]. Journal of society & social work, 2007, 18(1): 89-106.

⑦ MONTAZER S, WHEATON B. The impact of generation and country of origin on the mental health of children of immigrants[J]. Journal of health and social behavior, 2011, 52(1): 23-42.

家的情况下，在这些来源于低经济发展水平国家的移民中，第一代移民的心理健康优势到第2.5代及其后代会演变成一种劣势，这归因于家庭矛盾的增加和学校参与的减少。Georgiades等①研究表明，尽管有很大的社会经济劣势，移民家庭的儿童有较低水平的情绪行为问题和较高水平的学校表现；居住在移民受到较高关注的地区的移民儿童具有更低水平的情绪行为问题，而非移民儿童则相反，这些差异部分决定于家庭中的可变因素。Aronowitz② 研究表明，移民儿童的社交和情绪障碍并非十分普遍，它通常表现为行为偏差和身份冲突的形式，行为偏差可能主要是在学校，而不是在家。

三、移民青少年社会认同因素受经济因素的影响

（一）移民青少年语言能力与经济因素相互影响

移民儿童家庭的贫困问题受到英语熟练程度、移民群体、移出地、父母出身的影响。Thomas③ 研究结果表明，移民家庭的孩子面临越来越高的贫困风险；英语的熟练程度越高，受到贫困影响的可能性越小。Katz④ 研究表明，低收入移民家庭比其他社会群体较少获得卫生保健，而且经常遇到语言沟通的限制。为了能使移民儿童在保持自己母语水平的基础上更快掌握英语，城市学校为移民儿童提供双语教学，把英语作为第二外语开设。反之，移民儿童英语能力也会折射出家庭经济状况。Borjas⑤ 研究表明，移民子女比本地的孩子有显著更高的贫困计划参与率，近一半的移民儿童家庭接受某种类型的公共援助。也有研究者认为，双语教育反而影响移民儿童英语能力的提升，不利于移民儿童尽快掌握英语，严重妨碍他们融入主流社会。

（二）移民青少年教育融入与经济因素相互影响

美国对于移民儿童受教育并没有政策上的限制，但并非所有的移民儿童都能获得平等的受教育机会。一个重要因素是他们社会经济地位较低，没有良好的经济支持，父母无暇顾及其学习。Pong等⑥研究表明，与当地儿童相比，移民儿童的家庭经济状况和居住环境更差，其中西班牙移民的状况最差；与当地儿童相比，家庭经济状况和居住环境更多地影响移民儿童的学业成就。Thomas⑦ 发现，在富有的黑人移民家庭中，第二代比第

---

① GEORGIADES K，BOYLE M H，DUKU E. Contextual influences on children's mental health and school performance：the moderating effects of family immigrant status[J]. Child development，2007，78(5)：1572-1591.

② ARONOWITZ M. The social and emotional adjustment of immigrant children：a review of the literature[J]. International migration review，1984，18(2)：237.

③ THOMAS K J A. Familial influences on poverty among young children in black immigrant，US-born black，and nonblack immigrant families[J]. Demography，2011，48(2)：437-460.

④ KATZ V. Children as brokers of their immigrant families' health-care connections[J]. Social problems，2014，61(2)：194-215.

⑤ BORJAS G J. Poverty and program participation among immigrant children[J]. The future of children，2011，21(1)：247-266.

⑥ PONG S L，HAO L X. Neighborhood and school factors in the school performance of immigrants' children[J]. International migration review，2007，41(1)：206-241.

⑦ THOMAS K J. Parental characteristics and the schooling progress of the children of immigrant and US-born blacks[J]. Demography，2009，46(3)：513-534.

一代的学业成就高，在不富有的家庭中情况则相反。Baum 等①发现，移民儿童的迁出国、种族、父母的社会经济地位，都会影响他们获得的学历水平。Feliciano② 研究表明，更好的移民团体教育状况能促进更高的亲代志向，从而提高第二代移民儿童的学业期望。总体上看，移民儿童的学业成就受到迁移过程中固有的分离和经济上的不安全感的影响。社会对于移民的心理倾向也影响移民儿童的受教育机会，社会总默认“外来人”应该克制并主动融入移入地的主流社会文化和风俗。

（三）移民青少年身心健康与经济因素相互影响

移民儿童经济条件增长到一定水平反而使得身体健康状况下降。研究表明，移民儿童待在美国的时间越久，他们总的身体和心理健康状况就越糟糕；身体健康的两大问题是哮喘和肥胖，心理健康的问题集中在抑郁症和自杀、注意障碍、多动症；他们越“美国化”，就越可能卷入冒险行为，如滥用金钱、无保护的性行为、违法犯罪等。虽然大多数移民儿童到达美国时很健康，但这种健康的优势随着时间的推移和文化适应的进程逐渐消失。移民儿童良好的家庭关系对心理健康有积极作用。Landale 等③研究表明，移民家庭高水平的婚姻和家庭生活承诺，有利于他们的孩子在一定程度上抵消潜在的负面影响。

移民儿童健康状况不佳显然会导致严重的医疗、教育和就业问题，从而导致移民的贫困率增加。为了更好地促进移民儿童的身心健康，医疗改革必须做出几点努力：增强对移民儿童的独特移民体验的理解，如移入地、移出地的特征，移民团体特征；减少移民人口在医疗保险上的阻碍，降低移民儿童获得公共保险的资格限制；提高医疗服务的质量，提高医疗服务人员的多元文化沟通能力，提供符合移民文化偏好的医疗服务，如分娩方式。

第三节　心理健康教育研究新领域：学校心理环境

学校心理健康教育作为流动青少年心理健康教育的主要途径，近些年随着心理学及其相关学科的发展，学校心理健康教育研究出现了一些新的研究取向，如从教育神经科学视角看待心理健康教育，从学校心理环境看待个体的心理健康成长等。随着学校心理环境日益受到教育研究者的关注，许多教育研究者都将学校心理环境的改善及其建设作为重要研究课题。但近些年来由于教育质量的不断提升，学校物理环境的差异在逐步缩小，而学校心理环境对儿童青少年发展的影响才刚刚受到重视，标准化的研究工具以及相关实证研究相对匮乏，且由于样本和数据的局限性在研究结果的代表性、可推广性上存在显著不足。因此，拓宽学校心理环境的研究角度，并为在教育评价中开展学校层面的心理环境提供评估标准，将是未来研究的新取向。

---

① BAUM S, FLORES S M. Higher education and children in immigrant families[J]. The future of children, 2011, 21(1): 171-193.

② FELICIANO C. Beyond the family: the influence of premigration group status on the educational expectations of immigrants' children[J]. Sociology of education, 2006, 79(4): 281-303.

③ LANDALE N S, THOMAS K J A, VAN HOOK J. The living arrangements of children of immigrants[J]. The future of children, 2011, 21(1): 43-70.

一、学校心理环境研究的现状

（一）学校心理环境的概念

学校是儿童青少年大部分时间所生活的地方，是他们学习交往的重要场所，所以，近些年来，教育研究工作者对学校环境的重要性也越来越重视了。除了在学校环境的硬件设施上予以改善，学校心理软环境的建设更加重要。

儿童青少年心理的健康发展与家庭、学校等个体生活环境特征有着密切的联系。行为遗传学的研究也显示了心理研究中环境的重要性和环境措施的需求①。对于学校而言，学校是儿童青少年大部分时间所生活的地方，是他们学习交往的重要场所，对儿童青少年心理发展有着重要影响。而除了学校物理环境、空间环境等物质外在环境，学校心理软环境也对儿童青少年心理发展有着至关重要的影响。心理环境的概念最早是由心理学家 Lewin 提出的，是指人脑中对人的一切活动发生影响的环境事实，即对人的心理事件发生实际影响的环境。因此，学校心理环境就是指学校里影响学生身心发展的学习、生活、游戏、交往的全部空间②。心理环境概念提出之后，教育、心理学研究者对其内涵提出了众多观点。在一些研究中，研究者提出"心理氛围"这一概念。Nammi 等③认为心理氛围是由八个维度组成的多维结构的构念，指的是组织成员对组织环境的知觉和解释。根据心理氛围这一概念，Bear 等④认为学校心理氛围就是在学校内人际互动的质量和一致性，它对学生的认知、社会以及心理的发展都有着重大影响。Hopson 等⑤则将学校心理氛围定义为"学校生活的质量和品质"，它指的是组织环境对在学校的儿童和成人心理上的影响。它包括规范、目标、价值观、人际关系、组织结构和教学和学习方法。根据以上观点，本研究将学校心理环境理解为学校中学生可以感知到的对其生活、学习、社交等各个方面产生影响的心理空间。

（二）学校心理环境的研究意义

学校心理环境一直以来都在潜移默化地影响着儿童青少年学业成就、学习动机和态度、自我概念、问题行为等重要心理特点的发展，而且对于促进学生健康、增进学生与学校的联结、改进学校质量也发挥着至关重要的作用，教育研究者也从未停止对学校心理环境这一研究领域的探索。学生是学校的主体，学校教育的目的也是一切从学生的角度出发。所以，大多数对学校心理环境研究都是基于学生个体水平的知觉。当然也有少部分的研究是基于班

---

① PERSSON B. Family and School Psychosocial Environment (FSPE): development of a brief questionnaire measuring perceived psychosocial environments in children/siblings[J]. Scandinavian journal of psychology, 2011, 52(3): 303-307.

② LEWIN K. A dynamic theory of personality[J]. The journal of nervous and mental disease, 1936, 85(5): 612-613.

③ NAMMI A Z, ZARRA NEZH M. The relationship between psychological climate and organizational commitment[J]. Journal of applied sciences, 2008, 9(1): 161-166.

④ BEAR G G, GASKINS C, BLANK J, et al. Delaware school climate survey-student: its factor structure, concurrent validity, and reliability[J]. Journal of school psychology, 2011, 49(2): 157-174.

⑤ HOPSON L M, LEE E. Mitigating the effect of family poverty on academic and behavioral outcomes: the role of school climate in middle and high school[J]. Children and youth services review, 2011, 33(11): 2221-2229.

级水平和学校水平的知觉。

1. 学校心理环境影响学生个体社会行为和心理健康

学校心理环境能很好地预测学生的行为参与水平、危险行为频率。在 Cadima 等①的一项关于“学校过渡期儿童的参与：自我调节、教师—儿童关系和课堂氛围的贡献”的研究中，通过对 145 名儿童的短期纵向研究，结果显示高水平的自我抑制控制、亲近的教师—儿童关系、低水平的感知教师—同伴冲突都有助于儿童的高水平行为参与。这一研究结论表明，在学校过渡期，个体儿童的特征和班级环境因素共同影响儿童在学校的行为参与，即除了个体学生特征，学校心理环境也能预测学生的行为参与。此外，Elovainio 等②认为学生感知到的学校低水平的公正感与较差的学习表现和缺勤、旷课行为之间有较高的正相关。关于学校环境对学生危险行为的预测，Larusso 等③研究表明，在支持冲突解决策略是合作与协作而非激进的学校环境中，学生报告较少地参与个人危险行为。

学校心理环境对于学生个体水平的意义最重要的在于其对学生心理健康的影响。学生的心理健康表现为学生在心理活动过程中能够协调一致，即认知、情感、意志、人格和行为之间的完整与协调。Kaspar④ 考察了在暴力学校环境中土著儿童和青少年的心理健康，他认为在暴力学校环境中的学生，其心理或神经障碍的产生明显高于其他学生 50%，暴力学校环境是影响儿童青少年心理健康的显著指标。暴力学校环境下的消极学校心理环境对学生心理健康发展产生严重的负面影响。此外，学校心理环境与儿童青少年的抑郁症状也有很高的相关。Brière 等⑤认为社会教育环境质量是由社会环境、学习机会、公平、规则透明和安全来综合衡量的。其研究表明，对学校的社会教育环境持积极看法的青少年可以降低患抑郁症的风险，当然这种预测存在性别差异，相对于男生学校社会教育环境往往对女生的抑郁症状有较强的预测作用，同时学校环境可以影响独立于个体感知的青少年情绪健康。

2. 班级心理环境影响学生个体学习策略和心理环境感知

班级心理环境（classroom psychological environment，CPE）是学校心理环境的重要组成部分。积极的学校心理环境有助于构建良好的班级心理环境，进而有效推进班级管理与教育。同时，良好的班级微观心理环境是学校宏观心理环境的缩影，反映并推动学校心理环

---

① CADIMA J，DOUMEN S，VERSCHUEREN K，et al. Child engagement in the transition to school：contributions of self-regulation，teacher-child relationships and classroom climate[J]. Early childhood research quarterly，2015，32：1-12.

② ELOVAINIO M，PIETIKÄINEN M，LUOPA P，et al. Organizational justice at school and its associations with pupils' psychosocial school environment，health，and wellbeing[J]. Social science & medicine，2011，73(12)：1675-1682.

③ LARUSSO M，SELMAN R. Early adolescent health risk behaviors，conflict resolution strategies，and school climate[J]. Journal of applied developmental psychology，2011，32(6)：354-362.

④ KASPAR V. Mental health of Aboriginal children and adolescents in violent school environments：protective mediators of violence and psychological/nervous disorders[J]. Social science & medicine，2013，81：70-78.

⑤ BRIÈRE F N，PASCAL S，DUPÉRÉ V，et al. School environment and adolescent depressive symptoms：a multilevel longitudinal study[J]. Pediatrics，2013，131(3)：e702-e708.

境的进一步完善与构建。Sadeghi① 认为，积极的班级心理环境将鼓励学生探索更深入、更成就取向的学习策略，这些策略是大多数学生偏爱的学习方法，而不是学生实际的学习方法。在关系密切的班级心理环境中，学生可以和学术人员一起工作和规划各种有趣且富有挑战性的活动。

Mitchell 等②在研究班级如何影响学生对学校气氛的知觉中发现，教师在班级中使用积极主动的班级管理策略有利于提高班级学习环境，营造能够促进学习和良好表现的积极班级环境。而且学生对班级环境因素的感知十分敏感，比如使用什么样的纪律和班级管理策略，学生的感知能力不仅受个人因素的影响，也可能受班级因素的影响。所以，学校心理环境在一定程度上影响教师和学生共同的环境感知，并直接影响班级环境的营造。课堂氛围是班级构建与成长过程中教师与学生共同关注的一个环境因素，课堂氛围的优劣直接影响学生班级、课堂的参与程度与表现情况的好坏。Cadima 等③在探讨自我调节、教师—儿童关系和课堂氛围等因素对学校过渡期儿童的参与的贡献中认为，在提供更高水平的班级组织质量的课堂氛围中学生参与课堂的水平更高。

3. 学校心理环境影响教师心理

学校心理环境是对学校存在的反映，学校心理环境一旦形成，又对学校存在具有不可忽视的反作用，它无形中会成为学校组织群体的规范，自觉或不自觉地支配组织成员的行为。教师作为学校组织的主要群体之一，学校心理环境通过对教师各方面的影响，进而在学校水平上有着重大意义。Burns 等④研究了在学校组织氛围的背景下教职工的幸福感内部之间的场合效应，认为学校组织氛围和教职工幸福感之间有较强的相关关系。这显然强调学校需要促进构建积极、良好的工作环境，增加学校心理环境的有利因素对教职工主观幸福感的影响。当形成良好的学校组织氛围，其对教师的幸福感有积极的影响，进而反作用于整个学校心理环境的营造。此外，教师对工作环境的感知直接影响他们的组织承诺水平，学校心理氛围和教师对学校、教学职业、教学工作、工作组的承诺之间有显著的相关关系。因此学校心理环境对学校教育具有巨大的作用，学校组织应该积极为教育者营造良好的学校心理环境以期教师对学校做出高水平的承诺，为学校以及学生带来一些有利的组织结果⑤。以上研究表明了学校心理环境在学校水平上的积极意义，消极的学校心理氛围反之也会带来负

---

① SADEGHI A. Affecting the Classroom Psychological Environment (CPE) on approaches of student learning in Guilan University, Iran[J]. Procedia-social and behavioral sciences, 2010, 5: 1301-1306.

② MITCHELL M M, BRADSHAW C P. Examining classroom influences on student perceptions of school climate: The role of classroom management and exclusionary discipline strategies[J]. Journal of school psychology, 2013, 51(5): 599-610.

③ CADIMA J, DOUMEN S, VERSCHUEREN K, et al. Child engagement in the transition to school: contributions of self-regulation, teacher-child relationships and classroom climate[J]. Early childhood research quarterly, 2015, 32: 1-12.

④ BURNS R A, MACHIN M A. Moving beyond the pleasure principle: within and between-occasion effects of employee eudaimonia within a school organizational climate context[J]. Journal of vocational behavior, 2012, 80(1): 118-128.

⑤ NAMMI A Z, ZARRA NEZH M. The relationship between psychological climate and organizational commitment[J]. Journal of applied sciences, 2008, 9(1): 161-166.

面影响。Bedi 等①通过横断面设计研究表明心理氛围在人际侵犯和职业倦怠的两个维度：情感衰竭和去人格化之间存在部分中介效应。由此可以看出，学校心理环境的好坏在很大程度上影响教师的人际侵犯和职业倦怠的水平高低，进而从负面反作用于学校心理环境的构建。教师的社会心理特征，以及他们的社会文化背景，有可能聚集在学校水平上并作为教师期望的决定因素，对学校教学团队构成影响②。

二、学校心理环境研究的困境

（一）标准化工具缺乏

Pecháčková 等认为社会氛围的诊断可以通过对教师和学生活动的观察、问卷调查法和评估量表的使用或不是基于任何标准方法的社会氛围的自我评价来进行调查③。同样，对于学校心理环境的研究一直以来就没有一个统一有效的标准化的测量工具，而且在很多研究中有关学校心理环境的测量大多都是基于学生的自我报告，这种缺乏标准化的研究工具，大大降低了研究结论的信效度。因此，为了使学校心理环境能有一个准确的测量，研究者为此也做出了不少努力。

由 Bear 发起的特拉华学校环境调查——学生版本（delaware school climate survey-student，DSCS-S）试图补偿目前的方法与测量，旨在促进积极的学校心理环境。当然，在 DSCS-S 的开发过程中仍不可避免地存在一些局限：其一，用来评估学校心理环境的 29 个项目限制了 DSCS-S 的内部可靠性，对于一些项目数量较少的分量表，其内部可靠性更是值得商榷。其二，DSCS-S 的开发所采用的取样缺乏标准化程序。学校不是随机选择，而是自愿参与。而且，学校内取样发生在班级水平上而不是个体学生水平④。因此，这项研究在补偿现有测量方法的基础上仍需要进一步完善。

目前在国内，中国儿童青少年心理发育特征调查全国项目组开发研制了“学校积极心理环境问卷”。该问卷由学生报告、分数合成到学校水平，以考察学校层面的心理环境质量。问卷包括安全与秩序、接纳与支持、公平与公正和鼓励自主与合作 4 个领域共 43 道题目，采用 Likert 式 4 点和 5 点计分。分数按照特定选项比例和平均分合成到学校水平，分数越高表明学校积极心理环境质量越好。问卷具有良好的信效度，其中学生报告的可信度（ICC2）在 0.71～0.84 之间，区分度在 0.42～0.87 之间，验证性因素分析各维度因子平均载荷在 0.58～0.76 之间⑤。

---

① BEDI A，COURCY F，PAQUET M，et al. Interpersonal aggression and burnout：the mediating role of psychological climate[J]. Stress and health，2013，29(5)：350-359.

② BRAULT M C，JANOSZ M，ARCHAMBAULT I. Effects of school composition and school climate on teacher expectations of students：a multilevel analysis[J]. Teaching and teacher education，2014，44：148-159.

③ PECHÁČKOVÁ Y，NAVRÁTILOVÁ Z，SLAVÍKOVÁ P. Social climate in the environment of primary schools[J]. Procedia-social and behavioral sciences，2014，112：719-724.

④ BEAR G G，GASKINS C，BLANK J，et al. Delaware school climate survey-student：its factor structure，concurrent validity，and reliability[J]. Journal of school psychology，2011，49(2)：157-174.

⑤ 周翠敏，陶沙，刘红云，等. 学校心理环境对小学 4～6 年级学生学业表现的作用及条件[J]. 心理学报，2016，48(2)：185-198.

（二）纵向研究较少

以往大多数关于学校心理环境的研究均采用横向研究，通过对某一年龄段儿童的调查从而探索学校心理环境与个体学业表现、行为适应等方面的关系，而较少通过对被试的纵向研究来探索关于学校心理环境方面的影响。儿童青少年的各方面发展具有动态变化的性质，不同的学校之间心理环境也有差异，而简单的横向研究则无法得知发展的稳定性变化，相应地也就无法得知早期的影响在以后发展中的作用。相比之下，纵向研究就避免了横向研究存在的这些局限。

在 Cadima 等①的一项关于探讨幼儿园和一年级的个体儿童特征和班级环境方面是如何结合起来预测行为参与的研究中，通过短期纵向研究，不仅研究了学校环境因素对幼儿园儿童的影响，而且根据其测量预测一年级儿童的行为参与。而另一项关于学校环境与青少年抑郁症状的纵向研究结果表明，低年级的学校社会教育环境水平可以预测高年级学生的抑郁症状，甚至在调整潜在的学校和个体混杂因素之后依然起作用②。由此可以发现，纵向研究在学校心理环境现有影响下还能做出进一步预测，为儿童青少年的未来发展提供科学依据。

所以在未来的研究中，我们可以从纵向研究的角度来对学校心理环境这一变量进行探索，从而为儿童青少年的发展教育做出相应举措并提供有效建议。

（三）跨文化比较研究不够

在心理、教育以及其他领域的调查研究中，不可能对研究总体中的每个个体进行调研，因此需要抽取具有代表性的研究样本。然而，在实际研究中不可避免地存在样本不具代表性的问题。Eliot 等③在一项关于支持性学校氛围和学生寻求欺凌和暴力威胁帮助的意愿的研究中，只探究九年级学生寻求帮助的意愿和对学校气氛的感知，所以研究结果可能不适用于小学或中学的孩子或高年级的青少年，不能在不同年级中推广。Ryzin④ 选取了一个来自中西部 5 所中学包含 423 名学生的样本来探讨学校的保护因素在青少年对学校环境的感知、参与学习和希望之间相互影响的作用。由于取样的原因，小样本数据代表性低，不足以普遍推广，所以降低了外部效度。因此，研究的扩展需要多样化的样本。另一项关于探讨承诺在心理氛围与公民行为关系中的中介效应，Biswas⑤ 的研究仅以印度为例，集中于一个单一文化下数据的相关，不具有跨文化研究模型的有效性。因此，根据这种研究样本的研

① CADIMA J，DOUMEN S，VERSCHUEREN K，et al. Child engagement in the transition to school：contributions of self-regulation，teacher-child relationships and classroom climate［J］. Early childhood research quarterly，2015，32：1-12.

② LARUSSO M，SELMAN R. Early adolescent health risk behaviors，conflict resolution strategies，and school climate[J]. Journal of applied developmental psychology，2011，32(6)：354-362.

③ ELIOT M，CORNELL D，GREGORY A，et al. Supportive school climate and student willingness to seek help for bullying and threats of violence[J]. Journal of school psychology，2010，48(6)：533-553.

④ RYZIN M J. Protective factors at school：reciprocal effects among adolescents' perceptions of the school environment，engagement in learning，and hope[J]. Journal of youth and adolescence，2011，40(12)：1568-1580.

⑤ BISWAS S. Commitment as a mediator between psychological climate & citizenship behaviour[J]. Indian journal of industrial relations，2010，45(3)，411-423.

究结果对总体特征进行的推论并不准确。

三、学校心理环境研究的展望

（一）学校心理环境对特殊教育的作用研究

目前有关学校心理环境的研究都集中在对正常儿童的比较，而就学校心理环境对特殊儿童发展的影响却很少涉及。特殊儿童教育是当今教育一大重要领域，特殊儿童本身就与正常儿童在各方面有显著差异，他们或是存在各种各样心理发展和生活适应的障碍，或是一些超常儿童，也正是因为这样，特殊儿童本身在教育上也必然存在着特殊的需求和服务。积极的学校心理环境对特殊儿童有着怎样的影响？对他们的身心发展能否提供帮助？这些都有待我们去研究思考。对特殊儿童与学校心理环境的探索可以拓宽我们在这一领域的研究范围，也对我们特殊教育的发展有着指导性作用，从而为特殊儿童更好地发展提供帮助。

（二）学校心理环境对认知发展能力的影响研究

学校心理环境可以影响儿童青少年在学校里的情绪表现、行为适应以及日常学习进展，并间接影响儿童青少年一般认知能力的发展。从现有的研究发现，对于学校心理环境的研究多关注儿童青少年外在的行为模式，而对于儿童青少年内在的认知发展关注较少。由于学校积极心理环境对学生认知能力发展的作用具有累积性这一特征，使得很难对这一领域进行标准化的研究。另外，学校心理环境不仅影响儿童青少年学校生活的体验，还可能影响儿童青少年在学校教育系统之外的生存和发展，对于这种认知发展能力的学校内外之间迁移作用的研究也较少。学校心理环境如何发挥对学校学生的认知能力发展的保护性作用？学校心理环境影响下儿童青少年所形成的学校认知能力如何迁移到校外？这些都是学校心理环境研究有待进一步探索的问题。

（三）学校心理环境的改善策略研究

从已知的众多研究中可以发现，积极的学校心理环境是有利于儿童青少年的学习和成长的，它对儿童青少年各方面的发展都起着不可或缺的作用。实现积极的学校心理环境对学生的有效影响，这就要求我们要创设一个有效的学校心理环境，而如何创设则是我们今后必须要考虑的问题。基于学校心理环境的多维性，我们可以从不同的侧面来进行改善提高。

第一，营建良好的学校心理环境，改善教师的课堂教学行为，建立良好的师生关系是非常必要的。一项关于教育质量的综合研究发现，整体而言，教师教学方式与学生的学习能力呈正相关。同时研究也发现良好的师生关系可以有效弥补教师教学水平较低所带来的问题。所以，教师在日常生活中要与学生建立起良好的师生关系。良好师生关系是指教师和学生在教育过程中相互影响而建立起来的和谐、民主的关系，构建良好师生关系需要教师、学生、学校决策者的共同努力。教师应多方面地投入与努力，树立正确的教书育人观念，重视师生关系的隐性作用，积极引导和鼓励师生和谐相处。

第二，创建良好的班级心理环境，营造良好的课堂氛围，对于营建良好的学校心理环境大有裨益。生活于班级群体的学生对本班级所产生的并被学生所感受的环境因素即是班级心理环境，它反映班级个体与群体中有共同倾向的心理状态。其好坏对学生的成长至关重要，所以应该优化班级心理环境，使学生健康茁壮地成长。课堂心理环境作为班级氛围的重要组成部分，是对学生的学习生活产生潜在影响的气氛和环境。同时研究表明，心理气氛对学生在学习中的认知、情感、行为都会产生影响，对课堂教学效果的影响更为明显，因此改善课堂氛围成了教育研究工作者一直关注的问题。

第三，评价学校的标准不仅在于学校的硬件设施，重点还在于学校的心理软环境。因此，学校必须高度重视学校心理环境的建设，站在学校整体的制高点，统筹管理层、教师、班级群体和学生个体，营造各个层面的心理环境，最终为学校总体高水平的心理环境的构建打好基础。学校应为教师提供舒适、和谐、民主、富于公平感的工作环境，教师对社会工作环境组织公正感的感知与其组织承诺之间有较高的正相关①。同时，学校应为学生提供支持性的学校氛围，以提高学生寻求欺凌和暴力威胁帮助的意愿，并鼓励学生共同参与到营造良好学校心理环境的工作中②。

第四节　心理健康教育研究新视角：教育神经科学

一、脑科学发展是教育神经科学诞生的重要基础

（一）脑科学研究的技术不断革新

揭开大脑的秘密一直是人类孜孜以求的目标。早在19世纪，Gall提出的“颅相学”算是朝此目标努力的一次大胆尝试。颅相学认为特定脑部区位负责特定的认知功能，大脑可以被分为35个不同的区域，并声称头壳上较大的凸起代表着这块区域被较频繁的使用，甚至头皮的形状也会影响行为的表现。他们的努力无疑是失败的，因为他们所处的时代并不具备达到这一目标所必须拥有的两个基本条件：一是能够采用独特的实验方法控制和分析人的心理过程；二是可用于研究人类脑功能的无损伤性研究技术和设备③。20世纪90年代认知神经科学的发展为人们更精确地认识大脑提供了可能。认知神经科学运用ERP（事件相关电位）、PET（正电子发射型计算机断层显像）、fMRI（功能性磁共振成像）、EEG（脑电图）、MEG（脑磁图）等神经成像技术，把行为、认知和脑机制三者有机结合起来，试图从分子、突触、神经元等微观水平上和系统、全脑、行为等宏观水平上全面阐述人在感知客体、形成表象、使用语言、记忆信息、推理决策时的信息加工过程及其神经机制。认知神经科学一经诞生便对众多学科的发展产生重要影响，它开启了脑发育、脑认知、意识与无意识脑机制以及记忆的脑机制的微观研究，验证过去许多脑伤或行为研究的理论，也开启了脑与心智研究的新局面。

1. 从哲学思辨到心理实验

一直以来，心脏都被认为是意识的源泉。直到公元前4世纪，以希波克拉底为代表的古希腊学者才提出脑是意识之源的不同观点。古希腊医生盖伦根据羊的大脑和小脑的不同结

① ELOVAINIO M, PIETIKÄINEN M, LUOPA P, et al. Organizational justice at school and its associations with pupils' psychosocial school environment, health, and wellbeing[J]. Social science & medicine, 2011, 73(12): 1675-1682.

② ELIOT M, CORNELL D, GREGORY A, et al. Supportive school climate and student willingness to seek help for bullying and threats of violence[J]. Journal of school psychology, 2010, 48(6): 533-553.

③ 刘昌. 认知神经科学：其特点及对心理科学的影响[J]. 心理科学, 2003(6): 1106-1107.

构，推断大脑和小脑具有不同的功能，并提出脑中心室论。17 世纪一些科学家对脑物质的构成进行更深入的研究，发现脑组织可以分为灰质和白质两部分。18 世纪之前，人们对脑认知的认识还停留在哲学思辨的框架中。1789 年，脑神经电信号的发现为脑认知研究范式的转变奠定了基础①。18 世纪末，神经系统被确认为中枢神经系统和周围神经系统两大部分。中枢神经系统包括脑和脊髓，周围神经系统由外周神经系统网络组成。19 世纪实验心理学的创立，标志着人们对于脑认知的研究由哲学思辨转移到心理实验。实验心理学的创立者冯特创立了系统研究心理操作的实验方法。他使用内省法研究意识。内省法要求被试把自己的心理活动报告出来，然后通过分析报告资料得出某种心理学结论。之后，行为主义的兴起，它否定对意识经验的研究，把心理学定为研究行为的科学，主张用刺激—反应方法研究脑认知。随着认知主义与联结主义的兴起，人们对脑认知的认识更加深入。认知主义认为脑认知是信息加工系统，是对信息的接收、编码、储存、提取、变换和传递。联结主义也被称之为网络的研究范式，它的指导性隐喻和主要的灵感是来自大脑或神经系统。它的目标是以类似于脑的神经元网络的系统建立认知活动的模型②。同认知主义相比，联结主义的创新在于突破了认知主义的“构架或硬件不要紧”，而代之于“构架或硬件事关重大”。“构架或硬件不要紧”意味着心灵和物质可以分离，就像硬件和软件可以分离一样，心和脑是不同的。“构架或硬件事关重大”意味着心灵和物质不可分离，心脑是同一的③。

2. 从损伤技术到活体成像

损伤技术是探索大脑功能的重要途径。损伤可以通过基因敲除、大脑皮层摘除以及皮层下神经通路外科手术等方式来实现。直接的损伤技术多是在动物身上实现，而对于人的研究则主要选取脑部发育异常或受损的被试，观察其在行为上的表现④。早在 19 世纪初期，Flourens 就通过切除鸡和鸽子等的部分中枢神经系统，观察其手术后行为的变化情况。1861 年，Broca 报告一个表达性失语症的病例。病人死后解剖发现其损伤部位在左半球额下回后部，证明了大脑中存在言语运动中枢⑤。1870 年，德国两位医生 Hitzig 和 Fritsch 研究发现，在狗的不同的大脑皮质部位通上电流，可以造成不同部位相应的动作。由此他们认为行为的表现源自脑细胞层次的运作⑥。德国的神经解剖学家 Brodmann 使用组织染色技术观察脑部的细胞种类，发现脑部是由 52 个不同的部分所组成。这些分区现在称为布洛德曼分区⑦。现在看来，有些分区划定得非常精确，如布洛德曼 17 区和布洛德曼 18 区。20 世纪，研究者又运用“缺损法”和“刺激法”来论证功能定位理论，进一步揭示了心理活动的脑解剖学和生理学基础。1973 年，俄国科学家 Hecaen 总结了二战遗留的大量脑外伤病人所做

① 罗跃嘉. 认知神经科学教程[M]. 北京：北京大学出版社，2006.

② 葛鲁嘉. 认知心理学研究范式的演变[J]. 国外社会科学，1995(10)：63-66.

③ 魏屹东. 认知科学与哲学关系的历史审视[J]. 文史哲，2005(2)：134-140.

④ 刘俊升，桑标. 发展认知神经科学研究述评[J]. 心理科学，2007(1)：123-127.

⑤ BROCA P. Sur le siège de la faculté du langage articulé [J]. Bulletins De La Société d' anthropologie de Paris，1865，6(1)：377-393.

⑥ FRITSCH G，HITZIG E. Electric excitability of the cerebrum (Über die elektrische Erregbarkeit des Grosshirns)[J]. Epilepsy & behavior，2009，15(2)：123-130.

⑦ PEÑA-CASANOVA J，BÖHM P. A century beyond brodmann：new insights into cortical cytoarchitectonics and function[J]. Brain and language，2000，71(1)：181-184.

的研究工作，明确强调了大脑和认知功能以及复杂行为之间的联系①。虽然损伤技术深化了人们对大脑功能的研究，但研究被试的限制（直接损伤只能是动物）也制约了对脑认知的更深入研究。

1873年，Golgi发明了硝酸银浸染法，用来有选择地标记单个神经元，使得细胞运动的形象化成为可能，并使不同类型的神经元能够彼此区别开来。1887年，他运用这一方法，初步证实了纤维末梢与其他神经细胞之间存在着非偶然联系方式，但在接触点上不存在原生质的连续体；并且指出细胞可在接触点（即突触）上互相影响②。随着神经元标识技术的出现，细胞结构学和神经束勾绘技术的发展成为可能。随着单个神经细胞记录和大范围电生理学技术的掌握，20世纪中叶，对哺乳动物的单个神经元的研究导致了"中心—外围感觉领域"概念的发展，并突出了空间对比检测在早期视觉中的关键角色，进而发现了对行为上意义重大的感觉传入的神经元"特征检测器"③。20世纪70年代无创性脑成像技术的进步，也就是活体成像技术奠定了认知神经科学诞生的方法学基础。无创性脑功能（认知）成像技术分为脑代谢功能成像和生理功能成像两种。第一类是脑电波（EEG）以及脑磁波（MEG）。神经元借由改变其细胞膜对带电离子穿透性的方式传递信号，而这个过程会沿着细胞膜产生电流。当一大群规则排列的神经元同时活动时，伴随电流所产生的电场及磁场变化可以在头皮上加以量测，所得的电磁信号便是脑电波与脑磁波。与脑的自发电位（EEG）不同的是，人脑可人为诱发出一种脑电变化，如心理事件或认知事件诱导出的脑电位变化，被称作事件相关电位（ERP），亦称为认知电位。第二类是功能性磁共振成像（fMRI）以及正离子放射术（PET）。脑部神经元活动时需要消耗能量，因此活动的大脑区位会伴随着较高的血流量提供氧气及葡萄糖以供代谢。功能性磁共振成像及正离子放射术分别量测脑部的代谢活动及血流量变化，侦测进行不同认知作业时哪些大脑区位会有较强的活动，再以这些不同区位的活动变化推论进行不同认知作业时所涉及的认知历程④。

3. 从科学实验到计算模拟

无论是心理实验还是损伤技术、脑成像技术都是建立在直接研究大脑本身的基础上，科学实验来探索脑认知。计算机技术的发展催生了计算机模拟这一新方法，力图在计算机这个"人工实验室"中体现人脑的功能模型和活动规则，借其结果来验证、修改、充实和发展人类关于天然大脑的认识水平。计算机模拟是发展认知神经科学应用比较多的一种技术⑤。这就是虚拟现实实验室（the virtual reality laboratory，VR-Lab），该技术允许研究者对模拟学习系统和环境进行完全的控制，以确定在发展的特定点上有助于提高学习的因素。一项模拟研究探查语言学习的敏感期可能源于开始时的微小差异，尤其是，尚未发育的工作记忆

① HECAEN H. The working brain: an introduction to neuropsychology[J]. Neuropsychologia, 1974, 12(1): 157.

② BANNYKH S I, BALCH W E. Membrane dynamics at the endoplasmic reticulum-Golgi interface [J]. The journal of cell biology, 1997, 138(1): 1-4.

③ 殷筱. 认知神经科学研究及其哲学意义[J]. 华中师范大学学报（人文社会科学版），2001(6): 14-18.

④ 刘昌，翁旭初. 人脑功能磁共振成像及其在认知神经科学研究中的应用[J]. 生理科学进展，1999, 30(1): 84-90.

⑤ GELDART S, MONDLOCH C J, MAURER D, et al. The effect of early visual deprivation on the development of face processing[J]. Developmental science, 2002, 5(4): 490-501.

能力可以通过将注意集中于语言输入的关键成分，强调语言的语法结构来推动语言学习①。显然，模拟方法无法从大脑的物质运动层面来模拟人脑，因为，迄今我们没有弄清大脑整体及各子系统、各亚层次的活动(数学)模型与规则、结构与机制(特别是在生理生化分子微观层面同心理意识体验认知宏观层面之间的中介机制)等问题。它们只能从信息和计算等中介功能层面上来有限地模拟大脑②。但计算模拟无疑给认知神经科学研究提供了一种新的思路。

在多年的研究进展中，电脑图像系统更强大的功能、显示技术的更优化和软件套装的更广泛应用都促进了虚拟现实系统的创造。这些应用的共同点是创建一个虚拟现实系统，它能对刺激物有精确的控制并呈现真实的互动环境。VR-Lab 应用的意义在于：一方面，它为研究人类脑认知和行为提供了一个理想工具。虚拟环境的重要意义是打破眼睛和身体的定律，使被试脱离由于看到某些东西而有身体感觉的物质世界。这样，虚拟现实提供了独特的研究工具，它给认知神经科学家提供了一个回答至今没有结论的问题的机会。另一方面，它在心理治疗和智力健康异常方面的应用。包括在认知疗法，促进心理治疗中的可视化，对学习困难儿童的特殊教育，给精神分裂症患者提供虚拟幻觉等各方面的应用③。

4. 从微观研究到宏观整合

认知神经科学的特点是强调多学科、多层次、多水平的交叉。它诞生之初是把行为、认知和脑机制三者有机结合起来，试图从分子、突触、神经元等微观水平上全面阐述人脑信息加工过程的神经机制。20 世纪在研究大脑的微观结构，诸如神经元、细胞膜、突触、离子通道、神经介质与递质、受体蛋白等方面，取得了一系列令人欣喜的重要成果。尽管对大脑结构的微观研究是认识人脑的先决条件和基础因素，但是不能将微观研究过分拘泥化、程式化和绝对化，不能将这种方法当作关键手段或主要目标。这些科学成果影响着认知神经科学的发展，但也面临着一些困境。首先，微观水平的神经活动并不能解释精神活动。脑功能成像技术能够提供进行不同认知活动时相关的脑部活动信息，但无法提供大脑区位与认知功能之间的因果关系。我们只知道进行某类认知活动时某些脑部区域会有较强的活动，却无法知道这些脑部区域的活动是否为进行相对应认知功能的必要条件④。其次，生理机制不能还原心理现象。心理现象是人脑对客观世界的反映，心理现象又是神经系统的机能，脑的机能。在当前认知神经科学研究的条件下，企图将心理现象还原为生理机制是几乎不可能完成的任务。最后，神经机制不能印证理论假设。虽然，当前认知神经科学已经发现记忆、学习、注意、推理过程与脑激活区域的关系，但是，脑是一个十分复杂的动态系统，并不能找到一个简单的脑区或是脑中的回路，与完成某一项学习功能完全相对应。

在大脑的微观结构方面，人与动物的神经元、膜结构、突触和电化学反应等内容活动基本相似，这里体现不出来人脑与动物脑的根本差别。很多科学家都认识到，由于人们至今对

① ELMAN J L. Learning and development in neural networks：the importance of starting small[J]. Cognition，1993，48(1)：71-99.

② 丁峻. 当代认知科学中的哲学问题：还原论、整体论和心身关系[J]. 宁夏社会科学，2001(6)：24-29.

③ TARR M J，WARREN W H. Virtual reality in behavioral neuroscience and beyond[J]. Nature neuroscience，2002，5(S11)：1089-1092.

④ 李朝义. 脑与意识研究：人脑智慧的考验[M]//罗跃嘉. 认知神经科学教程. 北京：北京大学出版社，2006.

大脑的活动原理不大清楚，所以这种本体性的认识状况限制了微观研究、计算机模拟和数学建模等手段的实际效果①。因此，不少认知神经科学的研究者从微观的研究转向宏观构想与微观神经机制印证相结合的宏观整合研究范式。他们力图把神经元、细胞膜、突触、离子通道、神经介质与递质、受体蛋白等微观成果与系统、全脑、行为等宏观水平，特别是与大脑高级功能有机结合。

（二）认知神经科学的兴起

认知神经科学兴起于20世纪90年代，是认知科学和神经科学相结合的新生儿。认知神经科学的研究任务在于阐明认知活动的脑机制。人类大脑如何调用各个层次上的组件，包括分子、细胞、脑组织区和全脑去实现自己的认知活动，是认知神经科学拟回答的根本问题。认知科学理论发展对该命题的迫切要求和神经科学的巨大成果，使很多不同学科的科学家参与认知神经科学命题的研究，推动了认知神经科学的兴起与发展。

1. 认知神经科学推动心理科学的发展

认知神经科学的发展对于推动我国心理科学的发展将产生前所未有的强大作用②。现今该领域的研究者探索心理与行为脑神经机制的途径主要包括三方面：第一，对不同机能进化水平的动物进行分子、细胞、神经环路等多层次的神经生物学研究，在学习记忆等领域已取得比较显著的研究成就。少数心理学研究者以高级灵长类动物猴子为实验对象进行认知生理心理学研究，他们在揭示大脑前额叶等皮层区的高级认知神经机能方面有所发现。第二，对脑损伤病人进行神经心理学临床研究。在无法对正常人脑神经机能活动进行实时观察的条件下，这方面的研究是了解认知行为脑机能原理的主要途径。认知神经心理学是我国心理学者的传统研究领域，他们在学习记忆、注意、言语等领域取得了比较重要的研究结果③。第三，对正常人进行脑功能成像研究，包括PET、fMRI、ERP研究。其中ERP分析法是我国学者使用最多的方法，他们在知觉、注意、学习记忆、言语、思维等多个领域的研究取得了令人注目的成果④。在无创性脑认知成像研究技术中，fMRI因其具有较高的机能定位空间分辨率而备受青睐，并且在此类研究中事件相关的实验方法也取代了较早被广泛使用的组块设计⑤。

2. 认知神经科学推动教育科学的发展

教育研究从20世纪20年代起就不断经历着各种波折，各方心理学家和教育学家都在寻找行之有效的教育教学手段。在经历了行为主义、新行为主义、人本主义、联结主义和至今还在盛行的建构主义教育理论之后，人们似乎找到了合适的理论基础。但是，当认知神经科学兴起之后，它以其独特的视角和先进的手段开始对人的认知活动进行全面、详实和深入

① 丁峻. 当代认知科学中的哲学问题：还原论、整体论和心身关系[J]. 宁夏社会科学，2001(6)：24-29.

② 徐俊霞，胡俊丽. 认知神经科学新进展对科学发展的启示[J]. 呼伦贝尔学院学报，2009，17(1)：102-104.

③ 张卫东，李其维. 认知神经科学对心理学的研究贡献：主要来自我国心理学界的重要研究工作述评[J]. 华东师范大学学报(教育科学版)，2007，25(1)：46-55.

④ 徐芬，董奇. 发展的认知神经科学：神经科学与认知发展研究的融合点[J]. 应用心理学，2002，8(4)：51-55.

⑤ 聂爱情，郭春彦，吴艳红，等. 图形编码与提取的ERP研究[J]. 科学通报，2004，49(19)：1962-1968.

的剖析①。认知神经科学对教育科学发展的影响主要表现在：首先，认知神经科学为学习理论作出科学解释。由于认知神经科学的发展，我们可以用脑成像的方法，在活体的情况下，在线检测不同的学习过程中脑不同区域的激活情况。因此，现在可以用认知神经科学的研究方法，得到有关学生学习过程的脑图像，从而说明学生学习知识的神经机制。其次，认知神经科学为素质教育提供科学基础。发展认知神经科学前沿的交互特化作用理论强调适宜环境、适宜教育情境与神经发育的生成性动态建构，为推进素质教育，促进人的全面发展提供了重要的科学依据②。最后，认知神经科学为学校教育提供科学依据。认知神经科学为研究正常人的大脑提供了丰富的范式和技术手段，通过大脑这个桥梁，人类能对遗传、环境与智力之间的关系有更深入的认识③。研究成果揭示，如果这种外在环境持续存在，那么大脑结构可能会发生永久性改变。这也说明了学校教育的必要性和重要性。

3. 认知神经科学推动交叉学科的诞生

认知神经科学的诞生和发展，尤其是近年来发展的新理论和新技术，使心理学、生理学、生物学等传统学科获得了新生。于是，认知神经心理学、认知生理心理学、认知心理生理学、认知神经生物学、计算神经科学等逐渐形成。认知神经科学渗透到心理科学体系中形成了颇有影响和发展前途的交叉学科：发展认知神经科学、社会认知神经科学。发展认知神经科学是研究认知发展的神经机制、脑发育与行为能力和认知发展之间关系的科学。它是关注知觉、注意、记忆、言语等认知活动在人生不同时期的特征，以及促使认知发展变化的神经机制④。发展认知神经科学是认知神经科学和发展心理学等交叉融合产生的一个新学科和研究领域，其研究进展迅速且具有很大潜力⑤。社会认知神经科学是一门采用认知神经科学技术研究社会认知现象的交叉学科。通过整合认知神经科学和社会心理学的理论和方法，旨在从社会、认知和神经三个水平研究纷繁复杂的社会情绪现象⑥。认知神经科学的发展势必对教育科学产生重要影响，近几年发展认知神经科学、社会认知神经科学的兴起就逐渐涉及教育领域。认知神经科学与教育学及其分支学科（教育心理学、教育社会学等）的融合必将推动教育学科体系的进一步丰富。或许不久的将来就有教育认知神经科学、教育认知神经心理学、教育社会认知神经科学等学科的诞生。

（三）教育神经科学的诞生

随着认知神经科学的发展，众多研究者和各国政府开始重视认知神经科学发展对教育的影响和应用。有研究从认知神经科学考察人类学习，并提出了生理理论、表征理论和信息

① 胡谊.改良教育心理学：来自认知神经科学的影响[J].心理学探新，2007，27(1)：15-18.

② 秦金亮.发展认知神经科学及其对当代教育的启示[J].教育研究，2008，29(7)：59-63.

③ 林崇德，罗良.认知神经科学关于智力研究的新进展[J].北京师范大学学报(社会科学版)，2008(1)：42-49.

④ MUNAKATA Y，CASEY B J，DIAMOND A. Developmental cognitive neuroscience：progress and potential[J]. Trends in cognitive sciences，2004，8(3)：122-128.

⑤ 王益文，林崇德，陆祖宏.发展认知神经科学的研究进展[J].自然科学进展，2006，16(12)：1530-1535.

⑥ OCHSNER K N. Social cognitive neuroscience：historical development，core principles，and future promise[M]//Kruglanksi A，Higgins E T. Social psychology：a handbook of basic principles. 2nd edition. New York：Guilford Press，2007：39-66.

加工理论等三种心理学理论①。特别是对“发展与教育”问题的揭示为丰富教育科学视野提供重要的科学依据②。2003年，美国哈佛大学推出了“心智、脑与教育”研习班，将研究心智的心理科学和研究脑的神经科学，落实在教育的研究和实践中。2005年，中国科技部将“脑科学与认知科学”列为八大前沿科学问题之一，并成立国家重点实验室③。近年来，认知神经科学在知觉、记忆、阅读、注意力等领域都取得了一系列成果。有关研究结论和成果将成为教育改革和思维训练的重要理论基础，势必对教育科学的发展产生极其重要的影响④。因此，有研究者提出把认知神经科学的研究成果应用于教育，并从认知神经科学的角度解读教育现象和规律，从而为教育理论研究、教育实践与教育政策奠定科学基础。于是，一门整合认知神经科学与教育科学的新兴交叉学科——教育神经科学诞生了。

教育神经科学是教育科学、认知科学、神经科学，特别是认知神经科学等学科知识与技能的高度整合，它不仅是认知神经科学在教育领域的运用，而且是教育理论研究实践活动中汲取认知神经科学的研究成果，创建具有教育科学特点，具备独特学科体系的一门新兴交叉学科。关于认知神经科学与学习、教育的交叉这一研究领域，众多研究都有一个共识，那就是这一交叉领域的研究将改变教育科学长期以来缺乏科学实证依据的现状，将教育科学研究的领域拓宽到突触、神经元等分子水平的微观层面。但是，对于这一研究领域有没有自身的学科体系？这一学科的研究领域、研究方法以及学科性质与名称等一直存在争议。因为，研究领域、研究方法以及学科性质的争议，造成学科名称的千差万别，如“教育神经科学”“神经教育学”“学习科学”等。

事实上，有关认知神经科学与学习、教育的研究，早在认知神经科学诞生之初就有人提出。西方学者Chall和Mirsky把认知神经科学与学习、教育交叉研究产生的新兴学科称为教育神经科学⑤。他们认为，教育神经科学是将生物科学、认知科学、发展科学和教育科学等学科的知识与技能进行深度整合，提出科学的教育理论、践行科学的教育实践、具有独特话语体系的一门新兴学科⑥。在国内，著名的生物电子学家、教育学家韦钰⑦把这一领域称为神经教育学(也有学习科学一说)。她认为神经教育学基于认知神经科学、情感神经科学、分子生物学等学科的发展而产生。神经教育学是一个交叉跨度很大的新学科，研究是多层次和多途径的，是从分子层次(基因)、细胞层次(突触)、通路和网络、系统，一直到行为

① HUNT E. Cognitive science: definition, status, and questions[J]. Annual review of psychology, 1989, 40(1): 603-629.

② 徐芬，董奇. 发展的认知神经科学：神经科学与认知发展研究的融合点[J]. 应用心理学，2002，8(4)：51-55.

③ 中华人民共和国科学技术部. 国家中长期科学和技术发展规划纲要(2006—2020年)[J]. 科技促进发展，2009(4)：41-41.

④ 王道阳，魏玮. 教育科学发展新取向：来自认知神经科学的影响[J]. 教育生物学杂志，2013，1(3)：226-231.

⑤ CHALL J S, MIRSKY A F. The implications for education[J]. Education and the brain, 1978: 371-378.

⑥ 周加仙. 教育神经科学的领域建构[J]. 华东师范大学学报(教育科学版)，2009，27(3)：69-74.

⑦ 韦钰. 从神经教育学的兴起看学科会聚的新趋势[C]//“学科会聚与创新平台”高新技术高峰论坛. 2006.

层次。张定璋①也认为脑科学在教育中的运用,以及神经心理学与脑本位教育促使神经教育学诞生。无论何种观点,从当前这一领域研究还不成熟的情况来看都是非常宝贵的。从他们的观点也可以看出,这一新兴学科的诞生与脑成像技术进步之后,人们对脑认知中神经元的微观活动认识的提升密不可分,而这就是认知神经科学。因此,认知神经科学的发展,尤其是对教育过程中脑的微观活动规律的把握,对这一新兴学科的诞生起着重要的作用。因而把这一新兴的交叉研究领域称为"教育神经科学"更为确切,也更有利于该学科的发展。

如果说认知神经科学的研究领域是脑认知,那么教育神经科学的研究领域就是教育实践,即掌握认识脑、开发脑的教育路径。因此,教育神经科学首先是要把握教育规律,解决教育问题,不同于其他教育分支学科的是,它运用神经科学、认知科学、分子生物学等成熟研究技术、手段。从这种角度来看,教育神经科学应该是教育科学的分支学科,而且是其基础学科。因为当代认知神经科学的基本研究命题是人类意识和智能的脑机制,使它不仅成为生物脑和人工脑(电脑)研究的结合点,也是医学和教育学发展的重大理论基础②。另外,从认知神经科学的发展来看,它一诞生就对传统学科生物学、生理学、心理学等产生广泛而深远的影响,教育神经科学的诞生,不仅仅是教育科学汲取认知神经科学营养的发展,也是认知神经科学在教育研究领域的拓展。从这层面上来说,教育神经科学是认知神经科学的应用。

认知神经科学是吸收了认知科学和行为发展科学的理论以及神经科学和遗传学的新技术发展而来的,并逐渐形成了认知神经心理学、认知心理生理学、认知生理心理学、认知神经生物学和计算神经科学等众多分支学科。它的这种高交叉和高分化必然导致教育神经科学的高度综合性。教育神经科学的诞生与发展是人类知识从整合到分化,再到整合的必然趋势,这已经不能简单把它认为是哪一个分支学科。教育神经科学的诞生从某种意义上已经模糊了社会科学、人文科学和自然科学的界限③。

二、教育神经科学的发展对心理健康教育研究的启示

(一) 通过神经活动解释精神活动

在认知神经科学研究中,通过脑认知成像技术所观察到的乃是伴随心理现象而发生的脑神经生理活动。通过生理活动可以量化分析复杂而丰富的精神活动的特异性,不少研究揭示了心理现象与脑神经活动的相关关系④。但是,脑成像技术也有其缺点。一方面,脑功能成像技术能够提供进行不同认知活动时相关的脑部活动信息,但无法提供大脑区位与认知功能之间的因果关系。我们只知道进行某类认知活动时某些脑部区域会有较强的活动,却无法知道这些脑部区域的活动是否为进行相对应认知功能的必要条件。另一方面,目前PET 和 fMRI 成像的空间和时间分辨率都很低;脑光学成像技术由于不能穿透颅骨,只能

---

① 张定璋.神经教育学与脑本位教育动向[J].教育研究,2008,29(10):59-62.

② OECD. Organisation for economic co-operation and development. Understanding the brain: towards a new learning science[M]. [S. l.]: OECD Publishing, 2002.

③ 罗跃嘉.认知神经科学教程[M].北京:北京大学出版社,2006.

④ 张卫东,李其维.认知神经科学对心理学的研究贡献:主要来自我国心理学界的重要研究工作述评[J].华东师范大学学报(教育科学版),2007,25(1):46-55.

适用于实验动物;多道脑电图和脑磁图可以实现毫秒级的时间分辨率,然而其空间分辨能力却非常之差(厘米级)①。

然而,我们可以通过分离性研究与整合性研究相结合解决上述问题。认知神经科学的研究发现,一方面,有时两个非常相似的心理现象,产生了非常相似的行为,但事实上他们依赖于不同的内部神经机制。例如,个体记忆社会信息和非社会信息的能力是类似的,这是否意味着社会信息和非社会信息的编码、提取应用了相同的机制呢?对此,尽管目前没有一致的结论,但是最近的 fMRI 研究发现,参与社会信息和非社会信息编码的脑机制是分离的,编码非社会性信息和海马的激活有关,而编码社会性信息和背内侧前额叶皮层的活动有关②。另一方面,有时两个心理过程或经历表面看起来差异很大,研究者通常会认为它们可能依赖于不同的机制,但事实上它们依赖于同一个加工机制③。如果不同形式的社会认知激活了相同的脑区,而且针对不同认知过程,经过控制刺激模糊程度或亮度,认知目标和注意资源都能导致相同的脑皮层激活模式,那么就有理由认为不同认知过程可以激活相同的大脑加工机制④。这两种研究方式分别是分离性研究和整合性研究,将两种研究方式结合起来不仅可以确定表面上彼此不同现象之间的共同机制,也可以用于区分表面上相似的现象。运用相结合的方式方法研究社会性心理现象潜在的神经认知结构,有可能发现不同社会现象的共同的神经心理基础,从而提高描述社会现象的精度。如果能够解释精神活动、心理健康问题的神经发生机制,对于推动心理健康研究的自然科学化、研究结果量化、标准化有着重要的意义。

(二)通过生理机制还原心理现象

心理现象是人脑对客观世界的反映,心理现象又是神经系统的机能,脑的机能。尽管努力识别脑系统与心理现象之间的联系在认知神经科学的起初阶段是必要的,但这个学科发展的最终目的,是要能超越大脑与行为的相关关系,通过多水平的整合研究来体现它的跨学科性质。有研究者提出全新的认知范式,试图打破"心理现象与生理机制"这种传统的二元格局。主张专注于构造身(脑)—心互动的动力系统模型。传统的"生理机制"概念被赋予了新的内涵,它仅作为大脑、身体与环境共同塑造心理的三位一体中的一个方面而存在。脑及神经活动既不被动地接受来自身体、环境的作用,也不独立地作为心理以外的因素作用于心理。它们也可与身体、与环境构成不同动力系统中的耦合关系。甚至在更宏观层面上,也可与"心理"形成高级的动力系统⑤。虽然,在当前认知神经科学研究的条件下,企图将心理现象还原为生理机制是几乎不可能完成的任务。

如果能将脑电成像与功能性磁共振相结合,将心理现象还原为生理机制不是没有可能

① 孙吉林.脑磁图(MEG)常见问题[J].现代电生理学杂志,2005,12(4):245-249.

② MITCHELL J P,BANAJI M R,MACRAE C N. The link between social cognition and self-referential thought in the medial prefrontal cortex[J]. Journal of cognitive neuroscience,2005,17(8):1306-1315.

③ 俞国良,刘聪慧.独立或整合:社会认知神经科学对社会心理学的影响与挑战[J].中国人民大学学报,2009,23(3):70-79.

④ LIEBERMAN M D. Intuition:a social cognitive neuroscience approach[J]. Psychological bulletin,2000,126(1):109-137.

⑤ 张锋,沈模卫,徐梅.社会认知神经科学:取向、研究与未来方向[J].西北师大学报(社会科学版),2004,41(3):109-113.

的。脑电成像与功能性磁共振成像技术各有优缺点：一方面，脑电或脑磁成像有理想的时间分辨率，但空间分辨率很差；另一方面，功能性磁共振或正电子发射层描术有准确的空间分辨率，但时间分辨率很差。如果将两类图像的配准、融合共同投射到结构图像上，将会为认知神经科学研究取得重大突破，这也是当前这一研究领域重大的技术路线。这种方法的整合包括对同时记录的两类影像学实验数据进行空间—时间的联合分析，例如，fMRI 与 EEG 结合，通过 MRI/fMRI 对 EEG/MEG 的发生源进行定位。但是不同影像学方法测量的是不同的物理现象。EEG 和 MEG 反映的是脑细胞生理活动中电磁场变化，fMRI 和 PET 反映的是脑细胞活动伴随的能量代谢的变化，包括脑血流、血氧和葡萄糖代谢率的变化。所以，这些方法并不一定能够对神经活动进行直接的测量，两类不同方法得到的数据之间也不一定是一一对应的①。因此，多种脑成像技术的整合是当前认知神经科学发展的必然趋势。

（三）通过神经机制印证理论假设

当前心理健康教育的众多理论的验证更多的是经验性的总结，如果能通过认知神经科学的发展找到心理治疗理论的神经机制证据，就能有效提高理论的说服力，也使得理论假设与神经机制相互印证。当前认知神经科学研究已经发现记忆、学习、注意、推理过程等与脑激活区域的关系。如位于边缘系统的海马区和副海马区激活表示明晰性记忆发生，当需要监测误差和冲突时，前扣带回会激活②；70 岁人的大脑仍会长出新的神经元（在海马状突起处），而且能够使大脑恢复部分功能③；等等。这些成果为学习理论和终身教育理论提供了神经机制的实验证据。

认知神经科学的研究就是以已有的理论假设为出发点，为理论寻找神经机制水平上的证据。理论构建实质是一种自下而上的研究策略。以往心理学家利用高度简化的方法集中研究人的基本心理过程，而几乎不考虑引起和影响这些能力的个人生理因素与外在情境条件。认知神经科学发展使众多研究者试图寻找个体情绪、认知、记忆、注意以及学习等有关心理过程的神经机制，这实质是一种自下而上的研究策略。现实的研究中往往两种研究策略相互分离，但越来越多研究意识到自上而下与自下而上的研究取向不能孤立地应用，因为它们本来就存在紧密联系。不同神经通路是由特定任务激活的，而任务的完成又依赖于个人整体的心理状态④。理论构建和神经机制的相互印证是解决理论缺乏神经机制的证据与特殊实验条件下的神经机制无法完全解释真实认知过程的矛盾的唯一出路。认知神经科学研究以某一理论假设为出发点，当研究的结果与已有的理论假设出现冲突的时候，便出现了基于神经机制研究的结果对原有理论的修改甚至重构的过程。

---

① 李其维."认知革命"与"第二代认知科学"刍议[J].心理学报，2008，40(12)：1306-1327.

② BUSH G，LUU P，POSNER M I. Cognitive and emotional influences in anterior cingulate cortex [J]. Trends in cognitive sciences，2000，4(6)：215-222.

③ JACOBS B L，VAN PRAAG H，GAGE F H. Depression and the birth and death of brain cells：the turnover of neurons in the hippocampus might help to explain the onset of and recovery from clinical depression[J]. American scientist，2000，88(4)：340-345.

④ 蔡丹，李其维.简评认知神经科学取向的智力观[J].心理学探新，2009，29(6)：23-27.

第二章　流动青少年心理健康教育研究相关量表的修订

第一节　情绪调节问卷在流动青少年中应用的效度和信度

情绪调节策略(emotion regulation strategies)是个体用来改变或控制与情绪相关的反应的行为或认知①②,个体通过运用一定的策略和机制,使情绪在生理活动、主观体验、表情行为等方面发生一定的变化③。Gross 的情绪调节过程理论④认为,情绪调节过程中的每一个阶段会产生不同的情绪调节策略。认知重评与表达抑制两种情绪调节策略对后继的情绪情感反应、认知任务的完成和社会行为会产生不同的影响。认知重评试图以一种更积极的方式理解一些使人产生消极情绪体验的事件,或者对情绪事件进行合理化,从而降低消极情绪体验。表达抑制是指对将要发生或正在发生的情绪表达进行抑制。该策略调动了个体的自我控制能力,但是仅仅控制了情绪的表达,改变了外部情绪表现,情绪体验并没有因此改变,属于反应关注的情绪调节策略。Gross 在情绪调节过程理论基础上编制了情绪调节问卷⑤(emotion regulation questionnaire,ERQ),该问卷包含认知重评与表达抑制两个维度。

ERQ 在国内得到广泛的运用⑥⑦,但针对特殊群体的信效度检验不多。流动青少年是我国社会转型期出现的一个重要社会群体,他们的迁移和流动使其生活模式、生活习惯等受到都市生活的极大冲击,态度、意识和行为等方面由此发生了改变。环境的变化是否会对其人格的特征造成影响,是值得探讨的课题。因此,本研究把 ERQ 应用到流动青少年中检验其信效度,为流动青少年情绪调节策略研究提供有效的研究工具。

一、对象与方法

(一) 对象

本研究采取整群随机抽样的方法。2016 年 1—2 月,选取 3 个城市 3 所中学,采用抽签

---

① OCHSNER K N, GROSS J J. Cognitive emotion regulation: insights from social cognitive and affective neuroscience[J]. Current directions psychol science, 2008, 17(2): 153-158.

② GRATZ K L, WEISS N H, TULL M T. Examining emotion regulation as an outcome, mechanism, or target of psychological treatments[J]. Current opinion in psychology, 2015, 3: 85-90.

③ 黄敏儿,郭德俊.情绪调节的实质[J].心理科学,2000,23(1):109-110.

④ GROSS J J. The emerging field of emotion regulation: an integrative review[J]. Review of general psychology, 1998, 2(3): 271-299.

⑤ GROSS J J. Emotion regulation: affective, cognitive, and social consequences[J]. Psychophysiology, 2002, 39(3): 281-291.

⑥ 张玉,何成森,顾宇莲.初中生认知情绪调节与人格关系[J].中国心理卫生杂志,2012,26(1):55-56.

⑦ 戴必兵,彭义升,李娟.老年人抑郁症状与情绪调节策略的横断面研究[J].中国心理卫生杂志,2014,28(3):192-196.

法每个年级随机抽取 2 个班级全体学生参加测试(其中有 1 所中学含初中,共含初中 6 个班级、高中 18 个班级),最终有 1 282 人参加测试,发放问卷 1 282 份,有效问卷为 1 159 份,有效问卷率 90.41%。其中流动青少年(按照户口为农业,现居住地与户口所在地不一致,且长达 1 年以上为标准筛选)397 人,平均年龄 16.78 岁(SD=1.92)。流动青少年中男生 177 人(44.90%)、女生 217 人(55.10%),3 人未报告;独生子女 145 人(38.70%)、非独生子女 230 人(61.30%),22 人未报告;流动时间 1 年以下 261 人(65.70%)、流动时间 1 年以上 136 人(34.30%);父亲受教育年限 8.35 年(SD=3.15),母亲受教育年限 6.92 年(SD=3.43)。所有被试父母均签署知情同意书。

(二) 工具

1. Gross 情绪调节问卷(emotion regulation questionnaire,ERQ)①②

ERQ 用来评定个体认知重评与表达抑制方面的差异。该问卷包括两个维度:认知重评和表达抑制。其中,认知重评维度的测量由 6 个题目构成,表达抑制维度的测量由 4 个题目构成,共 10 个题目。问卷采用 Likert 7 点计分(完全不同意到完全同意),得分越高,表明认知重评或表达抑制情绪调节策略的使用频率越高。

2. 综合幸福感问卷(multiple happiness questionnaire,MHQ)

该问卷通过个体对幸福的陈述以确定其主观幸福感和心理幸福感。问卷包括 2 个分问卷(主观幸福感和心理幸福感)、9 个维度(生活满意、正性情感、负性情感、生命活力、健康关注、利他行为、自我价值、友好关系和人格成长),共 50 个条目。其中,主观幸福感分问卷由生活满意、正性情感、负性情感 3 个维度组成;心理幸福感分问卷由生命活力、健康关注、利他行为、自我价值、友好关系和人格成长等 6 个维度组成。总问卷的 cronbach's α 系数在 0.67～0.91 之间。

3. 自卑感量表(the feelings of inadequacy scale,FIS)③

该量表用于测定一个人的缺陷感(不足感)、自卑感、自我敏感和社交焦虑。该量表有 5 个维度,分别是自尊、社交信心、学业能力、外貌、体能。共有 36 个题目,采用 5 点计分,选项包括"从不""小部分是""部分是""大部分是""总是",分别计 1～5 分,其中第 3、6、25、31 题是反向计分。分数越高,则说明自卑感越强。该量表的 α 系数为 0.92,重测信度 0.86。

(三) 调查方法和质量控制

调查实施采用相同的指导语,进行集体施测。要求被试仔细阅读指导语,然后按要求填写问卷。完成问卷后,所有问卷当场收回。

(四) 统计方法

所得数据采用 SPSS 22.0 和 Mplus 7.0 软件进行统计分析。计量资料符合正态分布采用(均数±标准差)表示,组间比较采用 t 检验,t 检验效果大小用 cohen's d 值表示。并且进行项目分析、探索性因子分析、验证性因子分析、探索性结构方程模型、效标关联效度分析

① GROSS J J. Emotion regulation:affective,cognitive,and social consequences[J]. Psychophysiology,2002,39(3):281-291.

② ZHU X Z,AUERBACH R P,YAO S Q,et al. Psychometric properties of the cognitive emotion regulation questionnaire:Chinese version[J]. Cognition and emotion,2008,22(2):288-307.

③ 汪向东,王希林,马弘,等. 心理卫生评定量表手册[M]. 增订版. 北京:中国心理卫生杂志社,1999.

以及内部一致性信度分析。$P<0.05$ 时，差异有统计学意义。

二、结果

（一）描述性统计数据

ERQ 各维度的均分和标准差，以及峰度和偏度值见表 2-1。根据 Curran 等[①]研究认为，峰度绝对值在 0～2、偏度绝对值在 0～7，可认为数据是符合正态分布的。本研究的 ERQ 达到上述标准。

表 2-1　ERQ 各维度的均分、标准差以及峰度和偏度值

题号	$\bar{x}$	s	峰度	偏度
认知重评				
g1	3.30	1.56	0.43	−0.23
g3	3.45	1.54	0.34	−0.20
g5	3.38	1.51	0.30	−0.38
g7	3.38	1.46	0.30	−0.29
g8	3.31	1.39	0.34	−0.09
g10	3.31	1.44	0.31	−0.18
总分	20.24	6.42	0.18	0.92
表达抑制				
g2	4.09	1.56	0.12	−0.48
g4	4.13	1.61	0.01	−0.58
g6	3.86	1.63	0.25	−0.55
g9	3.91	1.51	0.09	−0.36
总分	16.00	4.67	0.19	0.46

（二）项目分析

首先采用 CR(高低分组决断值)和题总相关系数来检验各条目的区分度(表 2-2)。分别按照 ERQ 总分由高到低排序，取 27 和 73 分数位作为临界值，前 27%作为高分组，后 27%作为低分组，然后检验各条目在高低分组上的得分差异。结果显示，ERQ 各条目在高低分组上的得分差异均有统计学意义，题总相关系数分别为 0.39～0.63($P<0.01$)。

（三）效度分析

1. 结构效度

探索性因素分析。对 ERQ 进行探索性因素分析，得出 KMO 值为 0.83，Bartlett 的球形度检验值为 1 176.88，$P<0.001$，适合进一步分析。采用主成分分析法和最大方差正交旋转法进行分析发现，ERQ 特征值大于 1 的因子有 2 个，特征值分别为 3.94、1.55，对应变异解释率分别为 39.40%、15.48%，变异总解释率为 54.88%。

① CURRAN P J, WEST S G, FINCH J F. The robustness of test statistics to nonnormality and specification error in confirmatory factor analysis[J]. Psychological methods, 1996, 1(1): 16-29.

表 2-2 ERQ 各条目的高低分组 t 检验和题总相关系数 r

题号	t	P	题总相关系数 r
认知重评			
g1	10.35	0.000	0.453**
g3	13.01	0.000	0.545**
g5	10.96	0.000	0.548**
g7	12.49	0.000	0.553**
g8	13.09	0.000	0.633**
g10	12.82	0.000	0.540**
表达抑制			
g2	11.11	0.000	0.433**
g4	9.06	0.000	0.391**
g6	12.58	0.000	0.500**
g9	11.05	0.000	0.502**

注：* $P<0.05$；** $P<0.01$。

表 2-3 ERQ 的 CFA 与 ESEM 分析结果

题号	验证性因素分析(CFA)		探索性结构方程模型(ESEM)	
	因子 1	因子 2	因子 1	因子 2
认知重评				
g1	0.56**		0.60**	−0.06
g3	0.67**		0.73**	−0.11
g5	0.69**		0.69**	0.00
g7	0.63**		0.59**	0.10
g8	0.75**		0.70**	0.09
g10	0.63**		0.60**	0.07
表达抑制				
g2		0.60**	0.00	0.62**
g4		0.61**	−0.11	0.72**
g6		0.62**	0.23	0.48**
g9		0.71**	0.12	0.62**

注：* $P<0.05$；** $P<0.01$。

验证性因素分析。对 ERQ 对应的 5 个维度结构，进行验证性因素分析。结果显示，$\chi^2/df=4.91$，$P<0.01$，CFI=0.88，GFI=0.85，RMSEA=0.100，SRMR=0.060。

探索性结构方程模型。通过探索性结构方程模型既可以灵活地探索因子结构，又可以系统地验证因子模型。结果显示，$\chi^2/df=3.06$，$P<0.01$，CFI=0.92，GFI=0.86，RMSEA=0.072，SRMR=0.044(相关分析过程见图 2-1，图 2-2)。

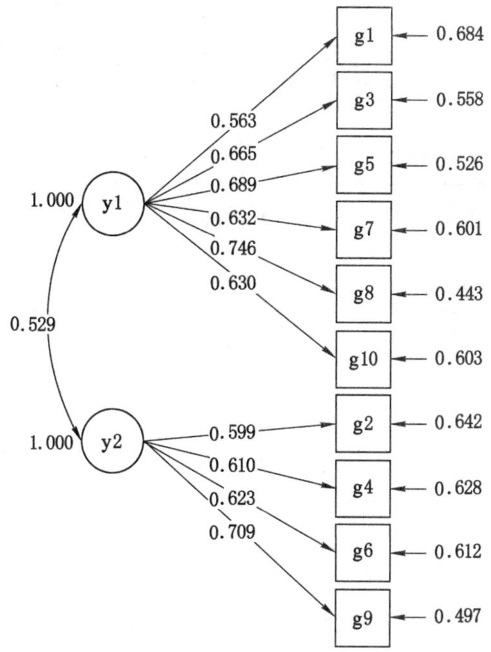

图 2-1　CFA 分析图

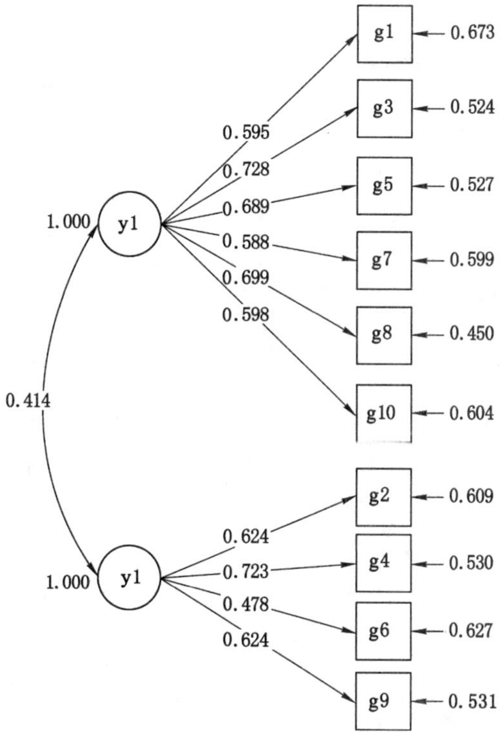

图 2-2　ESEM 分析图

2. 效标效度

相关分析显示，ERQ 的认知重评与主观幸福感、心理幸福感呈正相关(r=0.17、0.45，$P<0.01$)，而表达抑制与自卑呈现正相关(r=0.17，$P<0.01$)(见表 2-4)。

表 2-4　ERQ 与幸福感、自卑的相关

	主观幸福感总分	心理幸福感总分	自卑总分
认知重评	0.17**	0.45**	−0.01
表达抑制	−0.05	−0.06	0.17**

注：** $P<0.01$。

(四) 信度分析

ERQ 总的 cronbach's α 系数为 0.82，认知重评、表达抑制的 cronbach's α 系数分别为 0.82、0.73。

在性别差异上，男女生在 ERQ 得分差异无统计学意义，且在认知重评[(20.77±6.50) vs(19.66±6.17)，t=1.71，$P>0.05$]、表达抑制[(15.48±4.71) vs(16.35±4.57)，t=−1.83，$P>0.05$]具体维度上也没有性别差异。在流动时间差异上，认知重评流动时间 1 年以下与流动时间 1 年以上无显著差异[(20.13±6.46) vs(20.46±6.34)，t=−0.47，$P>0.05$]，但流动时间 1 年以上的流动青少年的表达抑制得分显著高于流动时间 1 年以下[(16.76±4.89) vs(15.62±4.52)，t=2.26，d=0.246，$P<0.05$](见表 2-5)。

表 2-5　不同性别 ERQ 各维度的均数与标准差及内部一致性系数

	题量	男		女		流动 1 年以下		流动 1 年以上		α
		$\bar{x}\pm S$	α	$\bar{x}\pm S$	α	$\bar{x}\pm S$	α	$\bar{x}\pm S$	α	
ERQ 总分	10	36.34±10.10	0.86	36.01±8.60	0.77	35.79±9.57	0.85	37.30±9.11	0.76	0.82
认知重评	6	20.77±6.50	0.83	19.66±6.17	0.79	20.13±6.46	0.84	20.46±6.34	0.76	0.82
表达抑制	4	15.48±4.71	0.75	16.35±4.57	0.70	15.62±4.52	0.75	16.76±4.89	0.70	0.73

三、讨论

本研究 ERQ 的条目分析结果显示，决断值检验均达到显著性水平，题总相关系数除了 g4 题(表达抑制)低于 0.4，其余均在 0.4 以上。但低于普通中学生群体中的研究结果(r=0.56～0.70)①，是否与流动青少年群体特殊性有关，这需要进一步深入研究。在随后采用主成分分析法进行探索性因子分析中，得到 2 个公因子，这符合原作者的构想，并且可解释的累积变异量达到 54.88%。这个结果好于普通中学生 2 个公因子解释的累积变异量 45.22%(小于 50%)。

验证性因子分析结果显示，虽然没有达到一个好的模型拟合指数要求(CFI>0.90，

① 赵鑫，张冰人，张鹏，等.斯坦福情绪调节量表在我国中学生中的信、效度检验[J].中国临床心理学杂志，2015，23(1)：22-25.

RMSEA<0.05)①,同时还低于中学生的研究(拟合指数为:$\chi^2/df=3.56$,CFI=0.95,IFI=0.95,RMSEA=0.047),以及大学生群体的研究(拟合指数为:$\chi^2/df=9.49$,CFI=0.96,IFI=0.96,RMSEA=0.085)②。但该结果对于儿童青少年的自我报告问卷模型来说也是可以接受的③,并且达到了测量学的要求④。在采用探索性结构方程模型后,拟合指数也基本达到好的模型拟合指数标准。麦玉娇 等⑤认为,ESEM 整合了 EFA 和 CFA 两种因子分析方法的功能和优点。通过 ESEM,研究者既可以灵活地探索因子结构,又可以系统地验证因子模型,为潜变量的关系分析提供更适宜的测量模型。探索性结构方程模型显示,表达抑制 g6 条目的因子负荷低于 0.50,王力等有关大学生群体的情绪调节策略量表的研究也显示 g6 条目的因子负荷较低(0.56)。

本研究采用综合幸福感(主观幸福感、心理幸福感)和自卑感作为效标来考察 ERQ 的效标关联效度。结果显示认知重评与积极心理或情绪(主观幸福感、心理幸福感)呈正相关,而表达抑制与消极心理或情绪呈正相关,这与其他研究是一致的。

ERQ 的两个维度(认知重评与表达抑制)的 cronbach's α 系数为 0.82、0.73,略低于大学生群体的结果(认知重评,$\alpha=0.85$;表达抑制,$\alpha=0.77$),好于普通中学生群体的结果(认知重评,$\alpha=0.72$;表达抑制,$\alpha=0.66$)。其中,认知重评内部一致性系数都好于表达抑制,可能是与题目数量有关。由此说明,ERQ 在流动青少年群体中有较好的效标关联效度以及内部一致性和稳定性。此外,流动青少年的 ERQ 得分无显著性别差异,但在流动时间长短上差异显著,且表现为流动时间越长,表达抑制得分越高,也就是说流动时间越长,流动青少年采用表达抑制情绪调节策略的可能性越大。而表达抑制相对于认知重评来说,会消耗一定的认知资源,会带来认知活动水平的降低。那么,情绪调节策略是否会影响流动青少年的认知或者学业成就还需要进一步的验证研究。

综上,ERQ 在流动青少年群体中具有较好的结构效度、内部一致性信度以及效标关联效度,但也表现出与普通中学生、大学生群体的一些差异。后续研究需要增加重测信度以及抑郁、焦虑等关联效标,并且进行流动青少年与留守青少年、农村普通青少年、城市青少年的比较,探索流动青少年在情绪调节策略上的独特性。

第二节 简版人格量表在流动青少年中应用的效度和信度

国际人格项目库(international personality item pool,IPIP)在当前人格测量和研究中

① HU L T, BENTLER P M. Cutoff criteria for fit indexes in covariance structure analysis: conventional criteria versus new alternatives[J]. Structural equation modeling: a multidisciplinary journal, 1999,6(1):1-55.

② 王力,柳恒超,李中权,等.情绪调节问卷中文版的信效度研究[J].中国健康心理学杂志,2007,15(6):503-505.

③ 温忠麟,侯杰泰,马什赫伯特.结构方程模型检验:拟合指数与卡方准则[J].心理学报,2004,36(2):186-194.

④ 侯杰泰.结构方程模型及其应用[M].北京:教育科学出版社,2004.

⑤ 麦玉娇,温忠麟.探索性结构方程建模(ESEM):EFA 和 CFA 的整合[J].心理科学进展,2013,21(5):934-939.

有着广泛的影响，它最重要的优势是开放性，并且是免费使用的。Goldberg①② 基于 IPIP 提出了大五人格模型(big five model，BFM)，并编制了大五人格测量工具。大五人格量表先后衍生出了众多版本。其中有一种趋势，就是越来越多的研究者试图修订一种简化版的人格量表，以便在研究中能保证量表信效度的基础上节省大量资源。当前基于 IPIP 简化版的大五人格量表主要有 Mini-IPIP③、IPIP-BFM-20(IPIP-20)④，均为 5 个维度，20 个条目。甚至还出现了 IPIP-10⑤，仅有 10 个条目。国内有研究者⑥将其翻译为中文版，并且在我国青少年人群中有良好的信效度。也有人批评过于简短的人格量表与理论假设的人格结构会发生很大改变，并且会降低信效度。

本研究把 IPIP-20 应用到流动青少年中，检验其信效度；并且将 IPIP-20 与 IPIP-10 进行比较以及相关分析，考察 IPIP-20 与大五人格结构的拟合度。

一、对象与方法

（一）对象

本研究采取整群随机抽样的方法。2016 年 3—4 月，选取 1 所高中和 1 所师范大学，采用抽签法，其中高中每个年级随机抽取 2 个班级全体学生参加测试，大学通过公共课抽取 8 个班级(大一与大二)参加测试，最终有 1 007 人参加测试。其中流动青少年 605 人(按照户口为农业，现居住地与户口所在地不一致，且 6 个月以上为标准筛选)。因为本研究采取网络测试，为控制无关变量干扰，按照相关标准(噪音水平报告影响答题、10 个测谎题分数大于 4 等)对数据进行筛选，最后有 469 名被试入选本研究。平均年龄 19.31 岁(SD=1.45)；父亲受教育年限平均为 9.02 年(SD=2.49)，母亲受教育年限平均为 7.437 年(SD=3.32)。流动青少年中男生 71 人(15.10%)，女生 398 人(84.90%)。其中高中生所有被试父母均签署知情同意书。

（二）工具

1. IPIP-20 中文版⑦

该量表有 20 个条目，包含外向性(extraversion)、宜人性(agreeableness)、尽责性(conscientiousness)、神经质(neuroticism)和智力/想象力(intellect/imagination)等 5 个维

① GOLDBERG L R. An alternative "description of personality": the Big-Five factor structure[J]. Journal of personality and social psychology，1990，59(6)：1216-1229.

② GOLDBERG L R. The development of markers for the Big-Five factor structure[J]. Psychological assessment，1992，4(1)：26-42.

③ DONNELLAN M B，OSWALD F L，BAIRD B M，et al. The mini-IPIP scales：tiny-yet-effective measures of the Big Five factors of personality[J]. Psychological assessment，2006，18(2)：192-203.

④ TOPOLEWSKA E，SKIMINA E，STRUS W，et al. The short IPIP-BFM-20 questionnaire for measuring the big five[J]. Roczniki psychologiczne，2014，17(2)：367-402.

⑤ GOSLING S D，RENTFROW P J，SWANN W B Jr. A very brief measure of the Big-Five personality domains[J]. Journal of research in personality，2003，37(6)：504-528.

⑥ 李金德. 中国版 10 项目大五人格量表(TIPI-C)的信效度检验[J]. 中国健康心理学杂志，2013，21(11)：1688-1692.

⑦ LI Z，SANG Z，WANG L，et al. The Mini-IPIP Scale：psychometric features and relations with PTSD symptoms of Chinese earthquake survivors[J]. Psychological reports，2012，111(2)：641-651.

度，其中智力/想象力与 IPIP-10 中经验开放性维度相当。该量表共有 20 个条目，每个维度 4 个条目，采用 Likert 5 点计分，从非常不准确到非常准确（1～5）。量表在一般样本中有较好的信效度①。

2. IPIP-10 中文版

IPIP-10 中文版是在英文版的基础上翻译而成，本研究在参考李金德中文版大五人格量表（TIPI-C）的基础上，结合我们在 mini-IPIP 人格研究使用的经验对条目的翻译进行了调整。最后该量表包含外向性（extraversion）、宜人性（agreeableness）、尽责性（conscientiousness）、情绪稳定性（emotional stability）和经验开放性（openness to experience）等 5 个维度，每个维度 2 个题目。采用 Likert 7 点计分，从非常不同意到非常同意（1～7）。

3. 主观幸福感量表（subjective well-being scale，SWBS）②③

该量表是对 Campbell 等人在 1976 年编制的幸福感指数量表（Index of Well-Being）的修订。该量表为学生自评量表，共 9 题，包括两个维度：总体情感指数维度（第 1～8 题）和生活满意度维度（第 9 题）。该量表采取 1～7 点计分，主观幸福感量表总得分由总体情感指数维度的平均得分（权重 1）与生活满意度问卷维度（权重 1.1）相加，得分范围在 2.1（最不幸福）和 14.7（最幸福）之间，得分越高表明个体所体验的幸福程度越高。量表总体内部一致性系数 α 为 0.87、重测信度为 0.73。本次研究的 α 系数为 0.95。

4. 贝克抑郁量表（简化版）（beck depression inventory 13-item，BDI）④

贝克抑郁量表（简化版），用于评估每种抑郁症状的严重程度，是在 21 条目贝克抑郁量表⑤基础上简化而成，共有 13 个条目，采用 0～3 级评分，得分越高，抑郁症状越严重。研究证明该量表中文版具有良好的信效度⑥⑦。本次研究的 α 系数为 0.85。

（三）调查方法和质量控制

调查实施采用相同的指导语，测试通过手机扫二维码链接进行，以班级为单位进行团体施测。

（四）统计方法

所得数据采用 SPSS 22.0 和 Mplus 7.0 软件进行统计分析。计量资料符合正态分布采用（均数±标准差）表示，组间比较采用 t 检验，t 检验效果大小用 cohen's d 值表示。并且进行项目分析、探索性因子分析、验证性因子分析、效标关联效度分析以及内部一致性信度分析。$P<0.05$ 时，差异有统计学意义。

---

① 何剑骅. 迷你国际人格五因素量表（Mini-IPIP）的修订[J]. 池州学院学报，2015，29(6)：93-95.

② 董奇，林崇德. 中国儿童青少年心理发育标准化测验简介[M]. 北京：科学出版社，2011.

③ CAMPBELL A，CONVERSE P E，RODGERS W L. The quality of American life：perceptions，evaluations，and satisfactions[M]. New York：Russell Sage Foundation，1976.

④ 汪向东，王希林，马弘，等. 心理卫生评定量表手册[M]. 增订版. 北京：中国心理卫生杂志社，1999.

⑤ BECK A T，BECK R W. Screening depressed patients in family practice [J]. Postgraduate medicine，1972，52(6)：81-85.

⑥ WU D X，YIN H F，XU S J，et al. Psychometric properties of the Chinese version of Inventory for Depressive Symptomatology (IDS)：preliminary findings[J]. Asian journal of psychiatry，2010，3(3)：126-129.

⑦ ZHANG J，SU H，TAO J Y，et al. Relationship of impulsivity and depression during early methamphetamine withdrawal in Han Chinese population[J]. Addictive behaviors，2015，43：7-10.

二、结果

（一）描述性统计数据

流动青少年被试 IPIP-20 各维度的峰度和偏度值见表 2-6。Curran 等①研究认为，峰度绝对值在 0～2、偏度绝对值在 0～7，可认为数据是符合正态分布的。本研究的 IPIP-20 达到上述标准。

表 2-6　IPIP-20 各条目均值、偏度、峰度以及高低分组 t 检验与题总相关系数 r

维度	题号	$\bar{x}$	s	偏度	峰度	高低分组 t 检验	题总相关系数 r
外向性	1	2.92	1.00	−0.09	−0.49	−10.12**	0.446**
	6	3.00	1.15	0.17	−0.87	−7.91**	0.463**
	11	3.11	1.06	−0.13	−0.74	−6.63**	0.417**
	16	2.72	1.08	0.29	−0.66	−9.72**	0.349**
宜人性	2	3.73	0.80	−0.81	1.31	−5.88**	0.226**
	7	3.15	0.90	−0.16	−0.18	−9.06**	0.310**
	12	3.81	0.86	−1.00	1.31	−7.14**	0.238**
	17	2.98	0.97	−0.12	−0.42	−9.02**	0.330**
尽责性	3	3.25	1.04	−0.24	−0.57	−6.19**	0.422**
	8	3.07	1.23	−0.04	−1.08	−6.32**	0.350**
	13	3.98	0.83	−0.78	0.84	−5.53**	0.190**
	18	3.42	0.97	−0.42	−0.20	−7.26**	0.422**
神经质情	4	3.27	1.09	−0.19	−0.76	−5.25**	0.477**
	9	2.41	0.89	0.66	0.25	−1.64	0.245**
	14	3.23	1.06	−0.15	0.66	2.60*	0.498**
	19	2.92	1.02	0.08	0.74	0.78	0.416**
智力/想象力	5	3.60	1.06	−0.48	−0.31	−9.68**	0.399**
	10	3.18	1.04	−0.21	−0.48	−8.50**	0.412**
	15	2.95	0.96	0.05	−0.36	−6.46**	0.287**
	20	3.54	1.03	−0.44	−0.32	−10.68**	0.538**

注：* $P<0.05$；** $P<0.01$。

（二）项目分析

首先采用 CR（高低分组决断值）和题总相关系数来检验各条目的区分度。分别按照 IPIP-20 总分由高到低排序，取 27 和 73 分数位作为临界值，前 27％作为高分组，后 27％作为低分组，然后检验各条目在高低分组上的得分差异。结果显示，除了神经质维度第 9、19

① CURRAN P J，WEST S G，FINCH J F. The robustness of test statistics to nonnormality and specification error in confirmatory factor analysis[J]. Psychological methods，1996，1(1)：16-29.

题，IPIP-20 在其他各条目在高低分组上的得分差异均有统计学意义（$P<0.05$），题总相关系数分别为 0.190～0.538（$P<0.01$）。

（三）效度分析

1. 结构效度

探索性因素分析。对 IPIP-20 进行探索性因素分析，得出 KMO 值为 0.71，Bartlett 的球形度检验值为 2 029.96，$P<0.001$，可以进行进一步的分析。采用主成分分析法和最大方差正交旋转法进行分析发现，IPIP-20 特征值大于 1 的因子有 5 个，特征值分别为 2.44、2.39、2.04、1.99、1.94，对应变异解释率分别为 12.18%、11.92%、10.21%、9.96%、9.69%，变异总解释率为 53.96%。

验证性因素分析。对 IPIP-20 对应的 5 个维度结构，进行验证性因素分析。结果显示，$\chi^2/df=4.37$，$P<0.01$，CFI＝0.72，GFI＝0.66，RMSEA＝0.085，SRMR＝0.085。

探索性结构方程模型。参照 IPIP-20 的 5 个维度结构，进行探索性结构方程模型分析，结果显示，$\chi^2/df=2.22$，$P<0.01$，CFI＝0.92，GFI＝0.85，RMSEA＝0.051，SRMR＝0.030。

2. 效标效度

相关分析显示，IPIP-20 各维度与 SWBS 总分、BDI 总分的相关均有统计学意义。其中，IPIP-20 的外向性、宜人性、尽责性、智力/想象力与 SWBS 总分呈正相关（$r=0.14$～0.38，$P<0.01$），神经质与 SWBS 总分呈负相关（$r=-0.40$，$P<0.01$）；IPIP-20 的外向性、宜人性、尽责性、智力/想象力与 BDI 总分呈负相关（$r=-0.11$～-0.30，$P<0.01$），神经质与 BDI 总分呈正相关（$r=0.46$，$P<0.01$）。

IPIP-20 各维度得分内部相关系数在 0.04～0.41 之间，其中仅有外向性、宜人性是中等相关（$r=0.41$，$P<0.01$），其他相关系数都在 0.3 以下。

此外，本研究还考察了 IPIP-20 与 IPIP-10 的相关，IPIP-10 有外向性、宜人性、尽责性等 3 个维度与 IPIP-20 是完全一致的，IPIP-10 的情绪稳定性维度与 IPIP-20 神经质维度本质上也是相同的，只是计分方式是完全相反的；而且一般也认为 IPIP-10 的经验开放性维度类似 IPIP-20 的智力/想象力维度。由此，两者相关显示，在相同或相似的维度上相关系数均有统计学意义（外向性 $r=0.60$、宜人性 $r=0.20$、尽责性 $r=0.49$、神经质或情绪稳定性 $r=-0.54$、智力/想象力或经验开放性 $r=-0.40$，$P<0.01$）（见表 2-7）。

表 2-7　IPIP-20 内部相关以及与 IPIP-10、SWBS 总分、BDI 总分的相关系数

IPIP-20	外向性(E)	宜人性(A)	尽责性(C)	神经质(N)	智力/想象力(I)
IPIP-20					
外向性(E)	1.00				
宜人性(A)	0.41**	1.00			
尽责性(C)	0.04	0.30**	1.00		
神经质(N)	−0.18**	−0.20**	−0.14**	1.00	
智力/想象力(I)	0.21**	0.26**	0.13**	−0.05	1.00

表 2-7(续)

IPIP-20	外向性(E)	宜人性(A)	尽责性(C)	神经质(N)	智力/想象力(I)
IPIP-10					
外向性(E)	0.60**	0.21**	−0.10*	−0.14**	0.21**
宜人性(A)	−0.03	0.20**	0.23**	−0.19**	0.04
尽责性(C)	−0.08	0.16**	0.49**	−0.19**	0.03
情绪稳定性(Es)	0.08	0.17**	0.28**	−0.54**	0.06
经验开放性(O)	0.33**	0.24**	0.01	−0.07	0.40**
SWBS 总分	0.26**	0.38**	0.27**	−0.40**	0.14**
BDI 总分	−0.23**	−0.30**	−0.25**	0.46**	−0.11*

注：* $P<0.05$；** $P<0.01$。

(四) 信度分析

IPIP-20 总的 cronbach's α 系数为 0.60，各个维度的 cronbach's α 系数分别为 0.64(外向性)、0.48(宜人性)、0.56(尽责性)、0.63(情绪稳定性)、0.63(经验开放性)。按照流动时间 1 年为节点，将流动青少年分为两组(流动时间 1 年以下与流动时间 1 年以上)，分别对两组的 IPIP-20 各维度进行比较，结果显示，流动青少年在宜人性、尽责性、神经质、智力/想象力等维度上流动时间两组差异没有统计学意义($t=0.01\sim1.69$，$P>0.05$)，而流动时间 1 年以下的流动青少年的外倾性维度得分高于流动时间 1 年以上[(3.02±0.05) vs (2.89±0.11)，$t=2.04$，$d=0.191$，$P<0.05$](见表 2-8)。

表 2-8　不同流动时间 IPIP-20 各维度的均数与标准差及内部一致性系数

IPIP-20	题目数	流动时间 1 年以下($n=269$)		流动时间 1 年以上($n=200$)		总体 α
		$\bar{x}\pm s$	α	$\bar{x}\pm s$	α	
外向性(E)	4	3.02±0.05	0.66	2.89±0.11	0.60	0.64
宜人性(A)	4	2.19±0.55	0.46	2.23±0.13	0.50	0.48
尽责性(C)	4	2.78±0.11	0.59	2.56±0.13	0.51	0.56
神经质(N)	4	2.73±0.14	0.65	2.88±0.04	0.60	0.63
智力/想象力(I)	4	2.82±0.25	0.65	2.79±0.28	0.59	0.63

三、讨论

本研究将 IPIP-20 与李金德 IPIP-10 中文版青少年一般人群样本和中文版 mini-IPIP 大学生样本研究进行对比。本研究条目分析结果显示，除了神经质维度第 9 题(大多数时候放松)、第 19 题(很少忧郁)外，其他条目的决断值检验均达到显著性水平。题总相关系数除了严谨性第 13 题(喜欢有秩序)相关系数低于 0.20，其余均在 0.20 以上。

在随后采用主成分分析法进行探索性因子分析中，IPIP-20 得到 5 个公因子，这与原作者的构想一致，并且可解释的累积变异量达到 53.96%，超过 50%。但与大学生样本的研究相比要差一些(5 个公因子，解释的累积变异量 64.25%)。验证性因子分析结果显示，

IPIP-20的拟合指数没有达到一个好的模型拟合指数要求(CFI>0.90,RMSEA<0.05)①,低于一般青少年群体IPIP-10的研究(拟合指数为:$\chi^2/df=5.76$,CFI=0.93,GFI=0.97,AGFI=0.93,NFI=0.92,RMSEA=0.076)。但对于儿童青少年的自我报告问卷模型来说也是可以接受的②,并且达到了测量学要求③。

本研究采用SWBS总分、BDI总分作为效标来考察IPIP-20的效标关联效度。结果显示IPIP-20各维度与SWBS总分、BDI总分均有不同程度的相关,且均具有统计学意义。本研究IPIP-20内部的相关系数在0.04~0.41之间,与mini-IPIP大学生样本研究相近。本研究还考察了IPIP-20与IPIP-10的相关性,因为都是建立在大五人格理论上的量表,且IPIP-10的研究证明与NEO-FFI量表有较高的一致性。结果显示IPIP-20与IPIP-10各维度的相关系数在0.20~0.60之间,且除了宜人性的相关系数是0.20,其余维度的相关都是中等或较高的。这说明IPIP-20能够较好地契合大五人格理论。

本研究IPIP-20总的内部一致性系数α为0.60,各维度的α系数在0.48~0.64之间。总体看,内部一致性系数虽然勉强可以接受,但总体水平不高。然而与同类研究相比处于相近水平,如IPIP-10中文版青少年一般人群样本研究显示,各维度的α系数在0.40~0.73之间。简版IPIP的内部一致性系数均不是很高,这与题目数量较少有关④。总之,IPIP-20在流动青少年群体中有较好的效标关联效度以及内部一致性和稳定性。

综上,相对于题目数量较多的人格问卷来说,IPIP-20确实在信效度上都有所降低,但对于人格的相关研究简版IPIP有着非常经济实用的价值,能节省大量时间和精力,也能使被试节省时间,更多投入研究者关心的其他研究领域。本研究证明IPIP-20也适用于流动青少年这一特殊群体,且在流动时间上有一定区分效度,后续研究中应该增加流动青少年与农村一般青少年、城市青少年的对比,探索流动青少年在IPIP-20应用上的特殊性。此外,本研究选取的大学生样本来自师范院校。当前师范类院校的女生较多,造成本研究样本男生的数量偏少。本研究未报告重测信度,后续研究可考虑增加IPIP-20重测信度,以及中西文化差异的比较研究。

第三节　ZKPQ人格问卷在流动青少年中应用的效度和信度

Zukerman等⑤编制了ZKPQ-III-R(Zuckerman-Kuhlman Personality Questionnaire)

① HU L T, BENTLER P M. Cutoff criteria for fit indexes in covariance structure analysis: Conventional criteria versus new alternatives[J]. Structural equation modeling: a multidisciplinary journal, 1999, 6(1): 1-55.

② 温忠麟,侯杰泰,马什赫伯特. 结构方程模型检验:拟合指数与卡方准则[J]. 心理学报,2004,36(2):186-194.

③ 侯杰泰. 结构方程模型及其应用[M]. 北京:教育科学出版社,2004.

④ CORTINA J M. What is coefficient Alpha an examination of theory and applications[J]. Journal of applied psychology, 1993, 78(1): 98-104.

⑤ ZUCKERMAN M, KUHLMAN D M, JOIREMAN J, et al. A comparison of three structural models for personality: the Big Three, the Big Five, and the Alternative Five[J]. Journal of personality and social psychology, 1993, 65(4): 757-768.

人格问卷。该问卷有 99 个条目，包括冲动感觉寻求(19 个条目)、神经质焦虑(19 个条目)、攻击敌意(17 个条目)、活跃性(17 个条目)、社交性(17 个条目)等 5 个维度，以及 10 个测谎题。Y. X. Wu 等①修订了中文版 ZKPQ-III-R，并在一般人群中进行了验证，有较好的信效度。后来，Aluja 等②在此基础上修订了简短版的 ZKPQ-III-R 问卷(ZKPQ-50-CC)。ZKPQ-50-CC 仍然以原有 5 个维度为基础，精简了条目数，每个维度 10 个题目，删除了测谎题。Aluja 等研究发现 ZKPQ-50-CC 虽然比 ZKPQ-III-R 的信效度要低一些，但是仍然是可以接受的。ZKPQ-50-CC 节省了被试答题时间，提高了研究效率。鉴于此，本研究将 ZKPQ-50-CC 中文版应用到中国流动青少年群体中，确定其信效度，为流动青少年中的应用提供测量学依据。

一、对象与方法

(一) 对象

本研究采取整群随机抽样的方法。2016 年 3—4 月，选取 1 所高中和 1 所师范大学，采用抽签法，其中高中每个年级随机抽取 2 个班级全体学生参加测试，大学通过公共课抽取 8 个班级(大一与大二)参加测试，最终有 1 007 人参加测试。其中流动青少年(按照户口为农业，现居住地与户口所在地不一致，且 6 个月以上为标准筛选)605 人，平均年龄19.34岁(SD=1.46)；父亲受教育年限平均为 9.03 年(SD=2.94)，母亲受教育年限平均为7.46年(SD=3.62)。流动青少年中男生 99 人(16.40%)，女生 506 人(83.60%)。其中高中生所有被试父母均签署知情同意书。

(二) 工具

1. 人格问卷(zuckerman-kuhlman personality questionnaire cross-cultural 50 items，ZKPQ-50-CC)

该问卷在 ZKPQ-III-R 基础上简化而成①②③，包括 50 个条目，冲动感觉寻求(impulsive sensation seeking)、神经质焦虑(neuroticism-anxiety)、攻击敌意(aggression-hostility)、活跃性(activity)、社交性(sociability)等 5 个维度，每个维度 10 个条目。每个条目按 0、1 计分。被试根据自身情况作“是”或“否”回答。

2. 主观健康自评指数(subjective health complaints index，SHCI)④⑤

---

① WU Y X，WANG W，DU W Y，et al. Development of a Chinese version of the zuckerman-kuhlman personality questionnaire：reliabilities and gender/age effects [J]. Social behavior and personality：an international journal，2000，28(3)：241-250.

② ALUJA A，ROSSIER J，GARCÍA L F，et al. A cross-cultural shortened form of the ZKPQ (ZKPQ-50-cc) adapted to English，French，German，and Spanish languages[J]. Personality and individual differences，2006，41(4)：619-628.

③ ALUJA A，ROSSIER J，ZUCKERMAN M. Equivalence of paper and pencil vs Internet forms of the ZKPQ-50-CC in Spanish and French samples[J]. Personality and individual differences，2007，43(8)：2022-2032.

④ HAUGLAND S，WOLD B. Subjective health complaints in adolescence：reliability and validity of survey methods[J]. Journal of adolescence，2001，24(5)：611-624.

⑤ HAUGLAND S，WOLD B，STEVENSON J，et al. Subjective health complaints in adolescence[J]. The European journal of public health，2001，11(1)：4-10.

主观健康自评适用于学生对自身健康状况的主观评估，包括头痛、胃痛、腰痛、郁闷、易怒或脾气暴躁、感到紧张、感觉头晕。按照过去 6 个月发生上述症状的频率分为 5 个等级（1～5分，每天、每周超过 1 次、每周 1 次、每月 1 次、很少或从不）进行评估，总分在 7～35 之间，分数越高说明主观健康自评越满意。本次研究的 α 系数为 0.81。

3. 主观幸福感量表（subjective well-being scale，SWBS）①②

该量表是对 Campbell 等人在 1976 年编制幸福感指数量表（index of well-being）的修订。该量表为学生自评量表，共 9 题，包括两个维度：总体情感指数维度（第 1—8 题）和生活满意度维度（第 9 题）。该量表采取 1—7 点计分，主观幸福感量表总得分由总体情感指数维度的平均得分（权重 1）与生活满意度问卷维度（权重 1.1）相加，得分范围在 2.1（最不幸福）和 14.7（最幸福）之间，得分越高表明个体所体验的幸福程度越高。量表总体内部一致性系数（cronbach's α）为 0.87、重测信度为 0.73。本次研究的 α 系数为 0.95。

4. 贝克抑郁量表（简化版）（beck depression inventory 13-item，BDI）③

贝克抑郁量表（简化版），用于评估每种抑郁症状的严重程度，是在 21 条目贝克抑郁量表④基础上简化而成，共有 13 个条目，采用 0～3 级评分，得分越高抑郁症状越严重。研究证明该量表中文版具有良好的信效度⑤⑥。本次研究的 α 系数为 0.85。

（三）调查方法和质量控制

调查实施采用相同的指导语，测试通过手机扫二维码链接进行，以班级为单位进行团体施测。

（四）统计方法

所得数据采用 SPSS 22.0 和 Mplus 7.0 进行统计分析。计量资料符合正态分布采用（均数±标准差）表示，组间比较采用 t 检验，t 检验效果大小用 cohen's d 值表示。并且进行项目分析、探索性因子分析、验证性因子分析、探索性结构方程模型、效标关联效度分析以及内部一致性信度分析。$P<0.05$ 时，差异有统计学意义。

二、结果

（一）描述性统计数据

流动青少年被试 ZKPQ-50-CC 各维度、SHCI 总分、SWBS 总分、BDI 总分的均分和标

① 董奇，林崇德. 中国儿童青少年心理发育标准化测验简介[M]. 北京：科学出版社，2011.

② CAMPBELL A，CONVERSE P E，RODGERS W L. The quality of American life：perceptions，evaluations，and satisfactions[M]. New York：Russell Sage Foundation，1976.

③ 汪向东，王希林，马弘，等. 心理卫生评定量表手册[M]. 增订版. 北京：中国心理卫生杂志社，1999.

④ BECK A T，BECK R W. Screening depressed patients in family practice[J]. Postgraduate medicine，1972，52(6)：81-85.

⑤ WU D X，YIN H F，XU S J，et al. Psychometric properties of the Chinese version of Inventory for Depressive Symptomatology (IDS)：preliminary findings[J]. Asian journal of psychiatry，2010，3(3)：126-129.

⑥ ZHANG J，SU H，TAO J Y，et al. Relationship of impulsivity and depression during early methamphetamine withdrawal in Han Chinese population[J]. Addictive behaviors，2015，43：7-10.

准差，以及 ZKPQ-50-CC 各维度的峰度和偏度值见表 2-9。Curran 等①研究认为峰度绝对值在 0～2、偏度绝对值在 0～7，可认为数据是符合正态分布的。本研究的 ZKPQ-50-CC 达到上述标准。

表 2-9 被试 ZKPQ-50-CC 各维度、SHCI 总分、SWBS 总分、BDI 总分的均数、标准差、峰度、偏度及 α 系数

	$\bar{x}$	s	峰度	偏度	α
冲动感觉寻求	5.30	2.37	−0.23	0.69	0.67
神经质焦虑	5.57	2.52	−0.13	−0.76	0.72
攻击敌意	4.38	2.29	0.28	−0.69	0.63
活跃性	4.16	2.20	0.33	−0.53	0.61
社交性	5.32	2.32	−0.25	−0.68	0.63
SHCI 总分	28.06	5.12	—	—	0.81
SWBS 总分	9.90	2.23	—	—	0.95
BDI 总分	6.11	5.10	—	—	0.85

（二）项目分析

首先采用 CR（高低分组决断值）和题总相关系数来检验各条目的区分度。分别按照 ZKPQ-50-CC 总分由高到低排序，取 27 和 73 分数位作为临界值，前 27%作为高分组，后 27%作为低分组，然后检验各条目在高低分组上的得分差异。结果显示，ZKPQ-50-CC 各条目在高低分组上的得分差异均有统计学意义，题总相关系数为 0.087～0.489（$P<0.05$）。

（三）效度分析

1. 结构效度

对 ZKPQ-50-CC 分别进行探索性因素分析、验证性因素分析以及探索性结构方程模型建立。

探索性因素分析（EFA）。对 ZKPQ-50-CC 进行探索性因素分析，得出 KMO 值为 0.80，Bartlett 的球形度检验值为 5 276.22，$P<0.001$，适合进一步分析。采用主成分分析法和最大方差正交旋转法进行分析发现，特征值大于 1.5 的因子有 5 个，特征值分别为 4.12、2.98、2.71、2.70、2.58，对应变异解释率分别为 8.24%、5.96%、5.41%、5.41%、5.16%，变异总解释率为 30.18%。模型拟合指数为：$\chi^2/df=1.44$，$P<0.01$，CFI＝0.90，GFI＝0.87，RMSEA＝0.027，SRMR＝0.033。

验证性因素分析（CFA）。对 ZKPQ-50-CC 对应的 5 个维度结构，进行验证性因素分析。结果显示，$\chi^2/df=2.20$，$P<0.01$，CFI＝0.67，GFI＝0.65，RMSEA＝0.044，SRMR＝0.071。

探索性结构方程模型（ESEM）建立。参照 ZKPQ-50-CC 的 5 个维度结构，进行探索性结构方程模型分析，结果显示，$\chi^2/df=1.44$，$P<0.01$，CFI＝0.89，GFI＝0.87，RMSEA＝0.027，SRMR＝0.033（见表 2-10）。

① CURRAN P J，WEST S G，FINCH J F. The robustness of test statistics to nonnormality and specification error in confirmatory factor analysis[J]. Psychological methods，1996，1(1)：16-29.

表 2-10　ZKPQ-50-CC 不同模型的拟合指数

	χ^2	df	CFI	TLI	90%CI	RMSEA	SRMR	AIC
EFA 模型	1 422.34	985	0.90	0.87	0.024～0.030	0.027	0.033	37 142.84
CFA 模型	2 559.52	1165	0.67	0.65	0.042～0.047	0.044	0.071	37 920.01
ESEM 模型	1 416.55	985	0.89	0.87	0.024～0.030	0.027	0.033	37 142.84

ZKPQ-50-CC 各维度在 EFA、CFA 以及 ESEM 分析中因子负荷与内部相关系数见表 2-11。

2. 效标效度

相关分析显示，ZKPQ-50-CC 各维度与 SHCI 总分的相关系数均有统计学意义，其中冲动感觉寻求、神经质焦虑、攻击敌意与 SHCI 总分呈负相关（$r=-0.15$、0.45、-0.31，$P<0.01$），活跃性、社交性与 SHCI 总分呈正相关（$r=0.08$、0.17，$P<0.05$）；除冲动感觉寻求外，其余 ZKPQ-50-CC 各维度与 SWBS 总分的相关均有统计学意义，其中神经质焦虑、攻击敌意与 SWBS 总分呈负相关（$r=-0.24$、-0.16，$P<0.01$），活跃性、社交性与 SWBS 总分正相关（$r=0.27$、0.28，$P<0.01$）；除活跃性外，其余 ZKPQ-50-CC 各维度与 BDI 总分的相关均有统计学意义，其中冲动感觉寻求、神经质焦虑、攻击敌意与 BDI 总分呈正相关（$r=0.12$、0.47、0.26，$P<0.01$），社交性与 BDI 总分呈负相关（$r=-0.23$，$P<0.01$）（见表 2-12）。

（四）信度分析

ZKPQ-50-CC 各维度得分内部相关系数在 0.01～0.33，其中仅有冲动感觉寻求与神经质焦虑、攻击敌意相关系数是 0.33、0.22（$P<0.01$），以及神经质焦虑与攻击敌意的相关系数是 0.32（$P<0.01$），其他相关系数均在 0.2 以下。ZKPQ-50-CC 总的 cronbach's α 系数为 0.73，各个维度的 cronbach's α 系数分别为 0.67（冲动感觉寻求）、0.72（神经质焦虑）、0.63（攻击敌意）、0.61（活跃性）、0.63（社交性）。

三、讨论

ZKPQ-50-CC 与王伟等 ZKPQ-III-R 一般人群样本①和大学生样本②研究、柴巧莲等 ZKPQ-III-R 中学生样本③研究进行对比。本研究条目分析结果显示，决断值检验均达到显著性水平，题总相关系数 0.087～0.489（$P<0.05$），好于中学生群体中的研究结果。采用主成分分析和探索性因素分析显示，ZKPQ-50-CC 的 5 个因子的总变异解释率仅有30.18%，但与同类研究相比是可以接受的结果。如中国人一般样本研究显示，ZKPQ-III-R 的 5 个因

① WU Y X，WANG W，DU W Y，et al. Development of a Chinese version of the zuckerman-kuhlman personality questionnaire：reliabilities and gender/age effects [J]. Social behavior and personality：an international journal，2000，28(3)：241-250.

② WANG W，DU W Y，LIU P，et al. Five-factor personality measures in Chinese university students：effects of one-child policy? [J]. Psychiatry research，2002，109(1)：37-44.

③ 柴巧莲，姚树桥，贾惠侨，等. ZKPQ 人格问卷在中学生中应用的信度和效度检验[J]. 中国临床心理学杂志，2013，21(2)：203-205.

表 2-11　ZKPQ-50-CC 各维度在 EFA、CFA 以及 ESEM 分析中因子负荷与内部相关系数

维度	题号	EFA					CFA					ESEM				
		ImpSS	N-Anx	Agg-Host	Act	Sy	ImpSS	N-Anx	Agg-Host	Act	Sy	ImpSS	N-Anx	Agg-Host	Act	Sy
ImpSS	Z6	0.05	0.14*	0.35*			0.29**					0.05	0.14*	0.35**	0.00	−0.03
ImpSS	Z13	0.34*				−0.12*	0.29**					0.34**	−0.01	−0.03	−0.02	−0.12*
ImpSS	Z17	0.40*					0.34**					0.40**	−0.10	0.06	0.06	−0.07
ImpSS	Z24	0.35*	0.39*	−0.12*			0.43**					0.35**	0.39**	−0.12*	−0.10	0.00
ImpSS	Z26	0.43*					0.46**					0.43**	0.08	−0.02	0.08	0.00
ImpSS	Z30	0.42*	0.18*			−0.10*	0.47**					0.42**	0.18**	−0.07	−0.07	−0.10
ImpSS	Z34	0.29*	0.17*	0.11*		−0.11*	0.45**					0.29**	0.17**	0.11*	−0.04	−0.11*
ImpSS	Z39	0.44*		0.10*			0.41**					0.44**	−0.02	0.10*	0.06	0.09
ImpSS	Z42	0.32*	0.13*	0.30*			0.52**					0.32**	0.13	0.30**	0.01	−0.07
ImpSS	Z49	0.47*			−0.14*		0.46**					0.47**	0.05	0.06	−0.14*	−0.02
N-Anx	Z9		0.363*	0.12*		−0.19*		0.50**				0.01	0.36**	0.12	−0.04	−0.19**
N-Anx	Z10		0.48*	0.13*				0.54**				0.04	0.48**	0.13*	0.02	0.07
N-Anx	Z14		0.48*					0.51**				0.00	0.48**	0.09	−0.01	0.04
N-Anx	Z18		0.42*	0.14*		0.15*		0.42**				−0.02	0.42**	0.14**	0.06	0.15*
N-Anx	Z22		0.61*					0.58**				−0.07	0.61**	0.02	0.02	−0.05
N-Anx	Z27		0.56*					0.48**				−0.09	0.56**	0.01	−0.01	0.04
N-Anx	Z31		0.58*					0.57**				0.05	0.58**	0.00	0.09	0.03
N−Anx	Z40		0.33*	0.15*				0.46**				−0.01	0.33**	0.15*	0.07	−0.07
N-Anx	Z43	−0.200*		0.41*				0.11*				−0.20**	−0.08	0.41**	−0.01	−0.03
N-Anx	Z46		0.26*	0.21*		−0.14*		0.45**				0.04	0.26**	0.21**	0.09	−0.14*

续表 2-11

维度	题号	EFA					CFA					ESEM				
		ImpSS	N-Anx	Agg-Host	Act	Sy	ImpSS	N-Anx	Agg-Host	Act	Sy	ImpSS	N-Anx	Agg-Host	Act	Sy
Agg-Host	Z2			0.46*					0.55**			0.05	0.10	0.46**	−0.02	0.03
Agg-Host	Z3			0.47*					0.53**			−0.02	0.07	0.47**	−0.03	0.06
Agg-Host	Z7		−0.14*	0.30*					0.17**			−0.03	−0.14*	0.30**	−0.07	−0.02
Agg-Host	Z11		−0.12*	0.24*					0.16**			−0.06	−0.12*	0.24**	−0.10	0.07
Agg-Host	Z19		−0.16*	0.32*					0.24**			0.04	−0.16*	0.32**	0.07	0.00
Agg-Host	Z32		0.23*	0.17*					0.32**			0.06	0.23**	0.17**	−0.01	0.08
Agg-Host	Z35			0.57*					0.56**			−0.01	0.09	0.57**	0.08	−0.06
Agg-Host	Z37			0.36*					0.40**			0.08	0.05	0.36**	−0.04	−0.02
Agg-Host	Z44	−0.15*	−0.16*	0.35*	−0.17*				0.21**			−0.15	−0.16*	0.35**	−0.17*	−0.02
Agg-Host	Z50			0.48*		0.09*			0.56**			0.09	0.04	0.48**	0.00	0.09
Act	Z1				0.12*					0.17**		0.09	−0.03	0.04	0.12*	−0.07
Act	Z5				0.34*					0.32**		−0.05	0.08	−0.02	0.34**	−0.06
Act	Z12				0.58*					0.61**		−0.02	0.08	−0.03	0.58**	−0.05
Act	Z16		−0.30*		0.22*	0.12*				0.12**		−0.02	−0.30**	−0.02	0.22**	0.12*
Act	Z21				0.36*					0.30**		−0.09	−0.08	0.00	0.36**	0.07
Act	Z25	0.27*			0.28*					0.39**		0.27**	−0.09	−0.08	0.28**	0.02
Act	Z29	0.19*			0.30*	−0.14*				0.39**		0.19**	0.00	0.09	0.30**	−0.14*
Act	Z36	0.22*	−0.18*		0.28*					0.33**		0.22**	−0.18**	0.02	0.28**	0.03
Act	Z41				0.65*					0.65**		0.00	0.12	−0.01	0.65**	−0.04
Act	Z48		0.21*	−0.17*	0.24*					0.34**		0.11	0.21**	−0.17*	0.24**	−0.05

续表 2-11

维度	题号	EFA					CFA					ESEM				
		ImpSS	N-Anx	Agg-Host	Act	Sy	ImpSS	N-Anx	Agg-Host	Act	Sy	ImpSS	N-Anx	Agg-Host	Act	Sy
Sy	Z4					0.62*					0.60**	0.01	0.02	0.03	−0.03	0.62**
Sy	Z8	0.27*				0.30*					0.26**	0.27**	0.06	0.03	−0.06	0.30**
Sy	Z15				0.18*	0.17*					0.17**	0.00	−0.04	0.02	0.18**	0.17*
Sy	Z20	0.16*	−0.36*			0.19*					0.31**	0.16*	−0.36**	−0.06	0.04	0.19*
Sy	Z23	0.42*			0.14*	0.17*					0.21**	0.42**	−0.08	−0.07	0.14	0.17*
Sy	Z28	−0.16*	−0.32*	0.10*		0.24*					0.32**	−0.16*	−0.32**	0.10*	0.00	0.24**
Sy	Z33					0.73*					0.78**	−0.02	−0.04	−0.05	0.03	0.73**
Sy	Z38	0.38*	−0.19*		0.27*	0.18*					0.24**	0.38**	−0.19*	0.08	0.27**	0.18*
Sy	Z45				−0.10*	0.71*					0.69**	0.01	0.03	−0.03	−0.10	0.71**
Sy	Z47	0.16*	0.20*	0.12*	0.15*	0.10*					0.02	0.16	0.20**	0.11	0.15*	0.10
		内部相关系数														
		ImpSS	N-Anx	Agg-Host	Act	Sy	ImpSS	N-Anx	Agg-Host	Act	Sy	ImpSS	N-Anx	Agg-Host	Act	Sy
ImpSS	冲动感觉寻求	1.00					1.00					1.00				
N-Anx	神经质焦虑	0.20**	1.00				0.52**	1.00				0.20**	1.00			
Agg-Host	攻击敌意	0.12**	0.29**	1.00			0.40**	0.48**	1.00			0.12*	0.29**	1.00		
Act	活跃性	0.26**	0.02	0.00	1.00		0.34**	0.14*	0.03	1.00		0.26**	0.02	0.01	1.00	
Sy	社交性	0.00	−0.24**	−0.05	0.02	1.00	−0.14*	−0.32**	−0.08*	−0.03	1.00	0.00	−0.24**	−0.05	0.02	1.00

注：* $P<0.05$；** $P<0.01$。

子的总变异解释率为 21%①。验证性因素分析显示，拟合指数结果没有达到一个好的模型拟合指数要求（CFI>0.90，RMSEA<0.05）①，也低于中学生群体的研究（拟合指数为：CFI=0.90，TLI=0.86，NFI=0.86，GFI=0.88，RMSEA=0.076）②。

表 2-12　ZKPQ-50-CC 各维度得分内部相关系数以及 SHCI 总分、SWBS 总分、BDI 总分的相关系数

	冲动感觉寻求	神经质焦虑	攻击敌意	活跃性	社交性
冲动感觉寻求	1.00				
神经质焦虑	0.33**	1.00			
攻击敌意	0.22**	0.32**	1.00		
活跃性	0.19**	0.01	−0.04	1.00	
社交性	0.05	−0.18**	−0.01	0.15**	1.00
SHCI 总分	−0.15**	−0.45**	−0.31**	0.08*	0.17**
SWBS 总分	0.05	−0.24**	−0.16**	0.27**	0.28**
BDI 总分	0.12**	0.47**	0.26**	−0.08	−0.23**

注：* $P<0.05$；** $P<0.01$。

探索性结构方程模型（ESEM）整合了 EFA 和 CFA 两种因子分析方法的功能和优点。通过 ESEM，研究者既可以灵活地探索因子结构，又可以系统地验证因子模型，为潜变量的关系分析提供更适宜的测量模型③。结果显示，拟合指数均能较好地达到要求。通过 ESEM 还可以看出，冲动感觉寻求维度的第 6 题（我常常凭着冲动干事情）分别负载在神经质焦虑、攻击敌意维度上，神经质焦虑维度的第 43 题（我不让一些小事来惹我生气）分别负载在冲动感觉寻求、攻击敌意维度上，社交性维度的第 47 题（在与朋友的社交方面，我可能花去了比我应当花去的更多的时间）分别负载在神经质焦虑、活跃性维度上。总体来说，该结果对于儿童青少年的自我报告问卷模型来说是可以接受的④，并且达到了测量学要求⑤。

本研究采用 SHCI 总分、SWBS 总分、BDI 总分作为效标来考察 ZKPQ-50-CC 的效标关联效度。结果显示 ZKPQ-50-CC 各维度与 SHCI 总分、SWBS 总分、BDI 总分均有不同程度的相关。与中学生群体中 ZKPQ 研究结果相似②。

本研究 ZKPQ-50-CC 总的内部一致性系数 α 为 0.73，各维度的 α 系数在 0.61～0.72 之间。样本研究结果为，中学生群体 ZKPQ-III-R 总问卷 α 系数为 0.87，各维度的 α 系数在 0.55～0.77；一般人群，ZKPQ-III-R 各维度的 α 系数在 0.61～0.81 之间；大学生群体，

① HU L T, BENTLER P M. Cutoff criteria for fit indexes in covariance structure analysis: Conventional criteria versus new alternatives[J]. Structural equation modeling: a multidisciplinary journal, 1999, 6(1): 1-55.

② 柴巧莲，姚树桥，贾惠侨，等. ZKPQ 人格问卷在中学生中应用的信度和效度检验[J]. 中国临床心理学杂志，2013，21(2)：203-205.

③ 麦玉娇，温忠麟. 探索性结构方程建模（ESEM）：EFA 和 CFA 的整合[J]. 心理科学进展，2013，21(5)：934-939.

④ 温忠麟，侯杰泰，马什赫伯特. 结构方程模型检验：拟合指数与卡方准则[J]. 心理学报，2004，36(2)：186-194.

⑤ 侯杰泰. 结构方程模型及其应用[M]. 北京：教育科学出版社，2004.

ZKPQ-III-R 各维度的 α 系数在 0.52～0.81 之间。总体上看，ZKPQ-III-R 在中国一般人群或者大中学生中的内部一致性要好于 ZKPQ-50-CC 在流动青少年人群的结果，或许与题目数量减少有关，但是 ZKPQ-50-CC 的结果也是在可接受的范围内。总之，ZKPQ-50-CC 在流动青少年群体中有较好的效标关联效度以及内部一致性和稳定性。

ZKPQ-50-CC 作为在 ZKPQ-III-R 基础上精简的跨文化修订版，在减少将近一半题目（从 99 题减少到 50 题）的情况下，仍然能基本保证问卷的信效度，说明 ZKPQ-50-CC 在一般的人格研究中是比较经济可用的。当然本研究选取的是流动青少年，大学生样本是在师范院校选取。当前师范类院校的女生较多，造成本研究样本男生的数量偏少。此外，本研究未报告 ZKPQ-50-CC 重测信度，以及 ZKPQ-50-CC 与 ZKPQ-III-R 相关系数。以上可以在后续研究中进一步补充和深入，对 ZKPQ-50-CC 开展更加深入的探讨。

第四节　药物滥用风险预测量表在青少年中应用的效度和信度

药物滥用除了与一些物质本身有关，还与社会因素以及自身的人格因素密切关联。有研究显示焦虑倾向、抑郁倾向、冲动性以及奖励依赖等人格特质与药物滥用密切相关①②。药物滥用风险预测量表（the substance use risk profile scale，SURPS）是由 Woicik③ 编制，主要针对青少年在药物滥用（酒精或含酒精的饮料、烟草，以及成瘾类药物等）上与人格因素的相关性，通过特定人格的测量考察药物滥用的风险程度。SURPS 共有 28 个题目，分无望感（hopelessness，H）、焦虑感受性（anxiety sensitivity，AS）、冲动性（impulsivity，IMP）和感觉寻求（sensation seeking，SS）4 个维度。后来，Woicik 等在 28 个题目基础上修订了 23 题的简化版 SURPS，仍然保持 4 个维度的结构。但 28 题版本的内部一致性系数、结构效度上表现更好，23 题版题目量减少，更加经济，使用更便捷。该量表自 2009 年开发，已经被翻译成葡萄牙语④、西班牙语⑤、日语⑥、爱尔兰语、法语与德语⑦等多个版本，23 题的中文版

① 杨士隆，曾淑萍，李宗宪，等. 药物滥用者人格特质之研究[J]. 中国药物滥用防治杂志，2014，20(5)：249-255.

② SHER K J, BARTHOLOW B D, WOOD M D. Personality and substance use disorders: a prospective study[J]. Journal of consulting and clinical psychology, 2000, 68(5): 818-829.

③ WOICIK P A, STEWART S H, PIHL R O, et al. The substance use risk profile scale: a scale measuring traits linked to reinforcement-specific substance use profiles[J]. Addictive behaviors, 2009, 34(12): 1042-1055.

④ CANFIELD M, GILVARRY C, KOLLER S H. Psychometric proprities of the Substance Use Risk Profile scale-Brazilian version[J]. International journal of mental health and addiction, 2015, 13(2): 204-214.

⑤ ROBLES-GARCÍA R, FRESÁN A, CASTELLANOS-RYAN N, et al. Spanish version of the Substance Use Risk Profile Scale: Factor structure, reliability, and validity in Mexican adolescents[J]. Psychiatry research, 2014, 220(3): 1113-1117.

⑥ OMIYA S, KOBORI O, TOMOTO A, et al. Personality and substance use in Japanese adolescents: the Japanese version of Substance Use Risk Profile Scale[J]. Personality and individual differences, 2015, 76: 153-157.

⑦ JURK S, KUITUNEN-PAUL S, KROEMER N B, et al. Personality and substance use: psychometric evaluation and validation of the Substance Use Risk Profile Scale(SURPS) in English, Irish, French, and German adolescents[J]. Alcoholism: Clinical and Experimental Research, 2015, 39(11): 2234-2248.

(2011)在中国香港有研究报告①。

然而,中国大陆与中国香港在社会制度、文化环境等方面仍存在很大差异,而人格跟社会环境等有着密切的关系。所以,SURPS 在中国大陆青少年人群中应用和检验有着重要价值;并且 28 题版本比 23 题版本更加全面,信效度更好一些。本研究在中国香港 23 题 SURPS 中文版基础上,结合 28 题 SURPS 英文版,重新翻译成 SURPS(28 题)中文版,并且在中国大陆青少年人群中进行应用,检验其信效度,并考察 SURPS 与 ZKPQ 人格问卷、大五人格量表的相关性。

一、对象与方法

(一) 对象

本研究采取整群随机抽样的方法。2016 年 3—4 月,运用计算机网络和手机网络(扫微信二维码)的方式,利用网络平台在 2 所大学和 3 所中学征集答题调查了 2 114 名青少年,年龄在 14～26 岁(19.44±1.63)。其中男生 1 218 人(57.60%),女生 896 人(42.40%);母亲受教育年限(6.76±3.61)年,父亲受教育年限(8.30±3.30)年。

(二) 工具

1. 药物滥用风险预测量表(the substance use risk profile scale,SURPS)②

该量表主要是通过测量与药物滥用风险的个体人格特征,主要包括无望感(hopelessness,H)、焦虑感受性(anxiety sensitivity,AS)、冲动性(impulsivity,IMP)和感觉寻求(sensation seeking,SS)4 个维度,量表共有 28 个题目,采用 4 点计分,分别包括完全同意、同意、不同意、完全不同意。中国香港样本研究应用中,各维度的内部一致性 α 系数由 0.65～0.74;重测信度为 0.68～0.76。

2. 生活满意度量表(satisfaction with life scale,SWLS)③

该量表仅有 5 个题目,主要是测评自己对当前生活的满意程度,选项包括"非常不同意"到"非常同意",共 7 个等级。有研究者将中文版生活满意度量表应用到中国香港大学生中,其内部一致性系数 α 为 0.78,分半信度为 0.70④。本次研究的 α 系数为 0.90。

3. 简版贝克抑郁量表(beck depression inventory 13-item,BDI)⑤

该量表用于评估每种抑郁症状的严重程度,是在 21 条目贝克抑郁量表② 基础上简化而成,共有 13 个条目,采用 0～3 级评分,得分越高,抑郁程度越高。研究表明该量表中文版具

① SIU A F Y. Validation of the Substance Use Risk Profile Scale for adolescents in Hong Kong[J]. Journal of psychoeducational assessment,2011,29(1):75-83.

② BECK A T, BECK R W. Screening depressed patients in family practice [J]. Postgraduate medicine,1972,52(6):81-85.

③ 熊承清,许远理.生活满意度量表中文版在民众中使用的信度和效度[J].中国健康心理学杂志,2009,17(8):948-949.

④ WANG K T, YUEN M, SLANEY R B. Perfectionism, depression, loneliness, and life satisfaction [J]. The counseling psychologist,2009,37(2):249-274.

⑤ 汪向东,王希林,马弘,等.心理卫生评定量表手册[M].增订版.北京:中国心理卫生杂志社,1999.

有良好的信效度①②。本次研究的 α 系数为 0.85。

4. 主观健康自评指数(subjective health complaints index,SHCI)③

主观健康自评适用于学生对自身健康状况的主观评估,包括头痛、胃痛、腰痛、郁闷、易怒或脾气暴躁、感到紧张、感觉头晕。按照过去 6 个月发生上述症状的频率分为 5 个等级(1～5分,每天、每周超过 1 次、每周 1 次、每月 1 次、很少或从不)进行评估,总分在 7～35 之间,分数越高说明主观自评健康越满意。本次研究的 α 系数为 0.81。

5. ZKPQ 人格问卷(zuckerman-kuhlman personality questionnaire cross-cultural 50 items,ZKPQ-50-CC)④

该问卷是在 ZKPQ-III-R 基础上简化而成,包括 50 个条目,冲动感觉寻求(impulSive Sensation seeking, ImpSS)、神经质焦虑(neuroticism-Anxiety, N-Anx)、攻击敌意(aggression-Hostility,Agg-Host)、活跃性(activity,Act)、社交性(sociability,Sy)五个维度,每个维度 10 个条目。每个条目按 0、1 计分。被试根据自身情况作"是"或"否"回答。

6. 简版大五人格量表(neuroticism extraversion openness five-factor inventory,NEO-FFI)⑤

该量表共 60 个题目,包括神经质(neuroticism,N)、外向性(extraversion,E)、开放性(openness,O)、宜人性(agreeableness,A)、尽责性(conscientiousness,C)5 个维度。每个维度 12 个题目。计分方式从完全不符合到完全符合(1～5)。NEO-FFI 的中文版应用结果发现,各维度的 α 系数在 0.77～0.92 之间,重测信度在 0.81～0.91 之间。

(三)统计方法

所得数据采用 SPSS 22.0 和 Mplus 7.0 软件进行统计分析。计量资料符合正态分布采用(均数±标准差)表示,组间比较采用 t 检验,t 检验效果大小用 cohen's d 值表示。并且进行项目分析、探索性因子分析、验证性因子分析、探索性结构方程模型、效标关联效度分析以及内部一致性信度分析。将总样本随机分为两个样本,样本 1:1 078 人(男 621 人,57.60%;女 457 人,42.40%;年龄 19.50±1.55),样本 2:1 036 人(男 597 人,57.60%;女 439 人,42.40%;年龄 19.39±1.70)。其中样本 1 进行探索性因子分析,样本 2 进行验证性因子分析和探索性结构方程模型。$P<0.05$ 时,差异有统计学意义。

① WU D X, YIN H F, XU S J, et al. Psychometric properties of the Chinese version of Inventory for Depressive Symptomatology (IDS): preliminary findings[J]. Asian journal of psychiatry, 2010, 3(3): 126-129.

② ZHANG J, SU H, TAO J Y, et al. Relationship of impulsivity and depression during early methamphetamine withdrawal in Han Chinese population[J]. Addictive behaviors, 2015, 43: 7-10.

③ HAUGLAND S, WOLD B. Subjective health complaints in adolescence: reliability and validity of survey methods[J]. Journal of adolescence, 2001, 24(5): 611-624.

④ WU Y X, WANG W, DU W Y, et al. Development of a Chinese version of the zuckerman-kuhlman personality questionnaire: reliabilities and gender/age effects [J]. Social behavior and personality: an international journal, 2000, 28(3): 241-250.

⑤ 戴晓阳,姚树桥,蔡太生,等. NEO 个性问卷修订本在中国的应用研究[J]. 中国心理卫生杂志, 2004, 18(3): 171-174.

二、结果

（一）描述性统计数据

青少年被试 SURPS 各维度的峰度和偏度值见表 2-13。Curran 等①研究表明峰度绝对值在 0～2、偏度绝对值在 0～7，可认为数据是符合正态分布的。本研究的 SURPS 各条目和各维度得分均达到上述标准，可以进行进一步分析。

表 2-13　SURPS 各条目均值、偏度、峰度以及高低分组 t 检验（$n=2114$）

维度	题号	$\bar{x}$	s	偏度	峰度	高低分组 t 检验
无望感（H）	1	2.51	0.71	0.11	−0.25	4.74**
	5	2.48	0.71	0.04	−0.24	5.48**
	9	2.00	0.66	0.45	0.67	6.11**
	13	2.47	0.75	−0.18	−0.35	27.12**
	17	2.44	0.70	−0.02	−0.26	0.71
	21	2.21	0.73	0.34	0.05	29.60**
	25	2.17	0.63	0.53	0.84	8.09**
	28	2.07	0.69	0.40	0.36	10.43**
焦虑感受性（AS）	2	2.46	0.73	−0.10	−0.31	14.40**
	6	2.75	0.67	−0.40	0.30	18.49**
	10	2.40	0.72	0.12	−0.22	23.94**
	14	2.31	0.70	0.15	−0.16	25.42**
	18	2.62	0.67	−0.30	−0.03	19.94**
	22	2.56	0.68	−0.35	−0.10	20.30**
	26	2.51	0.69	−0.19	−0.22	21.29**
冲动性（IMP）	3	2.36	0.72	0.19	−0.18	21.23**
	7	2.59	0.70	−0.08	−0.21	23.91**
	11	1.90	0.74	0.65	0.40	25.38**
	15	2.32	0.70	0.15	−0.15	23.09**
	19	2.53	0.72	−0.13	−0.26	22.21**
	23	2.04	0.69	0.51	0.63	23.79**
	27	2.04	0.70	0.37	0.19	23.06**
感觉寻求（SS）	4	2.47	0.92	−0.08	−0.85	14.33**
	8	2.57	0.72	−0.07	−0.24	17.07**
	12	2.29	0.70	0.17	−0.11	20.08**
	16	2.74	0.77	−0.34	−0.14	7.78**
	20	2.08	0.79	0.35	−0.32	25.37**
	24	2.42	0.78	0.07	−0.41	16.60**

① CURRAN P J, WEST S G, FINCH J F. The robustness of test statistics to nonnormality and specification error in confirmatory factor analysis[J]. Psychological methods, 1996, 1(1): 16-29.

表 2-13(续)

维度	题号	$\bar{x}$	s	偏度	峰度	高低分组 t 检验
无望感(H)	—	18.36	3.30	0.16	0.89	—
焦虑感受性(AS)	—	17.61	3.22	−0.08	1.34	—
冲动性(IMP)	—	15.77	3.31	0.47	1.52	—
感觉寻求(SS)	—	14.56	3.01	0.18	0.82	—

注：* $P<0.05$；** $P<0.01$。

（二）项目分析

采用CR(高低分组决断值)来检验各条目的区分度。分别按照SURPS总分由高到低排序，取27和73分数位作为临界值，前27%作为高分组，后27%作为低分组，然后检验各条目在高低分组上的得分差异。结果显示，除了无望感维度的第17题外，SURPS在其他各条目的高低分组上的得分差异均有统计学意义($P<0.01$)。

（三）效度分析

1. 结构效度

探索性因素分析。对样本1的SURPS进行探索性因素分析，得出KMO值为0.90，Bartlett的球形度检验值为9 454.43，$P<0.001$，适合进一步分析。采用主成分分析法和最大方差正交旋转法进行分析发现，SURPS特征值大于1的因子有4个，特征值分别为4.45、3.61、3.14、2.32，对应变异解释率分别为15.89%、12.87%、11.22%、8.27%，变异总解释率为48.26%。

验证性因素分析。对样本2的SURPS对应的4个维度结构进行验证性因素分析。结果显示，$\chi^2/df=8.37$，$P<0.01$，CFI=0.73，TLI=0.71，RMSEA=0.083，SRMR=0.110。

探索性结构方程模型(ESEM)。参照SURPS的4个维度结构，对样本2的SURPS进行探索性结构方程模型分析，结果显示，$\chi^2/df=3.08$，$P<0.01$，CFI=0.92，TLI=0.89，RMSEA=0.044，SRMR=0.031。

2. 效标效度

相关分析显示，除了感觉寻求(SS)维度与主观健康(SHCI)的相关系数无统计学意义外($P>0.05$)，SURPS各维度与BDI总分、SHCI总分、SWLS总分的相关系数几乎均有统计学意义。其中无望感(H)与BDI总分、SHCI总分、SWLS总分的相关系数均在0.30以上($r=0.52$、-0.35、-0.55，$P<0.01$)，其中无望感(H)与BDI总分呈现为正相关，无望感(H)与SHCI总分、SWLS总分呈现为负相关；而焦虑感受性(AS)、冲动性(IMP)与BDI总分的相关系数也在0.20以上($r=0.22$、0.29，$P<0.01$)，均呈现为正相关。BDI总分、SHCI总分、SWLS总分对SURPS各维度可解释变异率在4%～43%之间($R^2=0.04$～0.43)。

此外，本研究还考察SURPS与ZKPQ、NEO-FFI等人格问卷的相关。结果显示，无望感(H)与ZKPQ人格问卷的神经质焦虑(N-Anx)维度、大五人格量表的神经质(N)与外向性(E)维度的相关系数都在0.30以上($r=0.37$、0.60、-0.48，$P<0.01$)，其中无望感(H)与神经质焦虑(N-Anx)、神经质(N)呈现为正相关，与外向性(E)呈现负相关。焦虑感受性(AS)与ZKPQ人格问卷的神经质焦虑(N-Anx)维度、大五人格量表的神经质(N)维度的相关系数也在0.30以上($r=0.30$、0.42，$P<0.01$)，均呈现为正相关。冲动性(IMP)与大五人

格量表的神经质(N)、宜人性(A)维度的相关系数也在0.30以上(r=0.40、−0.42,P<0.01),其中冲动性(IMP)与神经质(N)是正相关,而与宜人性(A)是负相关。感觉寻求(SS)与ZKPQ人格问卷的冲动感觉寻求(ImpSS)维度、大五人格量表的开放性(O)维度的相关系数在0.20以上(r=0.21、0.20,P<0.01),均呈现为正相关。ZKPQ人格问卷对SURPS各维度可解释变异率在6%～20%之间(R^2=0.06～0.20);大五人格量表(NEO-FFI)对SURPS各维度可解释变异率在9%～46%之间(R^2=0.09～0.46)(见表2-14)。

表2-14　BDI总分、SHCI总分、SWLS总分、ZKPQ、NEO-FFI与SURPS的相关系数及回归系数

	无望感(H)	焦虑感受性(AS)	冲动性(IMP)	感觉寻求(SS)
抑郁(BDI)	0.52**	0.22**	0.29**	0.09**
主观健康(SHCI)	−0.35**	−0.14**	−0.15**	0.00
生活满意度(SWLS)	−0.55**	0.11**	0.14**	0.15**
R^2	0.43	0.08	0.14	0.04
ZKPQ人格问卷				
冲动感觉寻求(ImpSS)	0.05	0.05	0.12**	0.21**
神经质焦虑(N-Anx)	0.37**	0.30**	0.24**	0.04
攻击敌意(Agg-Host)	0.16**	0.15**	0.29**	0.11**
活跃性(Act)	−0.17**	0.00	0.02	0.13**
社交性(Sy)	−0.25**	−0.12**	−0.11**	−0.07*
R^2	0.20	0.10	0.11	0.06
大五人格量表(NEO-FFI)				
神经质(N)	0.60**	0.42**	0.40**	0.08*
外向性(E)	−0.48**	−0.04	−0.02	0.08*
开放性(O)	−0.19**	0.01	−0.08*	0.20**
宜人性(A)	−0.33**	−0.14**	−0.42**	−0.18**
尽责性(C)	−0.43**	−0.08*	−0.28**	−0.02
R^2	0.46	0.21	0.28	0.09

注:* P<0.05;** P<0.01。

(四)信度分析

SURPS总的cronbach's α系数为0.83,各个维度的cronbach's α系数分别为0.74(无望感)、0.79(焦虑感受性)、0.79(冲动性)、0.71(感觉寻求)。分别对男女两组的SURPS各维度进行比较,结果显示,不同性别的青少年在无望感(H)和冲动性(IMP)维度上流动时间两组差异没有统计学意义(t=−0.41、1.47,P>0.05),女青少年的焦虑感受性(AS)维度得分高于男青少年[(18.10±2.81)vs(17.25±3.45),t=6.05,P<0.01,d=0.266];男青少年的感觉寻求(SS)维度得分高于女青少年[(15.00±2.99)vs(13.97±2.93),t=7.90,P<0.01,d=0.348](见表2-15)。

表 2-15　不同性别 SURPS 各维度的均数与标准差及内部一致性系数

SURPS	题目数	男		女		总体系数
		$\bar{x}\pm s$	α	$\bar{x}\pm s$	α	α
无望感(H)	8	18.33±3.29	0.71	18.39±3.32	0.78	0.74
焦虑感受性(AS)	7	17.25±3.45	0.81	18.10±2.81	0.73	0.79
冲动性(IMP)	7	15.86±3.61	0.83	15.65±2.86	0.73	0.79
感觉寻求(SS)	6	15.00±2.99	0.71	13.97±2.93	0.70	0.71

三、讨论

本研究 SURPS 的结果将与 SURPS 英文原版以及中文版的中国香港青少年样本研究进行对比。本研究条目分析结果显示，决断值检验除了无望感维度的第 17 题（“我对我已取得的成就感到很自豪”）外，其他条目决断值检验均达到显著性水平。

在随后采用主成分分析法进行探索性因子分析中，SURPS 得到 4 个公因子，这与原作者的构想一致，并且可解释的累积变异量达到 48.26%，与英文原版的研究结果基本一致(47.8%)。验证性因子分析结果显示，SURPS 的拟合指数($\chi^2/df=8.37$，CFI＝0.73，RMSEA＝0.083)没有达到一个好的模型拟合指数要求(CFI＞0.90，RMSEA＜0.05)①，但与英文原版的研究相似($\chi^2=66.19$，CFI＝0.63，RMSEA＝0.100)，但低于中国香港青少年样本的拟合指数($\chi^2/df=1.66$，CFI＝0.95，RMSEA＝0.050)。事实上，对于儿童青少年的自我报告问卷模型来说也是可以接受的②，并且达到了测量学要求③。CFA 有时显得不够灵活，约束过于严格，因此，我们进一步进行了探索性结构方程模型(ESEM)，结果显示，拟合指数均能达到较好的要求($\chi^2/df=3.08$，CFI＝0.92，RMSEA＝0.044)。

本研究采用 BDI 总分、SHCI 总分以及 SWLS 总分作为效标来考察 SURPS 的效标关联效度。结果显示 SURPS 各维度与 BDI 总分、SHCI 总分、SWLS 总分均有不同程度的相关，且均具有统计学意义。特别是 SURPS 的无望感(H)维度与 BDI 总分、SWLS 总分的相关系数超过了 0.50，具有较高相关性。BDI 总分、SHCI 总分、SWLS 总分对无望感(H)维度的可变异解释率达到了 43%。

本研究还考察 SURPS 与 ZKPQ、NEO-FFI 等人格问卷的相关。结果显示，SURPS 各维度与 ZKPQ 人格问卷相的神经质焦虑(N-Anx)维度相关性较高($r=0.24\sim0.37$)，与大五人格量表的神经质(N)相关性较高($r=0.08\sim0.60$)；特别是 SURPS 的无望感(H)维度与大五人格量表各维度均有较高相关性($r=0.19\sim0.60$)。ZKPQ 人格问卷的神经质焦虑(N-Anx)与大五人格量表的神经质(N)都是对于焦虑感、敏感性的测量，与 SURPS 的无望

① HU L，BENTLER P M. Cutoff criteria for fit indexes in covariance structure anaysis：conventional criteria versus new alternatives[J]. Structural equation modeling a multidisciplinary journal，1999，6(1)：1-55.

② 温忠麟，侯杰泰，马什赫伯特. 结构方程模型检验：拟合指数与卡方准则[J]. 心理学报，2004，36(2)：186-194.

③ 侯杰泰，温忠麟，成子娟. 结构方程模型及其应用[M]. 教育科学出版社，2010：154-165.

感(H)有着密切相关。因为,无望感从某种意义上说正是焦虑感、过于敏感的结果。总体上看,SURPS 各维度与 ZKPQ 人格问卷的相关性低于大五人格量表,大五人格量表对无望感(H)维度可变异解释率达到了 46%,而 ZKPQ 人格问卷只有 20%。

本研究 SURPS 总的内部一致性 α 系数为 0.83,各维度的 α 系数在 0.74～0.79 之间。与美国青少年样本的结果基本一致(α=0.67～0.80)①,要好于中国香港样本的研究结果(α=0.65～0.74)。根据不同性别的比较发现,无望感(H)与冲动性(IMP)的性别差异无统计学意义;焦虑感受性(AS)上女生高于男生,而感觉寻求(SS)上男生高于女生,并且有统计学意义。这个结果与中国香港样本的研究结果完全一致(SS:男生>女生,$t=3.94$,$P<0.01$;AS:女生>男生,$t=4.56$,$P<0.05$)。总之,SURPS 在中国青少年群体中有较好的效标关联效度以及内部一致性和稳定性。后续研究中应该增加 SURPS 重测信度,以及中西文化差异的比较研究,特别是测量不变性的检验。

第五节　综合幸福感问卷在流动青少年中应用的效度和信度

流动人口是指现居住地和户口登记地不在同一乡镇或街道的人口②。流动儿童是指年龄在 7～18 岁的流动人口群体,截至 2010 年 11 月 1 日,全国 0～17 岁儿童总量为 27 891 万,其中流动儿童数量已达 3 581 万③。流动儿童是我国社会处在转型期出现的一个重要社会群体,他们的迁移和流动使其生活模式、生活习惯等受到都市生活的极大冲击,带来的是态度、意识和行为等方面的改变,其特点是生活环境处于城与乡、城与城、城市内部的流动中。由此,幸福感成为衡量流动儿童是否融入城市生活的一个重要心理指标。

随着幸福感研究测量技术发展,综合化、多维度化成为重要的趋势,而迄今还没有既符合流动儿童身心发展特点,又契合幸福感测量综合化、多维度化的有效测量工具。综合幸福感问卷(multiple happiness questionnaire,MHQ)④是由苗元江等综合主观幸福感和心理幸福感两种幸福理论研究取向,以大学生为调查对象编制而成。基于不同的哲学背景,幸福感分为 SWB 和 PWB 两种研究取向。主观幸福感(subjective well-being,SWB)主要是指人们对其生活现状、质量所做的情感性和认知性的评价,具体来说就是拥有较多的积极情绪。心理幸福感(psychological well-being,PWB)是人们与真实的自我协调一致,对人的心理机能的良好状态和潜能的实现程度的评价。苗元江等对 SWB 和 PWB 的概念模型与测评指标进行了整合,编织成 MHQ。该问卷包括生活满意、正性情绪、负性情绪、生命活力、健康关注、利他行为、自我价值、友好关系、人格成长等 9 个维度,其中前 3 个维度是基于 SWB,后 6 个维度是基于 PWB。

---

① CONROD P J,WOICIK P A. Validation of a four-factor model of personality risk for substance abuse and examination of a brief instrument for assessing personality risk[J]. Addiction biology,2002,7(3):331-332.

② 中华人民共和国国家统计局. 中华人民共和国 2014 年国民经济和社会发展统计公报[J]. 中国统计,2015(3):6-14.

③ 段成荣,吕利丹,王宗萍,等. 我国流动儿童生存和发展:问题与对策:基于 2010 年第六次全国人口普查数据的分析[J]. 南方人口,2013,28(4):44-55.

④ 苗元江. 心理学视野中的幸福:幸福感理论与测评研究[M]. 天津:天津人民出版社,2009.

本研究运用 MHQ 调查流动儿童，考察 MHQ 在流动儿童群体中应用的信度和效度，为调查流动儿童幸福感提供有效的测量工具。

一、对象与方法

（一）对象

本研究采取整群随机抽样的方法。2016 年 1—2 月，选取 3 个城市 3 所中学，采用抽签法每个年级随机抽取 2 个班级全体学生参加测试（其中有 1 所中学含初中，共含初中 6 个班级、高中 18 个班级），最终有 1 282 人参加测试，发放问卷 1 282 份，有效问卷为 1 159 份，有效问卷率 90.9%。其中流动儿童（按照户口为农业，现居住地与户口所在地不一致，且长达半年以上为标准筛选）397 人，平均年龄 16.78 岁（SD＝1.92）。流动儿童中男生 177 人（44.90%），女生 217 人（55.10%），3 人未报告；独生子女 145 人（38.70%），非独生子女 230 人（61.30%），22 人未报告。所有被试父母均签署知情同意书。

（二）工具

1. 综合幸福感问卷（multiple happiness questionnaire，MHQ）

该问卷通过个体对幸福的陈述以确定其主观幸福感和心理幸福感。问卷包括 2 个分问卷（主观幸福感和心理幸福感）、9 个维度（生活满意、正性情绪、负性情绪、生命活力、健康关注、利他行为、自我价值、友好关系和人格成长），共 50 个条目。其中，主观幸福感分问卷由生活满意、正性情绪、负性情绪 3 个维度组成；心理幸福感分问卷由生命活力、健康关注、利他行为、自我价值、友好关系和人格成长等 6 个维度组成。总问卷的 cronbach's α 系数在 0.67～0.91 之间。

2. 自卑感量表（the feelings of inadequacy scale，FIS）①

该量表用于测定一个人的缺陷感（不足感）、自卑感、自我敏感和社交焦虑。该量表有五个维度，分别是自尊、社交信心、学业能力、外貌、体能。共有 36 个题目，采用 5 点计分，选项包括从不、小部分是、部分是、大部分是、总是，分别计 1～5 分，其中第 3、6、25、31 题是反向计分。分数越高，则说明自卑感越强。该量表的 α 系数为 0.92，重测信度为 0.86。

3. 积极学业情绪问卷②

该问卷用于测试与学生学业活动相关的各种情绪体验。问卷由积极高唤醒学业情绪分问卷与积极低唤醒学业情绪分问卷组成。研究选用了其中积极高唤醒学业情绪分问卷，包括自豪、高兴、希望 3 个维度，共 16 个题目。问卷计分为 5 点量表形式，从完全不符合到完全符合，依次记 1～5 分。本积极学业情绪分问卷的 cronbach's α 系数分别为 0.815，分半信度为 0.78。

（三）调查方法和质量控制

调查实施采用相同的指导语，进行集体施测。要求被试仔细阅读指导语，然后按要求填答问卷。完成问卷后，所有问卷当场收回。

（四）统计方法

所得数据采用 SPSS 22.0 和 Mplus 7.0 软件进行统计分析。计量资料符合正态分布采

---

① 汪向东，王希林，马弘，等. 心理卫生评定量表手册[M]. 增订版. 北京：中国心理卫生杂志社，1999.

② 董妍，俞国良. 青少年学业情绪问卷的编制及应用[J]. 心理学报，2007，39(5)：852-860.

用(均数±标准差)表示,组间比较采用 t 检验,t 检验效果大小用 cohen's d 值表示。并且进行项目分析、探索性因子分析、验证性因子分析、效标关联效度分析以及内部一致性信度分析。$P<0.05$ 时,差异有统计学意义。

二、结果

(一)描述性统计数据

流动儿童被试基本信息及综合幸福感、自卑感、学业情绪评分见表 2-16。SWB 分问卷平均分为(61.57±13.87)分,PWB 分问卷平均分为(116.15±32.41)分。流动儿童父母受教育年限分别为(8.35±3.15)分、(6.92±3.43)分。

表 2-16　被试基本信息及综合幸福感、自卑感、学业情绪评分

	$\bar{x}$	s
父亲受教育年限	8.35	3.15
母亲受教育年限	6.92	3.43
生活满意	21.15	5.97
正性情绪	24.68	8.05
负性情绪	15.59	8.01
SWB 分问卷总分	61.57	13.87
生命活力	21.96	6.98
健康关注	15.42	7.09
利他行为	16.87	6.15
自我价值	18.00	6.05
友好关系	9.57	4.47
人格成长	33.89	8.76
PWB 分问卷总分	116.15	32.41
自卑感	92.04	20.85
自豪	14.24	3.75
高兴	18.03	4.97
希望	10.22	3.17

(二)项目分析

首先采用 CR(高低分组决断值)和题总相关系数来检验各条目的区分度。分别按照 SWB 分问卷、PWB 分问卷总分由高到低排序,取 27 和 73 分数位作为临界值,前 27%作为高分组,后 27%作为低分组,然后检验各条目在高低分组上的得分差异。结果显示,SWB 分问卷和 PWB 分问卷的各条目在高低分组上的得分差异均有统计学意义,题总相关系数分别为 0.22～0.70、0.31～0.78($P<0.01$)。

(三)效度分析

1. 结构效度

探索性因素分析。对 MHQ 的主观幸福感分问卷(17 个条目)和心理幸福感分问卷(33

个条目)分别进行探索性因素分析,得出 KMO 值分别为 0.81、0.93,Bartlett 的球形度检验值为 2 364.48、8 805.29,均 $P<0.001$,可以进行进一步的分析。采用主成分分析法和最大方差正交旋转法分别对主观幸福感分问卷和心理幸福感分问卷样本进行分析发现,主观幸福感分问卷特征值大于 1 的因子有 3 个,特征值分别为 3.12、3.15、3.92,对应变异解释率分别为18.32%、18.54%、23.05%,变异总解释率为 59.91%;心理幸福感分问卷特征值大于 1 的因子有 6 个,特征值分别为 1.77、3.61、3.72、4.07、4.17、5.43,对应变异解释率分别为5.37%、10.92%、11.29%、12.33%、12.64%、16.45%,变异总解释率为 69.00%。

验证性因素分析。分别对主观幸福感分问卷和心理幸福感分问卷对应的 3 个维度与 6 个维度结构,进行验证性因素分析。结果显示,主观幸福感分问卷:$\chi^2/df=4.26$,$P<0.01$,CFI=0.86,GFI=0.83,RMSEA=0.091,SRMR=0.104;心理幸福感分问卷:$\chi^2/df=3.76$,$P<0.01$,CFI=0.85,GFI=0.84,RMSEA=0.084,SRMR=0.071。

2. 效标效度

相关分析显示,MHQ 总分与自卑感得分呈负相关($r=-0.48$,$P<0.01$),与学业情绪得分呈正相关($r=0.16\sim0.35$,$P<0.01$)。其中 SWB 分问卷总分与自卑感得分呈负相关($r=-0.17$,$P<0.01$),与学业情绪(积极高唤醒高兴维度)呈正相关($r=0.15$,$P<0.05$);PWB 分问卷总分与自卑感得分呈负相关($r=-0.48$,$P<0.05$),与学业情绪自豪、高兴、希望均呈正相关($r=0.16\sim0.38$,$P<0.05$)(见表 2-17)。

表 2-17 MHQ 各维度得分与自卑感、积极学业情绪的相关系数

r	自卑感	积极学业情绪		
		自豪	高兴	希望
生活满意	−0.37**	0.09	0.25**	0.07
正性情绪	−0.14**	0.01	0.14*	0.09
负性情绪	0.18**	−0.03	−0.19**	−0.14*
SWB 分问卷总分	−0.17**	0.03	0.15*	0.07
生命活力	−0.38**	0.16**	0.30**	0.26**
健康关注	−0.40**	0.18**	0.38**	0.38**
利他行为	−0.26**	0.10*	0.33**	0.26**
自我价值	−0.42**	0.15**	0.29**	0.23**
友好关系	−0.37**	0.16**	0.30**	0.32**
人格成长	−0.35**	0.10	0.27**	0.17**
PWB 分问卷总分	−0.48**	0.16**	0.38**	0.33**
MHQ 总分	−0.48**	0.16**	0.35**	0.35**

注:* $P<0.05$;** $P<0.01$。

(四)信度分析

MHQ 的 cronbach's α 系数为 0.94,其中 SWB 分问卷和 PWB 分问卷的 cronbach's α 系数分别为 0.78、0.95。主观幸福感分问卷各维度的 cronbach's α 系数为 0.74~0.84,心理幸福感分问卷各维度的 cronbach's α 系数为 0.81~0.93。

（五）性别差异

男女生的 MHQ 得分差异无统计学意义。女生 SWB 分问卷正性情绪维度得分高于男生[(25.59±8.02)vs(23.60±8.01)，$t=2.16$，$d=0.249$，$P<0.05$]，而男生 PWB 分问卷健康关注维度得分高于女生[(16.51±7.28)vs(14.43±6.68)，$t=2.92$，$d=0.299$，$P<0.01$]（见表 2-18）。

表 2-18　不同性别 MHQ 各维度的均数与标准差及内部一致性系数

	题目数	男		女		总体系数
		$\bar{x}\pm s$	α	$\bar{x}\pm s$	α	α
生活满意	5	21.33±6.05	0.84	20.97±5.85	0.83	0.84
正性情绪	6	23.60±8.01	0.74	25.59±8.02	0.75	0.74
负性情绪	6	15.33±7.54	0.82	15.69±8.39	0.75	0.80
SWB 分问卷总分	17	60.43±14.06	0.80	62.31±13.43	0.77	0.78
生命活力	6	21.77±7.33	0.86	22.05±6.57	0.84	0.85
健康关注	5	16.51±7.28	0.93	14.43±6.68	0.91	0.93
利他行为	5	17.19±6.33	0.90	16.49±5.88	0.90	0.90
自我价值	5	17.76±6.06	0.85	18.16±5.95	0.87	0.86
友好关系	3	9.70±4.53	0.88	9.39±4.38	0.90	0.89
人格成长	9	34.23±9.31	0.83	33.54±8.04	0.77	0.81
PWB 分问卷总分	33	117.48±34.46	0.96	114.58±29.62	0.95	0.95
MHQ 总分	50	40.43±3.55	0.94	37.91±3.16	0.93	0.94

三、讨论

MHQ 编制最初是应用于大学生群体，本研究将其用于流动青少年。一方面，考察将年龄降低后问卷的信效度；另一方面，考察流动青少年的群体特殊性是否影响信效度。综合结果分析，可以得出：(1) MHQ 在流动青少年群体中有较好的内部一致性和稳定性；(2) 在流动青少年群体应用中 PWB 分问卷的内部一致性和稳定性优于 SWB 分问卷。

本研究条目分析结果显示，决断值检验均达到显著性水平，题总相关系数除了 A5 题（生活满意）的低于 0.3 外，其余均在 0.3 以上；要低于大学生群体中的研究（$r=0.387\sim0.935$）①。在随后采用主成分分析法进行探索性因子分析中，SWB 分问卷得到 3 个公因子，PWB 分问卷得到 6 个公因子，这与原作者的构想一致，并且可解释的累积变异量均超过 50%。验证性因子分析结果显示，虽然没有达到一个好的模型拟合指数要求（CFI>0.90，RMSEA<0.05）②，也略低于大学生群体的研究（拟合指数为：$\chi^2/df=7.80$，CFI=0.89，

① 苗元江. 心理学视野中的幸福：幸福感理论与测评研究[D]. 南京：南京师范大学，2003.

② HU L T，BENTLER P M. Cutoff criteria for fit indexes in covariance structure analysis：conventional criteria versus new alternatives[J]. Structural equation modeling：a multidisciplinary journal，1999，6(1)：1-55.

NNFI=0.89)①,但对于青少年的自我报告问卷模型来说也是可以接受的②,并且达到了测量学要求③。

本研究采用FIS中文版、积极学业情绪作为效标来考察MHQ的效标关联效度。结果显示MHQ总分与自卑感得分呈高度负相关,与积极学业情绪呈高度正相关,与大学生群体MHQ总分与自尊(SES,r=-0.311~0.492)、与积极情绪自评量表(AVP,r=-0.243~0.424)相关结果基本一致。MHQ的各个维度的cronbach's α系数为0.74~0.93,要好于大学生群体(0.67~0.90)。由此说明,MHQ在流动儿童群体中有较好的效标关联效度以及内部一致性和稳定性。

MHQ是由SWB分问卷和PWB分问卷两个相对独立的模块组成,是从不同维度对幸福感的测量。在对流动儿童群体的应用分析中发现,流动儿童在这两个问卷中表现是有差异的。例如,项目分析时SWB分问卷的题总相关系数要低于PWB分问卷,PWB分问卷的cronbach's α系数要高于SWB分问卷。同时,在验证性因素分析时,也显示PWB分问卷6个维度的模型拟合度要好于SWB分问卷的3个维度的模型。这是否与流动儿童的群体特殊性有关,还是与年龄有关?是否说明以实现论为哲学基础的心理幸福感理论更符合流动儿童幸福感的测量?后续研究中需要进一步进行不同年龄流动儿童与城市儿童在MHQ得分上的比较研究。

第六节　气质与性格量表在流动青少年中应用的效度和信度

20世纪末,Cloninger④从神经化学物质的角度探讨了人格的生理机制,提出了生物社会人格模型。该理论从无意识与意识的角度将人格划分为气质与性格两个部分。其中,气质是对经验的自动化反应,具有先天生物性特点,主要是受无意识的影响;而性格是指个体在目标、价值上的差异,是通过个体的学习领悟和社会经验渐渐发展成熟的,具有后天社会性特点,主要受意识的影响。性格是社会化的行为和态度,其背后的意图是由气质所决定的;而气质是反映人格生物性的因素,需要通过性格来突显。气质分为行为激活(寻求刺激)、行为抑制(避免伤害)、行为依赖(依赖奖励)和行为坚持(坚持性)4个维度;性格分为自我定向、合作性和自我超越3个维度。

气质与性格量表(TCI)量表推出以后备受研究者推崇,之后,针对不同年龄(成人、儿童、婴幼儿;自主报告,父母或老师报告)、不同计分方式以及不同题目数据先后修订了10余个版本,并且翻译修订了多个不同国家语言版本。近年来,有研究者运用TCI调查中国文化背景中的样本。Parker等⑤采用TCI-R的144题版本(7个维度各20题,还有4题测谎

---

① 陈浩彬.幸福感理论模型探索:基于大学生的实证研究[D].南昌:南昌大学,2008.

② 温忠麟,侯杰泰,马什赫伯特.结构方程模型检验:拟合指数与卡方准则[J].心理学报,2004,36(2):186-194.

③ 侯杰泰.结构方程模型及其应用[M].北京:教育科学出版社,2004.

④ CLONINGER C R. Temperament and personality[J]. Current opinion in neurobiology,1994,4(2):266-273.

⑤ PARKER G,CHEAH Y C,PARKER K. Properties of the temperament and character inventory in a Chinese sample[J]. Acta psychiatrica scandinavica,2003,108(5):367-373.

题)，选取 535 名(233 男)英语熟练的中国学生，平均年龄 30.1 岁，其中 320 名首先完成中文版(C)的 TCI，67 名首先完成英语版(E)；研究结果表明英语版各部分内部一致性系数在 0.71～0.89，中文版各部分内部一致性系数在 0.56～0.83。Chen 等①对中文版 TCI(144 题)的因素结构以及与年龄、性别的关系进行了探索。研究选取了 1 966 名非临床被试(一部分来自中国东北和北京的居民，一部分来自中国西南的大学生)，等分成两组分别进行 EFA(探索性因素分析)和 CFA(验证性因素分析)。结果表明，七个维度的 α 系数在 0.488～0.766之间，通过 EFA 和 CFA 的结果可以看出中文版 TCI 与原英语版结构相似，一些差异的存在可能是文化原因造成的，所以该模型更加贴合中国人。而且，女性较男性得分较高，在年龄上，除了依赖奖励这个维度，其他维度与年龄都有关系。在具体的关系上，中文版与英语版还存在着一些差异，这可能也反映了中国特有的社会文化现象。

Parker 研究面临的局限是调查华人而不是中国本土的样本；陈孜虽然调查了中国本土的样本，但运用的是 TCI 简版(144 题)。因此，运用 TCI-240 调查中国样本，检验 TCI-240 在中国样本中的信效度就显得很重要。本研究以大学生为研究对象，进一步修订 TCI-R 量表成为适用于中国大学生人群的人格测量问卷，为其人格与心理健康、幸福感等相关研究提供可靠的测量工具。

一、对象与方法

(一) 被试与程序

本研究共选取 572 名平均年龄在(20.40±0.95)岁的有流动经历的大学生，其中女性 300 人，平均年龄(20.26±0.83)岁；男性 272 人，平均年龄(20.57±1.05)岁。完成 TCI-R 的问卷大约需要花费 20～90 分钟的时间，平均时间大约为 40 分钟。

(二) 研究工具

采用 Cloninger 等编制的气质与性格量表修订版(TCI-R)，共 240 个题目，其中有 5 题为测谎项目，分为 7 个维度。气质部分包括寻求刺激(novelty seeking，NS)、避免伤害(harm avoidance，HA)、依赖奖励(reward dependence，RD)、坚持性(persistence，PS)4 个维度；性格部分包含 3 个维度，具体为自我定向(self-directedness，SD)、合作性(cooperativeness，CO)、自我超越(self-transcendence，ST)。NS 维度共 35 个项目，分为 4 个子维度；HA 维度共 33 个项目，分为 4 个子维度；RD 维度共 30 个项目，分为 4 个子维度；PS 维度共 35 个项目，分为 4 个子维度；SD 维度共 40 个项目，分为 5 个子维度；CO 维度共 36 个项目，分为 5 个子维度；ST 维度共 26 个项目，分为 3 个子维度。采用 5 级评分(1 分：肯定不符合；5 分：肯定符合)，每个维度的得分都是相关题目得分的总和(反向计分题需通过转换)。以双盲法对 TCI-R 进行英汉互译，对有问题的题目进行修改。尽量使用通俗易懂的语言，以确保被试能够更好地理解。

(三) 统计方法

采用 SPSS 22.0 以及 Mplus 7 对数据进行统计分析。将收集的原始资料进行整理，对

① CHEN Z，LU X，KITAMURA T. The factor structure of the Chinese version of the Temperament and Character Inventory：factorial robustness and association with age and gender[J]. Comprehensive psychiatry，2013，54(3)：292-300.

样本年龄和性别的分布特征进行了描述。采用克伦巴赫系数 α 作为判定量表的信度指标，量表的内部相关则采用 Person 相关法分析；而且采用 t 检验对样本的性别差异进行探索；同时对量表进行探索性因素分析和验证性因素分析。主要采用 χ^2/df，RMSEA，CFI，TLI 等指标作为验证性分析的拟合指标。

二、结果

（一）内部一致性信度

表 2-19 和表 2-20 呈现了 TCI-R 量表各维度及子维度的内部一致性结果。从表 2-19 可以看出，TCI-R 量表气质部分的 α 值从 0.81（NS 维度）到 0.92（PS 维度），性格部分的 α 值从 0.86（ST 与 CO 维度）到 0.89（SD 维度）。表 2-20 呈现了各子维度的结果，可以看出，气质部分分量表的 α 值从 0.43（RD4）到 0.87（HA3），性格部分分量表的 α 值从 0.47（CO5）到 0.85（CO4）。在气质部分的分量表中，NS 维度的 α 值变化最大，在性格部分的分量表中，CO 维度的 α 值变化最大。分量表中，RD4（0.43）、NS4（0.45）及 CO5（0.47）的 α 值偏低。这些结果与 TCI-R 法国版①及捷克版本②的结果相一致。

表 2-19 TCI-R 量表各维度的内部一致性信度

维度（简称/题量）	总体（n=572）			男（n=260）			女（n=312）			T-test	
	Mean	SD	α	Mean	SD	α	Mean	SD	α	t	cohen's d
寻求刺激（NS/35）	102.29	12.42	0.81	101.11	12.44	0.80	103.28	12.35	0.82	2.09*	0.176
避免伤害（HA/33）	94.44	16.49	0.91	93.70	16.60	0.91	95.04	16.41	0.91	0.97	—
依赖奖励（RD/30）	100.38	12.03	0.83	99.00	11.43	0.80	101.53	12.40	0.85	2.52**	0.212
坚持性（PS/35）	116.81	16.61	0.92	117.28	17.58	0.92	116.42	15.78	0.91	0.62	—
自我定向（SD/40）	127.12	16.93	0.89	127.04	17.81	0.89	127.19	16.20	0.88	0.10	—
合作性（CO/36）	127.55	13.55	0.86	126.35	14.30	0.87	128.54	12.82	0.86	1.93	—
自我超越（ST/26）	76.19	12.86	0.86	77.07	12.77	0.85	75.46	12.90	0.87	1.49	—

注：* $P<0.05$；** $P<0.01$。

表 2-20 TCI-R 量表各子维度的内部一致性信度

维度（简称/题量）	总体（n=572）			男（n=260）			女（n=312）			T-test	
	Mean	SD	α	Mean	SD	α	Mean	SD	α	t	cohen's d
气质											

① PELISSOLO A，MALLET L，BALEYTE J M，et al. The Temperament and Character Inventory-Revised（TCI-R）：psychometric characteristics of the French version[J]. Acta psychiatrica scandinavica，2005，112(2)：126-133.

② SNOPEK M，HUBLOVA V，PORUBANOVA M，et al. Psychometric properties of the Temperament and Character Inventory-Revised（TCI-R）in Czech adolescent sample[J]. Comprehensive psychiatry，2012，53(1)：71-80.

表 2-20(续)

维度(简称/题量)	总体(n=572)			男(n=260)			女(n=312)			T-test	
	Mean	SD	α	Mean	SD	α	Mean	SD	α	t	cohen's d
Exploration Excitability (NS1/10)	29.84	4.58	0.61	29.68	4.49	0.57	29.98	4.66	0.65	0.76	—
Impulsiveness (NS2/9)	25.07	4.10	0.66	24.58	4.12	0.65	25.47	4.04	0.66	2.59	0.218
Extravagance (NS3/9)	27.81	6.29	0.84	27.13	6.22	0.82	28.38	6.30	0.85	2.37	0.199
Disorderliness (NS4/7)	19.57	3.45	0.45	19.71	3.68	0.49	19.46	3.25	0.40	0.87	—
Anticipation worry(HA1/11)	29.93	5.80	0.78	29.91	5.74	0.75	29.96	5.87	0.81	0.10	—
Fear or Uncertainty (HA2/7)	22.05	4.45	0.74	21.46	4.50	0.73	22.55	4.36	0.75	2.92	0.246
Shyness with strangers (HA3/7)	19.93	5.47	0.87	19.83	5.53	0.87	20.01	5.44	0.88	0.40	—
Fatigability (HA4/8)	22.52	4.96	0.80	22.51	5.19	0.81	22.53	4.78	0.78	0.06	—
Sentimentality (RD1/8)	27.92	3.78	0.56	27.61	3.76	0.53	28.18	3.77	0.59	1.78	—
Openness to warm communication (RD2/10)	34.40	5.43	0.76	34.05	5.43	0.75	34.68	5.42	0.76	1.39	—
Attachment (RD3/6)	19.23	4.46	0.78	18.80	4.28	0.74	19.59	4.57	0.81	2.12	0.178
Dependence (RD4/6)	18.83	2.93	0.43	18.54	2.88	0.33	19.08	2.95	0.51	2.21	0.186
Eagerness of effort(PS1/9)	28.48	5.92	0.84	28.54	6.06	0.84	28.42	5.81	0.84	0.25	—
Work hardened (PS2/8)	27.05	4.31	0.80	27.37	4.57	0.81	26.79	4.07	0.79	1.60	—
Ambitious(PS3/10)	34.98	5.03	0.76	34.96	5.18	0.76	35.01	4.90	0.77	0.12	—
Perfectionist (PS4/8)	26.30	4.92	0.78	26.42	4.96	77	26.20	4.90	0.80	0.52	—

表 2-20(续)

维度(简称/题量)	总体(*n*=572)			男(*n*=260)			女(*n*=312)			*T*-test	
	Mean	SD	α	Mean	SD	α	Mean	SD	α	*t*	cohen's *d*
性格											
Responsibility (SD1/8)	26.24	4.17	0.72	25.82	4.45	0.74	26.59	3.89	0.70	2.21	0.186
Purposefulness (SD2/6)	19.97	4.11	0.77	20.33	4.36	0.80	19.68	3.88	0.74	1.88	—
Resourcefulness (SD3/5)	16.85	2.90	0.66	17.10	2.88	0.61	16.64	2.90	0.70	1.89	—
Self-acceptance (SD4/10)	28.36	6.87	0.81	28.21	6.86	0.79	28.49	6.89	0.82	0.49	—
Congruent second nature(SD5/11)	35.70	5.56	0.75	35.59	5.84	0.76	35.79	5.33	0.75	0.42	—
Social Acceptance (CO1/8)	28.48	4.06	0.76	28.22	4.20	0.75	28.71	3.93	0.76	1.43	—
Empathy (CO2/5)	17.59	2.99	0.74	17.50	3.28	0.77	17.67	2.72	0.70	0.71	—
Helpfulness (CO3/8)	27.56	3.43	0.57	27.45	3.52	0.58	27.65	3.36	0.58	0.72	—
Compassion (CO4/7)	24.56	4.95	0.85	24.03	5.05	0.85	25.01	4.83	0.86	2.38	0.200
Principled (CO5/8)	29.35	3.66	0.47	29.17	3.93	0.49	29.50	3.41	0.44	1.09	—
Self-forgetfulness (ST1/10)	30.73	5.46	0.73	30.95	5.30	0.70	30.54	5.60	0.76	0.90	—
Transpersonal identification (ST2/8)	23.28	5.06	0.76	23.84	5.10	0.74	22.81	4.99	0.77	2.43	0.204
Spiritual acceptance (ST3/8)	22.19	5.08	0.72	22.28	5.21	0.71	22.11	4.98	0.73	0.40	—

(二) 量表各维度间的相关

表 2-21 呈现了 TCI-R 量表各维度之间的相关关系。从表格中可以看出,相关系数均大于 0.3 的有 7 对,大于 0.4 的有 5 对。RD 与 CO、SD 与 CO、PS 与 SD 之间的正相关较高,相关系数分别为 0.49、0.47 和 0.45;HA 与 PS、HA 与 SD 之间的负相关较高,相关系数分别为-0.45 和-0.58。

表 2-21　TCI-R 各维度间相关系数

	寻求刺激(NS)	避免伤害(HA)	依赖奖励(RD)	坚持性(PS)	自我决定(SD)	合作性(CO)
寻求刺激(NS)	—					
避免伤害(HA)	−0.35**	—				
依赖奖励(RD)	0.14**	−0.18**	—			
坚持性(PS)	−0.04	−0.45**	0.17**	—		
自我决定(SD)	−0.07	−0.58**	0.14**	0.45**	—	
合作性(CO)	−0.05	−0.36**	0.49**	0.25**	0.47**	—
自我超越(ST)	0.15**	−0.30**	0.18**	0.36**	0.13**	0.29**

注：* $P<0.05$；** $P<0.01$。

（三）量表结构效度分析

表 2-22 呈现了 TCI-R 量表因素分析的结果，在气质部分，基于特征值大于 1 的情况，主成分分析发现了四因子结构，且累积方差贡献率为 61.45%。结果与假设模型大致一致，但 RD1 这个项目在因素 1、因素 2 及因素 4 上的负荷均超过 0.3；PS2 这一项目不仅在因素 1 上的负荷达到 0.68，而且在因素 2 上的负荷为−0.37。在性格部分，基于特征值大于 1 的情况下，探索发现了三因素结构，且累积方差贡献率为 59.17%。而 CO2 这一项目在因素 2 上负荷为 0.39，且在因素 1 上也达到了 0.4；SD4 这一项目在因素 2 上负荷为 0.47，而在因素 3 上为−0.32。

表 2-22　量表主成分因素分析(旋转后，特征值大于 1)

	气质					性格		
	因素 1	因素 2	因素 3	因素 4		因素 1	因素 2	因素 3
NS1				0.52	SD1	0.67	0.30	
NS2				0.76	SD2	0.81		
NS3				0.66	SD3	0.79		
NS4				0.85	SD4		0.47	−0.32
HA1		0.93			SD5	0.82		
HA2		0.56			CO1		0.69	
HA3		0.62			CO2	0.40	0.39	
HA4		0.79			CO3		0.71	
RD1	0.33	0.43		0.34	CO4		0.80	
RD2			0.83		CO5		0.63	
RD3			0.89		ST1			0.83
RD4			0.62		ST2			0.76
PS1	0.70				ST3			0.77

表 2-22(续)

	气质					性格		
	因素 1	因素 2	因素 3	因素 4		因素 1	因素 2	因素 3
PS2	0.68	−0.37						
PS3	0.90							
PS4	0.90							
解释率/%	27.80	14.64	12.21	6.80		32.20	15.01	11.96

注:表中呈现的负荷均不小于 0.3。

另外,对量表气质与性格两个部分进行了验证性因素分析,结果显示,气质部分:$\chi^2/df=8.89$,RMSEA=0.11,90%CI=(0.11−0.13),CFI=0.773,TLI=0.722;性格部分:$\chi^2/df=7.92$,RMSEA=0.11,90%CI=(0.10−0.12),CFI=0.827,TLI=0.782。

(四)性别差异

从表 2-19 和表 2-20 上可以看出,在气质与性格维度上性别差异的影响。女生的得分在 NS 和 RD 维度上显著高于男生。而在 HA、CO 及 ST 维度上并未发现显著的性别差异。通过对各子维度的详细分析,可以发现,女生在 NS2、NS3、HA2、RD3、RD4、SD1 及 CO4 分量表上的得分要高于男生,而男生在 ST2 分量表上的得分要更高。

三、讨论

本研究的主要目的在于验证 TCI-R 量表在中国样本中的适用性及其因素结构。从获得的内部一致性信度的结果来看,TCI-R 量表的 7 个维度表现良好,其中气质部分 α 值在 0.81～0.92 之间,性格部分在 0.86～0.89 之间。总的来看,这些结果与 TCI-R 在其他研究中的结果相一致①。Tilov 等②报告量表的 α 系数在 0.75～0.91 之间;Dzamonja-Ignjatovic 等③报告量表的 α 系数在 0.78～0.90 之间;Jaksic 等④的研究显示,α 系数在 0.77～0.93 之间。而一些子维度的内部一致性系数是偏低的,如 NS4(包含 7 题)为 0.43,RD4(包含 6 题)为 0.45 和 CO5(包含 8 题)为 0.47,这可能是因为内部一致性系数与量表题目的数量存

① SNOPEK M, HUBLOVA V, PORUBANOVA M, et al. Psychometric properties of the Temperament and Character Inventory-Revised (TCI-R) in Czech adolescent sample[J]. Comprehensive psychiatry, 2012, 53(1): 71-80.

② TILOV B, DIMITROVA D, STOYKOVA M, et al. Cross-cultural validation of the revised temperament and character inventory in the Bulgarian language[J]. Journal of evaluation in clinical practice, 2012, 18(6): 1180-1185.

③ DZAMONJA-IGNJATOVIC T, SVRAKIC D M, SVRAKIC N, et al. Cross-cultural validation of the revised Temperament and Character Inventory: Serbian data[J]. Comprehensive psychiatry, 2010, 51(6): 649-655.

④ JAKSIC N, AUKST-MARGETIC B, RóZSA S, et al. Psychometric properties and factor structure of the Temperament and Character Inventory-Revised (TCI-R) in a Croatian psychiatric outpatient sample[J]. Comprehensive psychiatry, 2015, 57: 177-186.

在着很大的关系①。

在性别差异上，女生在 NS 和 RD 维度上的得分显著高于男生。特别的是，女生在 CO 维度的各分量表上的得分均高于男生。而且女生在 NS2、NS3、HA2、RD3、RD4，SD1 及 CO4 分量表上的得分也都高于男生。根据 Cohen② 的理论，d 值在 0.2 以下为小效应，0.2～0.8 之间为中等效应，0.8 以上为大效应。在本研究中，男女差异的 t 检验中所有 d 值均小于 0.3，且只有在 RD($d=0.212$)、NS2($d=0.218$)、HA2($d=0.246$)及 ST2($d=-0.204$)上是小效应。在 NS、NS3、RD3、RD4、SD1 及 CO4 上的 d 值均小于 0.2。一些研究也显示性别之间不存在显著差异，但也有另一些研究表明女生在 TCI-R 维度上(NS、HA、RD、CO、ST)的得分要高于男生。

通过 Person 相关分析，TCI-R 量表各维度间的相关也均在可接受的范围内，在 RD 与 CO、SD 与 CO、PS 与 SD 之间的正相关较高。从结果也可以看出，样本中的中国学生更喜欢依赖他人，而且他们合作的行为会受到他人奖赏的激励，同时合作性还与个体的自我定向有关。自我定向是指个体能够针对情境控制和调整自己的行为倾向。自主的个体最突出的特征是他们是很现实、实际的。而且，自我定向与坚持性之间也存在着相关，高坚持性的个体通常是有雄心壮志且勤奋的优等生，他们往往在面对预期的奖励时会更加努力，不畏惧挫折。相反，在 HA 与 PS、HA 与 SD 之间的负相关较高。HA 是个体对可能会引起惩罚或无奖赏事件的抑制行为反应倾向，高避免伤害者会表现出害羞、被动、容易疲倦及悲观的现象。因此，HA 与代表吃苦耐劳、雄心勃勃的 PS 以及能够针对情境控制和调整自己的行为倾向的 SD 是负相关的。

通过主成分分析，结果与假设的模型和结构基本一致。而且本研究的结果与 Martinotti 等③，Brändström 等④及 Fresán 等⑤的研究结果也是相一致的。但在气质量表中，RD1 这个项目在分别相对应于 PS、HA 与 NS 的因素 1、因素 2 及因素 4 上的负荷均超过 0.3；PS2 这一项目不仅在对应于 PS 的因素 1 上的负荷达到 0.68，而且在对应于 HA 的因素 2 上的负荷为−0.37，这与假设的结果是不相符的。在已有的研究中，Martinotti 等人也得出 RD1 这一分量表不支持原因素结构；Fresán 等研究表明 RD1、RD4 与 HA4 分量表均不支持原因素结构。在性格量表中，CO2 这一分量表在对应于 SD 的因素 1 负荷上达到了 0.4，SD4 这一分量表在对应于 CO 的因素 2 上负荷为 0.47，而在对应于 ST 的因素 3 上为−0.32。Brändström 和 Fresán 等人的研究也都呈现了相同的结果。同时，对 TCI-R 量

① CORTINA J M. What is coefficient alpha? An examination of theory and applications[J]. Journal of applied psychology，1993，78(1)：98-104.

② COHEN J. A power primer[J]. Psychological bulletin，1992，112(1)：155-159.

③ MARTINOTTI G，MANDELLI L，DI NICOLA M，et al. Psychometric characteristic of the Italian version of the Temperament and Character Inventory-revised，personality，psychopathology，and attachment styles[J]. Comprehensive psychiatry，2008，49(5)：514-522.

④ BRÄNDSTRÖM S，SCHLETTE P，PRZYBECK T R，et al. Swedish normative data on personality using the temperament and character inventory[J]. Comprehensive psychiatry，1998，39(3)：122-128.

⑤ FRESÁN A，ROBLES-GARCÍA R，LÓPEZ-AVILA A，et al. Personality differences according to age and sex in a Mexican sample using the Temperament and Character Inventory-Revised [J]. Comprehensive psychiatry，2011，52(6)：774-779.

表气质与性格两部分分别进行了验证性因素分析，结果显示，气质部分：$\chi^2/df=8.89$，RMSEA＝0.11，90％CI＝(0.11－0.13)，CFI＝0.773，TLI＝0.722；性格部分：$\chi^2/df=7.92$，RMSEA＝0.11，90％CI＝(0.10－0.12)，CFI＝0.827，TLI＝0.782。CFI 应不小于 0.9，越接近于 1 越好；RMSEA 作为评价模型拟合的指标，不大于 0.05 表示模型拟合较好，越接近于 0 越好。从数据结果来看，相对于同类研究，本研究还需要进一步的提高。如 Takeuchi 等人的研究结果显示，气质部分：GFI＝0.918，AGFI＝0.869，CFI＝0.810，RMSEA＝0.095；性格部分：GFI＝0.917，AGFI＝0.879，CFI＝0.856，RMSEA＝0.084。

第三章　流动青少年及其父母的心理健康观调查分析

第一节　流动青少年的心理健康观调查分析

据2010年11月第六次人口普查调查显示，我国流动人口已达2.61亿，其中流动青少年占流动人口总数近五分之一①。我国流动青少年主要由农民工子女（以在校学生为主体）、进城务工青年、跟随父母进城未就业者等组成。流动青少年是我国社会处在转型期出现的一个重要社会群体，他们的迁移和流动使其生活模式、生活习惯等均受到都市生活的巨大冲击，带来的是态度、意识和行为等方面的改变。根据流动青少年的生活现状，可以分为在校（还可再分为不同层次、地域学校）、就业及待业等不同类型的流动青少年；根据开展流动青少年心理健康教育的实施途径，可把流动青少年心理健康教育分为家庭、学校、社区等不同途径。流动青少年的特点是生活环境处于城与乡、城与城、城市内部的流动中，生活状态处于学习、就业、待业的变化中。研究者从心理学、教育学、人口学、社会学等学科视角研究流动青少年，提出教育对策、社会政策支持等方法促进其进行社会融合。人口学、社会学研究者关注流动青少年的社会融合、城市认同；教育学研究者关注流动青少年的学校教育问题；心理学研究者关注流动青少年心理健康教育更多是立足于学校。其特点是学校心理健康教育的理论体系较为成熟、服务体系较为完善。就业或待业流动青少年的社区心理健康教育与家庭心理健康教育研究也不断取得进展，但社区与家庭不能保证流动中的青少年心理健康教育的完整性、连续性。现有研究从各自学科视角针对不同类型流动青少年的研究较多，但不同类型、不同途径流动青少年心理健康教育衔接与贯通机制未能构建，各种资源未能有效整合。因此，考察流动青少年和其父母的亲子关系以及其心理发展、心理健康意识、心理健康教育方式和态度，比较不同性别、类型、年级流动青少年在上述四个方面的认知差异，以及与父母的认知差异，对于构建不同类型、不同年级流动青少年心理健康教育衔接与贯通机制有着重要的指导意义。

一、对象与方法

（一）研究对象

选取南京、北京、广州、济南、天津、上海、杭州等7个城市中具有代表性的农民工子弟学校，共调查流动青少年1 036名，其中男生占51.54%，女生占48.46%。

（二）研究工具

自编《流动青少年心理健康教育状况调查问卷》并通过访谈、开放性问卷形式进行研究

① 王桂新，潘泽瀚．我国流动人口的空间分布及其影响因素：基于第六次人口普查资料的分析[J]．现代城市研究，2013(3)：4-11.

测试，考察流动青少年的亲子关系、心理发展、心理健康意识、心理健康教育方式的态度，比较不同性别、类型、年级流动青少年在上述四个方面认知差异。

（三）数据分析

应用 SPSS 17.0 软件进行统计分析，对流动青少年的亲子关系、心理发展、心理健康意识、心理健康教育方式的态度进行均值比较、双因素方差分析。检验水准 α 为 0.05，进行双侧检验。

二、结果与分析

（一）流动青少年亲子关系认知分析

流动青少年亲子关系主要从流动青少年及其父母两个方面考察并进行比较，从而推断流动青少年家庭心理健康教育的状况。本次调查主要是从流动青少年视角考察其如何看待亲子关系，“家庭温馨和睦”“家长耐心听我讲身边的人和事”“家长有事与我商量讲道理”以及“我进步家长会鼓励”等 4 个方面。分别从不同性别、不同类型、不同年级、不同居住方式等 4 个角度比较分析，其中不同类型流动青少年是指在校就读的流动青少年和在企业工作的流动青少年；不同居住方式流动青少年是指流动青少年与家长或监护人共同居住情况，分为与父母一起居住、与父母一方居住、与父母及祖辈居住、与祖辈或亲属居住、住学校集体宿舍等 5 种类别。

1. 不同性别流动青少年亲子关系认知比较

由表 3-1 可知，不同性别流动青少年对亲子关系的认知在“家长有事与我商量讲道理”的角度上存在显著差异（$P<0.05$），男性得分高于女性。受封建“男尊女卑”思想的影响，家长大都认为男孩有必要也有责任参与事情的决策，女孩则不需要，由父母代替决定即可。

表 3-1　不同性别流动青少年对亲子关系认知均值比较（$M\pm SD$）

亲子关系/性别	男	女	总计	F
家庭温馨和睦	1.09±0.289	1.07±0.252	1.08±0.272	2.028
家长耐心听我讲身边的人和事	1.21±0.409	1.19±0.395	1.20±0.402	0.540
家长有事与我商量讲道理	1.22±0.413	1.14±0.349	1.18±0.385	10.128*
我进步家长会鼓励	1.15±0.355	1.13±0.336	1.14±0.346	0.736

注：* $P<0.05$；** $P<0.01$。

2. 不同类型流动青少年亲子关系认知比较

由表 3-2 可知，不同类型流动青少年对亲子关系的认知在“家庭温馨和睦”的角度上存在显著差异（$P<0.01$），在企业工作的流动青少年得分高于在校就读的流动青少年。在企业工作的流动青少年已经走入社会，并体谅父母在外打工的不易，能为家庭分担经济及家务负担，因而觉得家庭更温馨和睦。在“我进步家长会鼓励”的角度上存在显著差异（$P<0.05$），在企业工作的流动青少年得分高于在校就读的流动青少年。在企业工作的流动青少年的进步直接体现在升职和提薪上，而在学校读书的流动青少年的进步往往只能从考试的分数上表现出来，因此，家长更加能够注意到企业流动青少年的进步并加以鼓励。

表 3-2 不同类型流动青少年对亲子关系认知均值比较($M\pm SD$)

亲子关系/类型	青少年(学校)	青少年(企业)	总计	F
家庭温馨和睦	1.07±0.253	1.17±0.373	1.08±0.272	13.637**
家长耐心听我讲身边的人和事	1.20±0.401	1.21±0.412	1.20±0.402	0.125
家长有事与我商量讲道理	1.18±0.385	1.18±0.387	1.18±0.385	0.002
我进步家长会鼓励	1.13±0.338	1.20±0.400	1.14±0.346	4.040*

注：* $P<0.05$；** $P<0.01$。

3. 不同年级流动青少年亲子关系认知比较

由表 3-3 可知，不同年级流动青少年对亲子关系的认知在“家庭温馨和睦”的角度上存在显著差异($P<0.01$)，低年级得分高于高年级。随着流动青少年年龄的增长，家庭中的矛盾也日益突显，家庭成员间因为教育、经济、赡养老人等问题产生矛盾增多。在“家长有事与我商量讲道理”的角度上存在显著差异($P<0.01$)，初中得分高于高中，高中得分高于小学。原因是家长认为小学孩子不懂事，不必与之商量事情，认为高中孩子已经长大，可以自己决定自己的事情，所以初中流动青少年得分最高。在“我进步家长会鼓励”的角度上存在显著差异($P<0.01$)，初中得分高于小学，小学得分高于高中。原因是初中生正处于叛逆的青春期，小学生由于年龄小，二者都需要更多的鼓励，因此，高中生得分最低。

表 3-3 不同年级流动青少年对亲子关系认知均值比较($M\pm SD$)

亲子关系/年级	小学	初中	高中	总计	F
家庭温馨和睦	1.11±0.314	1.08±0.271	1.04±0.190	1.08±0.272	5.273**
家长耐心听我讲身边的人和事	1.20±0.399	1.21±0.405	1.20±0.403	1.20±0.402	0.039
家长有事与我商量讲道理	1.14±0.352	1.23±0.419	1.15±0.357	1.18±0.385	5.60**
我进步家长会鼓励	1.14±0.349	1.18±0.382	1.07±0.249	1.14±0.346	8.126**

注：* $P<0.05$；** $P<0.01$。

4. 不同居住方式流动青少年亲子关系认知比较

由表 3-4 可知，不同居住方式流动青少年对亲子关系的认知在“家庭温馨和睦”的角度上存在显著差异($P<0.01$)，得分从高到低依次是，与祖辈或亲属居住的、与父母一方居住的、与父母及祖辈居住的、住学校集体宿舍的、与父母一起居住的。原因是老年人大都喜爱孩子的陪伴，给予流动青少年温馨和爱的感觉，而父母因工作早出晚归，使孩子缺乏爱和安全感。在“家长耐心听我讲身边的人和事”的角度上存在显著差异($P<0.01$)，得分从高到低依次是，与祖辈或亲属居住的、住学校集体宿舍的、与父母一方居住的、与父母及祖辈居住的、与父母一起居住的。原因是祖辈退休在家，有更多时间关心照顾流动青少年，并了解其身边的人和事，而父母工作忙，很少有时间耐心听孩子讲话。在“家长有事与我商量讲道理”的角度上存在显著差异($P<0.01$)，得分从高到低依次是，与父母一方居住的、与祖辈或亲属居住的、住学校集体宿舍的、与父母及祖辈居住的、与父母一起居住的。原因是单亲家庭由于只有父或母一方与孩子一起居住，父或母一方就会对孩子倍加关注，孩子成为家里事情决策的重要参与者；而与父母一起居住，父母理所应当的决定着家里事情，很少考虑孩子的

感受。在“我进步家长会鼓励”的角度上存在显著差异($P<0.01$),得分从高到低依次是,与父母一方居住的、与祖辈或亲属居住的、与父母及祖辈居住的、住学校集体宿舍的、与父母一起居住的。原因是单亲家庭的父或母一方由于对孩子的愧疚感,对孩子的成长往往积极鼓励,而与父母一起居住,父母常常忽略了孩子的进步。

表 3-4　不同居住方式流动青少年对亲子关系认知均值比较($M\pm SD$)

亲子关系/居住方式	与父母一起居住	与父母一方居住	与父母及祖辈居住	与祖辈或亲属居住	住学校集体宿舍	F
家庭温馨和睦	1.05±0.211	1.17±0.376	1.11±0.317	1.22±0.420	1.10±0.299	9.368**
家长耐心听我讲身边的人和事	1.15±0.361	1.27±0.446	1.16±0.364	1.48±0.504	1.33±0.470	13.646**
家长有事与我商量讲道理	1.10±0.301	1.42±0.496	1.24±0.430	1.41±0.496	1.27±0.443	24.255**
我进步家长会鼓励	1.10±0.299	1.33±0.471	1.16±0.372	1.28±0.452	1.13±0.336	11.402**

注:* $P<0.05$;** $P<0.01$。

(二)流动青少年心理发展态度分析

流动青少年心理发展态度主要从流动青少年视角考察他们对心理发展态度的认知,并进行比较,从而推断流动青少年家庭心理健康教育的状况。其中心理发展态度主要针对流动青少年对“家长支持我参加集体活动”“家长特别看重我的学习成绩”“家长总拿我和别的孩子做比较”“我做错事家长会批评”“家长对我处处管制”“家中满足我的任何要求”等 6 个方面的态度。分别从不同性别、不同类型、不同年级、不同居住方式等 4 个角度比较分析。

1. 不同性别流动青少年心理发展态度比较

由于 3-5 可知,不同性别流动青少年在家长支持参加集体活动、看重学习成绩、与别的孩子做比较、做错事家长会批评、对孩子处处管制、满足孩子的任何要求等心理发展态度不存在显著差异。

表 3-5　不同性别流动青少年心理发展态度均值比较($M\pm SD$)

心理发展态度/性别	男	女	总计	F
家长支持我参加集体活动	1.11±0.309	1.13±0.334	1.12±0.321	1.079
家长特别看重我的学习成绩	1.38±0.487	1.35±0.478	1.37±0.483	1.088
家长总拿我和别的孩子做比较	1.49±0.500	1.48±0.500	1.49±0.500	0.074
我做错事家长会批评	1.73±0.896	1.63±0.847	1.68±0.873	3.466
家长对我处处管制	1.54±0.499	1.58±0.493	1.56±0.496	1.732
家长满足我的任何要求	1.73±0.445	1.75±0.432	1.74±0.439	0.809

2. 不同类型流动青少年心理发展态度比较

由表 3-6 可知,不同性别流动青少年心理发展态度在“家长总拿我和别的孩子做比较”的角度上存在显著差异($P<0.01$),在校就读的流动青少年得分高于在企业工作的流动青少年。进入社会的流动青少年由于职业的不同,家长很难把其与别的孩子做比较;而在学校的流动青少年家长常常会用考试分数来衡量孩子的能力。在“我做错事家长会批评”的角度

上存在显著差异($P<0.01$),在企业工作的流动青少年得分高于在校就读的流动青少年。原因是已进入职场的流动青少年年龄较大,家长认为其已经长大,因此会对其做错事更多批评。

表 3-6　不同类型流动青少年心理发展态度均值比较($M\pm SD$)

心理发展态度/类型	青少年(学校)	青少年(企业)	总计	F
家长支持我参加集体活动	1.12±0.324	1.10±0.300	1.12±0.321	0.412
家长特别看重我的学习成绩	1.37±0.483	1.35±0.478	1.37±0.483	0.275
家长总拿我和别的孩子做比较	1.51±0.500	1.30±0.459	1.49±0.500	20.334**
我做错事家长会批评	1.63±0.831	2.07±1.066	1.68±0.873	28.747**
家长对我处处管制	1.57±0.496	1.55±0.500	1.56±0.496	0.166
家长满足我的任何要求	1.74±0.441	1.77±0.423	1.74±0.439	0.568

注:* $P<0.05$;** $P<0.01$。

3. 不同年级流动青少年心理发展态度比较

由表 3-7 可知,不同年级流动青少年心理发展态度在“家长支持我参加集体活动”的角度上存在显著差异($P<0.05$),小学得分高于初中,初中高于高中。原因是小学生、初中生课业任务相对较轻,高中生面临高考压力大,家长可能认为参加集体活动会影响学习。在“家长特别看重我的学习成绩”的角度上存在显著差异($P<0.05$),高中得分高于初中,初中高于小学。年级越高,学习成绩对人生规划的影响越大,家长越重视。在“家长总拿我和别的孩子做比较”的角度上存在显著差异($P<0.01$),高中得分高于小学,小学高于初中。原因是高中各种模拟考试、阶段性考试、家长会增多,给家长互相比较提供了更多机会。在“我做错事家长会批评”的角度上存在显著差异($P<0.05$),初中得分高于小学,小学高于高中。原因是初中生正处于叛逆的青春期,其犯错多、对家长态度差,因此受到家长批评较多。

表 3-7　不同年级流动青少年心理发展态度均值比较($M\pm SD$)

心理发展态度/年级	小学	初中	高中	总计	F
家长支持我参加集体活动	1.14±0.352	1.12±0.320	1.08±0.270	1.12±0.321	3.042*
家长特别看重我的学习成绩	1.34±0.474	1.35±0.478	1.44±0.498	1.37±0.483	3.728*
家长总拿我和别的孩子做比较	1.46±0.499	1.45±0.498	1.61±0.488	1.49±0.500	9.771**
我做错事家长会批评	1.63±0.792	1.77±0.931	1.59±0.866	1.68±0.873	4.596*
家长对我处处管制	1.54±0.499	1.55±0.498	1.62±0.486	1.56±0.496	2.222
家长满足我的任何要求	1.73±0.443	1.75±0.436	1.74±0.440	1.74±0.439	0.078

注:* $P<0.05$;** $P<0.01$。

4. 不同居住方式流动青少年心理发展态度比较

由表 3-8 可知,不同居住方式流动青少年心理发展态度在“家长支持我参加集体活动”的角度上存在显著差异($P<0.01$),得分从高到低依次是,与祖辈或亲属居住的、与父母一方居住的、与父母及祖辈居住的、住学校集体宿舍的、与父母一起居住的。原因是与父母一

起居住的流动青少年可能受到更多管制，父母担心参加集体活动不安全等。在“家长总拿我和别的孩子做比较”的角度上存在显著差异($P<0.05$)，得分从高到低依次是，住学校集体宿舍的、与父母及祖辈居住的、与父母一起居住的、与父母一方居住的、与祖辈或亲属居住的。原因是住学校集体宿舍的流动青少年家长可能总拿其宿舍舍友做参照物，与之比较；而祖辈或亲属大都很少过问生活起居之外的事。

表 3-8　不同居住方式流动青少年心理发展态度均值比较(M±SD)

心理发展态度/居住方式	与父母一起居住	与父母一方居住	与父母及祖辈居住	与祖辈或亲属居住	住学校集体宿舍	总计	F
家长支持我参加集体活动	1.08±0.265	1.22±0.420	1.16±0.372	1.33±0.476	1.11±0.319	1.12±0.321	12.389**
家长特别看重我的学习成绩	1.37±0.484	1.42±0.496	1.38±0.487	1.35±0.482	1.31±0.465	1.37±0.483	0.736
家长总拿我和别的孩子比较	1.48±0.500	1.44±0.499	1.50±0.502	1.39±0.492	1.60±0.492	1.49±0.500	2.443*
我做错事家长会批评	1.53±0.744	2.11±1.060	1.72±0.902	2.19±0.933	1.87±1.051	1.68±0.873	17.261**
家长对我处处管制	1.60±0.491	1.49±0.503	1.51±0.502	1.43±0.499	1.55±0.499	1.56±0.496	2.516*
家长满足我的任何要求	1.76±0.427	1.71±0.457	1.63±0.485	1.72±0.452	1.77±0.426	1.74±0.439	2.489*

注：* $P<0.05$；** $P<0.01$。

（三）流动青少年心理健康意识的分析

流动青少年心理健康意识主要考察他们对心理健康意识的认知，并进行比较，从而推断流动青少年家庭心理健康教育的状况。心理健康意识主要针对流动青少年对“家长关注我的心理变化”“家长有方法化解我的心理困惑”“关注自身心理状态”“成长历程中的心理不适应”等 4 个方面的认知。分别从不同性别、不同类型、不同年级、不同居住方式等 4 个角度比较分析。

1. 不同性别流动青少年心理健康意识比较

由表 3-9 可知，不同性别流动青少年心理健康意识在“家长关注我的心理变化”的角度上存在显著差异($P<0.05$)，男生高于女生。受“重男轻女”思想的影响，流动青少年家长对男孩较女孩重视。

表 3-9　不同性别流动青少年心理健康意识均值比较(M±SD)

心理健康意识/性别	男	女	总计	F
家长关注我的心理变化	1.88±0.689	1.77±0.651	1.83±0.673	7.089*
家长有方法化解我的心理困惑	2.07±0.838	1.98±0.836	2.03±0.838	2.940
关注自身心理状态	2.04±0.866	2.09±0.859	2.06±0.863	0.951
成长历程中的心理不适应	1.85±0.610	1.91±0.614	1.88±0.612	2.185

注：* $P<0.05$；** $P<0.01$。

2. 不同类型流动青少年心理健康意识比较

由表 3-10 可知，不同类型流动青少年心理健康意识在“家长关注我的心理变化”的角度上存在显著差异($P<0.05$)，企业流动青少年高于学校流动青少年。原因是企业流动青少

年多在与父母不同的城市工作，离家较远，且面临恋爱婚姻问题，因此，家长对其心理变化更加关心。在“家长有方法化解我的心理困惑”的角度上存在显著差异（$P<0.01$），企业高于学校。原因是企业流动青少年面临的工作、恋爱婚姻问题，都是家长比较有经验的范围，因此可以提供有效解决方式。在“关注自身心理状态”的角度上存在显著差异（$P<0.05$），企业高于学校。原因是企业流动青少年年龄较大，关注点从外在事物逐渐转向自己的内心。

表 3-10　不同类型流动青少年心理健康意识均值比较（$M\pm SD$）

心理健康意识/类型	青少年（学校）	青少年（企业）	总计	F
家长关注我的心理变化	1.81±0.663	1.98±0.724	1.83±0.673	6.410*
家长有方法化解我的心理困惑	1.97±0.811	2.41±0.937	2.03±0.838	30.086**
关注自身心理状态	2.03±0.859	2.31±0.855	2.06±0.863	10.798*
成长历程中的心理不适应	1.89±0.615	1.80±0.586	1.88±0.612	2.103

注：* $P<0.05$；** $P<0.01$。

3. 不同年级流动青少年心理健康意识比较

由表 3-11 可知，不同年级流动青少年心理健康意识在“家长有方法化解我的心理困惑”的角度上存在显著差异（$P<0.05$），得分由高到低依次是，初中、高中、小学。原因是初中生正处于青春期，面临着生理和心理的不适应，其父母对其也更加关注，因此有方法化解其心理困惑。在“成长历程中的心理不适应”的角度上存在显著差异（$P<0.01$），得分由高到低依次是，小学、高中、初中。原因是小学生由于年龄较小，心理承受能力差，不适应经历多；高中生学业压力大，家长期望大，不适应经历也较多。

表 3-11　不同年级流动青少年心理健康意识均值比较（$M\pm SD$）

心理健康意识/年级	小学	初中	高中	总计	F
家长关注我的心理变化	1.84±0.655	1.82±0.709	1.83±0.629	1.83±0.673	0.120
家长有方法化解我的心理困惑	1.92±0.799	2.08±0.853	2.07±0.854	2.03±0.838	4.057*
关注自身心理状态	2.00±0.796	2.07±0.899	2.14±0.886	2.06±0.863	1.862
成长历程中的心理不适应	1.95±0.579	1.78±0.655	1.94±0.554	1.88±0.612	9.013**

注：* $P<0.05$；** $P<0.01$。

4. 不同居住方式流动青少年心理健康意识比较

由表 3-12 可知，不同居住方式流动青少年心理健康意识在“家长关注我的心理变化”的角度上存在显著差异（$P<0.01$），得分由高到低依次是，与祖辈或亲属居住、与父母及祖辈居住、与父母一方居住、住学校集体宿舍、与父母一起居住。原因是祖辈退休在家，有更多时间关心照顾流动青少年并关注其心理变化。在“家长有方法化解我的心理困惑”的角度上存在显著差异（$P<0.01$），得分由高到低依次是，与祖辈或亲属居住、与父母一方居住、住学校集体宿舍、与父母及祖辈居住、与父母一起居住。原因是祖辈阅历丰富，有方法化解其心理困惑；而父母工作忙，很少有时间关注孩子内心。在“关注自身心理状态”的角度上存在显著

差异（$P<0.05$），得分由高到低依次是，与祖辈或亲属居住、住学校集体宿舍、与父母一方居住、与父母及祖辈居住、与父母一起居住。原因是与祖辈或亲属居住的流动青少年更加独立、懂事、成熟，会更多关注自身的心理状态。在“成长历程中的心理不适应”的角度上存在显著差异（$P<0.05$），得分由高到低依次是，住学校集体宿舍、与父母一起居住、与父母及祖辈居住、与祖辈或亲属居住、与父母一方居住。住学校集体宿舍的流动青少年可能与舍友产生矛盾，离家长远，情绪难以排解，心理不适应的经历多。

表 3-12　不同居住方式流动青少年心理健康意识均值比较（$M\pm SD$）

心理健康意识/居住方式	与父母一起居住	与父母一方居住	与父母及祖辈居住	与祖辈或亲属居住	住学校集体宿舍	总计	F
家长关注我的心理变化	1.72±0.617	1.89±0.592	2.06±0.749	2.44±0.604	1.86±0.749	1.83±0.673	20.472**
家长有方法化解我的心理困惑	1.87±0.704	2.42±0.915	2.14±0.941	2.65±0.914	2.17±1.008	2.03±0.838	20.917**
关注自身心理状态	1.98±0.844	2.19±0.824	2.09±0.900	2.41±0.813	2.22±0.911	2.06±0.863	5.220*
心理不适应的经历	1.89±0.581	1.67±0.653	1.86±0.603	1.78±0.691	1.99±0.671	1.88±0.612	4.153*

注：* $P<0.05$；** $P<0.01$。

（四）流动青少年心理健康教育方式的分析

流动青少年心理健康教育方式主要考察流动青少年对心理健康教育方式的认知，从而推断流动青少年家庭心理健康教育的状况。其中心理健康意识主要针对流动青少年对“自己有办法调节不良情绪”“心理方面问题的求助方式”“对心理健康知识的了解程度”“了解心理健康知识的途径”“对自我心理健康的评价”等 5 个方面的认知。分别从不同性别、不同类型、不同年级、不同居住方式等 4 个角度比较分析。

1. 不同性别流动青少年心理健康教育方式比较

由表 3-13 可知，不同性别流动青少年心理健康教育方式在“自己有办法调节不良情绪”的角度上存在显著差异（$P<0.05$），男生高于女生。在“心理方面问题的求助方式”的角度上存在显著差异（$P<0.05$），男生高于女生。在“对自我心理健康的评价”的角度上存在显著差异（$P<0.05$），男生高于女生。原因是女生心理较男生脆弱敏感，不良情绪较难自我调节，心理问题的求助方式缺乏，对自我心理健康的评价低。

表 3-13　不同性别流动青少年心理健康教育方式均值比较（$M\pm SD$）

心理健康教育方式/性别	男	女	总计	F
自己有办法调节不良情绪	1.80±0.607	1.73±0.573	1.77±0.592	3.873*
心理方面问题的求助方式	2.76±1.196	2.61±1.203	2.69±1.201	3.986*
对心理健康知识的了解程度	1.91±0.586	1.92±0.533	1.91±0.561	0.082
了解心理健康知识的途径	3.19±1.601	3.09±1.709	3.14±1.654	1.049
对自我心理健康的评价	1.65±1.041	1.50±0.947	1.58±0.999	5.855*

注：* $P<0.05$；** $P<0.01$。

2. 不同类型流动青少年心理健康教育方式比较

由表3-14可知，不同类型流动青少年心理健康教育方式在“心理方面问题的求助方式”的角度上存在显著差异（$P<0.01$），企业高于学校。在“对自我心理健康的评价”的角度上存在显著差异（$P<0.01$），企业高于学校。原因是企业流动青少年年龄较大，心理承受能力强，心理健康知识多，心理问题的求助方式多，对自我心理健康的评价高。

表3-14　不同类型流动青少年心理健康教育方式均值比较（$M\pm SD$）

心理健康教育方式/类型	青少年（学校）	青少年（企业）	总计	F
自己有办法调节不良情绪	1.76±0.599	1.81±0.537	1.77±0.592	0.676
心理方面问题的求助方式	2.59±1.178	3.40±1.136	2.69±1.201	50.208**
对心理健康知识了解程度	1.90±0.557	2.03±0.576	1.91±0.561	6.497*
了解心理健康知识的途径	3.14±1.682	3.16±1.432	3.14±1.654	0.015
对自我心理健康的评价	1.54±0.972	1.88±1.144	1.58±0.999	12.552**

注：* $P<0.05$；** $P<0.01$。

3. 不同年级流动青少年心理健康教育方式比较

由表3-15可知，不同年级流动青少年心理健康教育方式在“心理方面问题的求助方式”的角度上存在显著差异（$P<0.01$），得分由高到低依次是，初中、高中、小学。原因是小学生年龄较小，心理承受能力差；高中生学业压力大，心理问题多，缺乏心理方面问题的求助方式。在“对自我心理健康的评价”的角度上存在显著差异（$P<0.01$），得分由高到低依次是，高中、初中、小学。原因是小学生年龄较小，心理承受能力差，心理健康知识少，对自我心理健康的评价低。

表3-15　不同年级流动青少年心理健康教育方式均值比较（$M\pm SD$）

心理健康教育方式/年级	小学	初中	高中	总计	F
自己有办法调节不良情绪	1.80±0.620	1.73±0.572	1.79±0.582	1.77±0.592	2.030
心理方面问题的求助方式	2.47±1.192	2.81±1.172	2.78±1.229	2.69±1.201	8.611**
对心理健康知识的了解程度	1.94±0.595	1.88±0.556	1.93±0.518	1.91±0.561	1.067
了解心理健康知识的途径	3.27±1.736	3.12±1.562	2.99±1.688	3.14±1.654	2.084
对自我心理健康的评价	1.47±0.882	1.56±0.991	1.74±1.145	1.58±0.999	5.359**

注：* $P<0.05$；** $P<0.01$。

4. 不同居住方式流动青少年心理健康教育方式比较

由表3-16可知，不同居住方式流动青少年心理健康教育方式在“自己有办法调节不良情绪”的角度上存在显著差异（$P<0.01$），得分由高到低依次是，与祖辈或亲属居住、与父母及祖辈居住、住学校集体宿舍、与父母一方居住、与父母一起居住。在“心理方面问题的求助

方式”的角度上存在显著差异($P<0.05$)，得分由高到低依次是，与祖辈或亲属居住、住学校集体宿舍、与父母一方居住、与父母及祖辈居住、与父母一起居住。在“了解心理健康知识的途径”的角度上存在显著差异($P<0.01$)，得分由高到低依次是，与父母一方居住、与祖辈或亲属居住、住学校集体宿舍、与父母一起居住、与父母及祖辈居住。在“对自我心理健康的评价”的角度上存在显著差异($P<0.01$)，得分由高到低依次是，与祖辈或亲属居住、与父母及祖辈居住、与父母一方居住、住学校集体宿舍、与父母一起居住。原因是与祖辈或亲属居住的流动青少年对父母的依赖少，自立性强，有办法调节不良情绪，心理方面问题的求助方式多，了解心理健康知识的途径多，对自我心理健康的评价高。

表 3-16 不同居住方式流动青少年心理健康教育方式均值比较($M\pm SD$)

心理健康教育方式/居住方式	与父母一起居住	与父母一方居住	与父母及祖辈居住	与祖辈或亲属居住	住学校集体宿舍	总计	F
自己有办法调节不良情绪	1.72±0.556	1.73±0.599	1.93±0.600	2.00±0.673	1.78±0.669	1.77±0.592	5.426**
心理方面问题的求助方式	2.61±1.158	2.85±1.266	2.62±1.310	3.00±1.064	2.88±1.278	2.69±1.201	2.974*
对心理健康知识的了解程度	1.89±0.543	1.91±0.615	2.03±0.535	1.85±0.627	1.95±0.597	1.91±0.561	1.769
了解心理健康知识的途径	2.99±1.613	3.88±1.657	2.93±1.324	3.48±1.891	3.43±1.829	3.14±1.654	8.056**
对自我心理健康的评价	1.40±0.828	1.83±1.131	1.91±1.213	2.06±1.188	1.75±1.175	1.58±0.999	14.421**

注：* $P<0.05$；** $P<0.01$。

第二节 流动青少年父母的心理健康观调查分析

一、对象与方法

(一) 研究对象

选取南京、北京、广州、济南、天津、上海、杭州等 7 个城市具有代表性的农民工子弟学校、企业调查流动青少年的同时，调查流动青少年家长 837 名，其中男性(父亲)占44.09%，女性(母亲)占 55.91%。

(二) 研究工具

自编《流动青少年监护人(父母)心理健康教育状况调查问卷》并通过访谈、开放性问卷形式进行研究测试，考察流动青少年父母对亲子关系、心理发展、心理健康意识、心理健康教育方式的态度。

(三) 数据分析

应用 SPSS 17.0 软件进行统计分析，对流动青少年、流动青少年父母对亲子关系、心理发展、心理健康意识、心理健康教育方式的态度进行均值比较、双因素方差分析。检验水准 α 为 0.05，双侧检验。

二、结果与分析

(一) 流动青少年父母亲子关系态度分析

流动青少年亲子关系主要从流动青少年及其父母两个方面考察他们对亲子关系的认

知，并进行比较，从而推断流动青少年家庭心理健康教育的状况，本次调查主要考察父母的认知。针对流动青少年父母对“家庭氛围和谐愉快”“家长教育态度一致”“耐心倾听孩子说话”“与孩子商量与之有关的事”以及“鼓励孩子做力所能及的事” 等5个方面的认知。

1. 流动青少年父母亲子关系态度的性别差异

表3-17表明，流动青少年父母（性别）对亲子关系的认知在“家长教育态度一致”的角度上存在显著差异（$P<0.05$），父亲得分高于母亲。原因是男性注重整体的一致性，而女性多注意到细节方面的差异。在“鼓励孩子做力所能及的事”的角度上存在显著差异（$P<0.05$），父亲得分高于母亲。原因是母亲对孩子多采取保护的方式，父亲则充当锻炼孩子的角色。

表3-17　流动青少年父母（性别）对亲子关系认知均值比较（$M\pm SD$）

亲子关系/父母	父亲	母亲	总计	F
家庭氛围和谐愉快	1.06±0.232	1.04±0.217	1.05±0.224	0.596
家长教育态度一致	1.19±0.393	1.12±0.322	1.15±0.357	8.527*
耐心倾听孩子说话	1.18±0.388	1.17±0.612	1.17±0.525	0.232
与孩子商量与之有关的事	1.12±0.331	1.13±0.332	1.13±0.331	0.004
鼓励孩子做力所能及的事	1.09±0.290	1.04±0.202	1.06±0.246	8.408*

注：* $P<0.05$；** $P<0.01$。

2. 流动青少年父母亲子关系态度的文化水平差异

表3-18表明，不同文化程度的流动青少年父母对亲子关系的认知在“家庭氛围和谐愉快”的角度上存在显著差异（$P<0.01$），得分从高到低依次是，小学、初中、本科及以上、高中或中专等、小学以下。原因是高中或中专等、小学以下文化水平的家长，更多采用严厉惩罚的教养方式，使子女产生焦虑恐惧情绪；处于小学、初中水平的家长，更多采用偏爱的方式，使孩子倍感家庭温馨。在“家长教育态度一致”的角度上存在显著差异（$P<0.01$），得分从高到低依次是，小学以下、小学、初中、高中或中专等、本科及以上，随文化程度的升高得分也增加。原因是文化程度高的家长对孩子的教育方式更科学，更懂得在家长之间建立一致的教育态度。在“耐心倾听孩子说话” 的角度上存在显著差异（$P<0.01$），得分从高到低依次是，小学以下、小学、本科及以上、初中、高中或中专等。原因是高中或中专等文化水平的家长，更多采用严厉惩罚的教养方式，而不是耐心教育的方式。在“与孩子商量与之有关的事”的角度上存在显著差异（$P<0.01$），得分从高到低依次是，小学以下、小学、高中或中专等、本科及以上、初中。原因是小学以下、小学程度的家长由于知识水平低，在某些方面不如孩子了解得多，所以更会与孩子商量与之有关的事。在“鼓励孩子做力所能及的事” 的角度上存在显著差异（$P<0.01$），得分从高到低依次是，小学以下、小学、初中、本科及以上、高中或中专等。原因是小学以下、小学、初中程度的家长大都经济条件差，让孩子帮忙做力所能及的事，分担家务，是很常见的。

综上，不同性别、类型、年级、居住方式的流动青少年在亲子关系上具有显著差异，流动青少年父母（性别）、文化程度不同在亲子关系上具有显著差异。这说明想要改善亲子关系，要针对不同性别特征，区别不同的处境、年龄阶段的青少年，区别不同文化程度的父母，要特别关注与父母一起居住的流动青少年的亲子关系。

表 3-18　流动青少年父母(文化程度)对亲子关系认知均值比较($M \pm SD$)

亲子关系/父母	本科及以上	高中或中专等	初中	小学	小学以下	总计	F
家庭氛围和谐愉快	1.02±0.131	1.01±0.140	1.08±0.265	1.13±0.337	1.00±0.000	1.05±0.224	6.872**
家长教育态度一致	1.07±0.256	1.15±0.353	1.15±0.359	1.25±0.434	1.25±0.463	1.15±0.357	3.403**
耐心倾听孩子说话	1.21±1.064	1.14±0.350	1.15±0.355	1.28±0.451	1.75±0.463	1.17±0.525	4.009**
与孩子商量与之有关的事	1.08±0.270	1.14±0.343	1.07±0.259	1.29±0.456	1.63±0.518	1.13±0.331	13.785**
鼓励孩子做力所能及的事	1.05±0.223	1.05±0.217	1.06±0.243	1.09±0.282	1.63±0.518	1.06±0.246	11.482**

注：* $P<0.05$；** $P<0.01$。

（二）流动青少年及其父母心理发展态度分析

流动青少年父母心理发展态度主要从观察他们对心理发展态度的认知，推断流动青少年家庭心理健康教育的状况。针对流动青少年父母对“支持孩子参加集体活动”“对孩子的进步适当鼓励”“总拿孩子与别人做比较”“认为孩子的学习成绩最重要”“孩子做错事的教育方式”“完全满足孩子提出的需求”6个方面的态度进行调查分析。

1. 流动青少年父母对心理发展态度的性别差异

表 3-19 表明，流动青少年父母(性别)心理发展态度在“总拿孩子与别人做比较”的角度上存在显著差异($P<0.05$)，父亲得分高于母亲。原因是男性较理智，偏向于通过客观的比较来判断；而女性较感性，母亲大都认为自己家的孩子最好。

表 3-19　流动青少年父母(性别)心理发展态度均值比较($M \pm SD$)

心理发展态度/父母	父亲	母亲	总计	F
支持孩子参加集体活动	1.04±0.204	1.07±0.256	1.06±0.235	2.762
对孩子的进步适当鼓励	1.07±0.261	1.04±0.207	1.06±0.233	3.060
总拿孩子与别人做比较	1.50±0.501	1.41±0.500	1.45±0.502	6.666*
认为孩子的学习成绩最重要	1.44±0.497	1.40±0.508	1.42±0.503	0.977
孩子做错事的教育方式	1.51±0.723	1.58±0.680	1.55±0.700	2.303
完全满足孩子提出的需求	1.71±0.490	1.68±0.482	1.69±0.485	0.787

注：* $P<0.05$；** $P<0.01$。

2. 流动青少年父母对心理发展态度的文化水平差异

表 3-20 表明，流动青少年父母(文化程度)心理发展态度在“支持孩子参加集体活动”的角度上存在显著差异($P<0.05$)，得分从高到低依次是，小学、本科及以上、初中、高中或中专等、小学以下。原因是小学以下程度的父母知识水平差，不知道集体活动的重要性，常常认为就是出去玩，还不如留在家中帮忙做事。在“对孩子的进步适当鼓励”的角度上存在显著差异($P<0.01$)，得分从高到低依次是，小学以下、小学、本科及以上、初中、高中或中专等。原因是高中或中专等文化水平的家长，更多采用严厉惩罚的教养方式，不鼓励孩子；处于小学水平的家长，更多采用偏爱的方式，对孩子的进步及时鼓励。在“总拿孩子与别人做比较”的角度上存在显著差异($P<0.01$)，得分从高到低依次是，高中或中专等、小学以下、

小学、初中、本科及以上。原因是本科及以上文化程度的家长可能接受了先进理念的教育，认为拿孩子与别人做比较是有百害而无一利的。在“认为孩子的学习成绩最重要”的角度上存在显著差异($P<0.01$)，得分从高到低依次是，高中或中专等、小学以下、小学、本科及以上、初中。原因是高中或中专等程度的家长经历过高考、中考，深知学习成绩的重要性，但其缺少更高层次的教育理念；初中程度的家长在初中毕业后就从事工作，认为学习并非人生的决定性因素，文化程度低也可以生活。在“孩子做错事的教育方式”的角度上存在显著差异($P<0.01$)，得分从高到低依次是，小学以下、小学、初中、本科及以上、高中或中专等。原因是高中或中专等文化水平的家长，更多采用严厉惩罚的教养方式。在“完全满足孩子提出的需求”的角度上存在显著差异($P<0.01$)，得分从高到低依次是，小学以下、小学、高中或中专等、本科及以上、初中。原因是处于小学水平的家长，更多采用偏爱的方式，对孩子的需求尽力满足。

表 3-20　流动青少年父母(文化程度)心理发展态度均值比较($M\pm SD$)

心理发展态度/父母	本科及以上	高中或中专等	初中	小学	小学以下	总计	F
支持孩子参加集体活动	1.07±0.256	1.03±0.179	1.06±0.231	1.14±0.349	1.00±0.000	1.06±0.235	3.923*
对孩子的进步适当鼓励	1.07±0.256	1.03±0.170	1.05±0.225	1.12±0.325	1.38±0.518	1.06±0.233	6.671**
总拿孩子与别人做比较	1.33±0.472	1.57±0.495	1.37±0.498	1.41±0.494	1.50±0.535	1.45±0.502	8.539**
认为孩子的学习成绩最重要	1.41±0.544	1.52±0.500	1.31±0.471	1.44±0.499	1.50±0.535	1.42±0.503	7.092**
孩子做错事的教育方式	1.50±0.680	1.46±0.644	1.58±0.686	1.72±0.852	2.38±0.744	1.55±0.700	5.774**
完全满足孩子提出的需求	1.64±0.565	1.76±0.430	1.61±0.494	1.77±0.492	2.00±0.000	1.69±0.485	5.268**

注：* $P<0.05$；** $P<0.01$。

综上，不同类型、年级、居住方式的流动青少年在心理发展态度上具有显著差异，流动青少年父母(性别)、文化程度不同在心理发展态度上具有显著差异。这说明想要建立正确的心理发展态度，要针对不同性别特征，区别不同的处境、年龄阶段的青少年，区别不同文化程度的父母，纠正其错误态度，帮助其接受科学的教育方式。

(三) 流动青少年父母心理健康意识分析

流动青少年父母心理健康意识主要考察他们对心理健康意识的认知，从而推断流动青少年家庭心理健康教育的状况。针对流动青少年父母对“有意识地促进孩子心理成长”“关注孩子的心理变化”“及时发现孩子的心理问题”“家庭对孩子心理的影响程度”4 个方面的认知进行调查分析。

1. 流动青少年父母心理健康意识状况的性别差异

表 3-21 表明，流动青少年父母(性别)心理健康意识在各个角度上均不存在显著差异。

表 3-21　流动青少年父母(性别)心理健康意识均值比较($M\pm SD$)

心理健康意识/父母	父亲	母亲	总计	F
有意识地促进孩子心理成长	1.18±0.402	1.21±0.444	1.20±0.426	0.845
关注孩子的心理变化	1.60±0.731	1.59±0.765	1.59±0.750	0.096
及时发现孩子的心理问题	1.89±0.905	1.88±1.007	1.88±0.963	0.008
家庭对孩子心理的影响程度	1.92±0.904	1.84±0.899	1.87±0.902	1.784

2. 流动青少年父母心理健康意识状况的文化水平差异

表 3-22 表明,流动青少年父母(文化程度)心理健康意识在“有意识地促进孩子心理成长”的角度上存在显著差异($P<0.01$),得分由高到低依次是,小学以下、小学、初中、本科及以上、高中或中专等。在“关注孩子的心理变化”的角度上存在显著差异($P<0.01$),得分由高到低依次是,小学以下、小学、初中、高中或中专等、本科及以上。在“及时发现孩子的心理问题”的角度上存在显著差异($P<0.01$),得分由高到低依次是,小学以下、小学、高中或中专等、初中、本科及以上。在“家庭对孩子心理的影响程度”的角度上存在显著差异($P<0.05$),得分由高到低依次是,小学以下、小学、初中、本科及以上、高中或中专等。原因是小学以下、小学程度的家长采取偏爱的教养方式,有意识促进孩子心理成长,关注孩子心理变化,及时发现孩子的心理问题。

表 3-22 流动青少年父母(文化程度)心理健康意识均值比较($M\pm SD$)

心理健康意识/父母	本科及以上	高中或中专等	初中	小学	小学以下	总计	F
有意识地促进孩子心理成长	1.16±0.410	1.15±0.362	1.18±0.398	1.46±0.582	1.75±0.463	1.20±0.426	14.885**
关注孩子的心理变化	1.44±0.665	1.45±0.638	1.69±0.795	1.84±0.863	2.50±0.756	1.59±0.750	11.178**
及时发现孩子的心理问题	1.70±0.794	1.89±0.956	1.81±0.995	2.22±0.919	3.13±0.991	1.88±0.963	7.734**
家庭对孩子心理的影响程度	1.78±1.130	1.77±0.754	1.92±0.881	2.09±0.985	2.75±1.282	1.87±0.902	4.832*

注:* $P<0.05$;** $P<0.01$。

综上,不同性别、类型、年级、居住方式的流动青少年在心理健康意识上具有显著差异,不同文化程度流动青少年父母在心理健康意识上具有显著差异。这说明想要提高流动青少年及其父母的心理健康意识,要针对不同性别特征,区别不同的处境、年龄阶段的青少年,区别不同文化程度的父母,给予其心理健康教育方面的指导与帮助。

(四)流动青少年父母心理健康教育方式分析

流动青少年父母心理健康教育方式主要考察他们对心理健康教育方式的认知,从而推断流动青少年家庭心理健康教育的状况。针对流动青少年父母“面对孩子心理问题的求助方式”“是否胜任孩子的心理健康教育”“社区是否有心理健康教育援助服务”“在家庭心理健康教育方面的困惑”4 个方面的认知进行调查分析。

1. 流动青少年父母心理健康教育方式状况的性别差异

表 3-23 表明,流动青少年父母(性别)心理健康教育方式在“社区是否有心理健康教育援助服务”的角度上存在显著差异($P<0.01$),母亲高于父亲。原因是母亲较父亲更加关注社区新闻,有更多机会了解心理健康教育援助服务。

表 3-23 流动青少年父母(性别)心理健康教育方式均值比较($M\pm SD$)

心理健康教育方式/父母	父亲	母亲	总计	F
面对孩子心理问题的求助方式	2.24±0.980	2.14±0.936	2.19±0.957	2.170
是否胜任孩子的心理健康教育	1.58±0.777	1.57±0.828	1.57±0.806	0.007
社区是否有心理健康教育援助服务	1.85±0.734	1.99±0.770	1.92±0.757	7.058**
在家庭心理健康教育方面的困惑	2.53±1.333	2.51±1.412	2.52±1.377	0.048

注:* $P<0.05$;** $P<0.01$。

2. 流动青少年父母心理健康教育方式状况的文化水平差异

表 3-24 表明，不同文化程度的流动青少年父母心理健康教育方式在“面对孩子心理问题的求助方式”的角度上存在显著差异（$P<0.01$），得分由高到低依次是，小学以下、小学、初中、高中或中专等、本科及以上。在“是否胜任孩子的心理健康教育”的角度上存在显著差异（$P<0.05$），得分由高到低依次是，小学以下、小学、初中、高中或中专等、本科及以上。在“社区是否有心理健康教育援助服务”的角度上存在显著差异（$P<0.01$），得分由高到低依次是，小学以下、小学、初中、高中或中专等、本科及以上。原因是文化程度低的家长，缺乏心理健康教育知识和手段，面对孩子的心理问题没有合适的解决方式，不能对孩子的心理健康进行有效指导。

表 3-24　流动青少年父母（文化程度）心理健康教育方式均值比较（$M\pm SD$）

心理健康教育方式/父母	本科及以上	高中或中专等	初中	小学	小学以下	总计	F
面对孩子心理问题的求助方式	1.85±0.939	2.18±0.974	2.22±0.897	2.41±1.003	3.25±0.707	2.19±0.957	7.593**
是否胜任孩子的心理健康教育	1.43±0.727	1.52±0.809	1.60±0.798	1.77±0.861	2.13±0.835	1.57±0.806	3.708*
社区是否有心理健康教育援助服务	1.58±0.749	1.84±0.748	2.07±0.725	2.11±0.744	2.13±0.641	1.92±0.757	11.832**
在家庭心理健康教育方面的困惑	2.60±1.503	2.58±1.448	2.50±1.312	2.37±1.168	1.75±1.389	2.52±1.377	1.197

注：* $P<0.05$；** $P<0.01$。

综上，不同性别、类型、年级、居住方式的流动青少年在心理健康教育方式上具有显著差异，流动青少年父母（性别）、文化程度不同在心理健康教育方式上具有显著差异。这说明想要改善心理健康教育方式，增强流动青少年及其父母对心理健康知识的了解，提高流动青少年对自我心理健康的评价，就要针对不同性别特征，区别不同的处境、年龄阶段的青少年，区别不同文化程度的父母，使其了解心理健康有关知识的途径多元化、有效化。

第三节　流动青少年及其父母心理健康观的比较

一、流动青少年心理健康观的内容比较

流动青少年心理健康观包括亲子关系、心理发展态度、心理健康意识、心理健康教育方式等 4 个方面。具体来说，在亲子关系上，由于流动青少年的父母常年在外务工，大多从事体力劳动和小本经营，没有时间和精力照顾孩子，不少还在上学的流动青少年干脆就住在所就读学校的集体宿舍，还有的则可能为了生活和工作方便与父母一方居住或与祖辈或亲属居住。和父母分开居住会导致亲子依恋的减少甚至中断，毛向军等研究表明，尽管流动儿童个人、家庭、学校因素对其心理韧性有预测作用，但流动儿童亲子依恋对其心理韧性有更强的预测性。可见，流动青少年尤其需要父母双方同在身边，以保证其心理健康。近 10% 的流动青少年认为其家庭算不上温馨和睦，这可能由于流动青少年的家长受教育水平低、家庭经济状况差，家长之间经常因为经济问题争吵等因素造成。栾文敬等研究发现，家庭关系显

著影响流动儿童的心理健康。父母经常吵架、忽视孩子以及当着外人面大声吼骂孩子等行为对流动儿童心理健康的影响都通过了显著性检验和稳健性检验。

在心理发展态度上，18.1％的流动青少年认为其家长有事不会与其商量讲道理，13.9％的流动青少年进步家长不会鼓励，11.7％的流动青少年的家长不支持其参加集体活动，36.9％的流动青少年的家长不特别看重其学习成绩，51.2％的流动青少年家长总拿其与别的孩子比较，43.7％的流动青少年的家长对其处处管制，要其按他们的意愿做事。流动儿童父母的这些行为是专制的，会伤害孩子自尊，使其出现一些不良的心理和行为问题。20.3％的流动青少年认为其家长不耐心听其讲身边的人和事，做错事家长打骂或不管不问的约占3.6％，这些是忽视型父母的表现。这类子女容易情绪不稳定、冷漠、逆反心强。26.0％的流动青少年在家中是中心，家长满足其任何要求，这是溺爱型父母的典型表现，会导致子女被动、缺乏自信、依赖。只有权威型的教养方式能使子女具有更多的成就倾向和社会责任感，这类父母对儿童温暖而不失严厉，给予子女充分尊重。郭黎岩等研究表明，流动儿童父母权威型教养方式和父母权威性较高得分的比例随家长文化程度的提高、流动时间的增长、亲子交谈频率的增多而加大。

在心理健康意识上，15.5％的家长基本不关注其平日心理变化，流动青少年在有困惑时，15.8％的家长基本没什么方法，6.9％的家长没注意到。这说明一部分流动青少年的父母缺乏心理健康教育方面的知识，受教育水平低，对子女的心理状况缺乏关注，甚至从不过问，认为只要子女吃饱穿暖即可。即便有些家长注意到了一些问题，却表现得束手无策，无从解决。因此，我们要加强对流动青少年父母的心理健康知识宣传，引导家长关注子女的心理方面问题，提升流动青少年的心理健康水平。16.3％的流动青少年觉得自己有问题才关注自己的心理状态，8.1％的流动青少年还没有关注。这说明流动青少年对自身心理状态的关注不够多、不够早，甚至毫无关注。25.6％的流动青少年成长历程中经常有心理不适应或心理困扰的情况，61.1％的流动青少年偶尔有，13.3％的流动青少年几乎没有。68.3％的流动青少年认为自己心理健康，17.6％的流动青少年认为自己有些心理问题，11.8％的流动青少年说不清，2.3％的流动青少年认为自己有心理障碍(疾病)。说明大多数流动青少年成长历程中都会遇到心理不适应和困扰，但由于缺乏心理健康的专业知识，流动青少年对“心理健康”“心理问题”“心理障碍”等概念区分不清，从而无法明确自己的心理状态。因此，流动青少年心理健康教育是急切需要关注的。

在心理健康教育方式上，31.8％的流动青少年认为自己总有办法调节不良情绪，59.6％的流动青少年认为有一些办法，8.6％的流动青少年认为几乎没有办法。这说明流动青少年中可以自行缓解或解除不良心理状态的人虽然居多，但还有一部分对待自己的不良心理状态完全无计可施。流动青少年对待自己解决不了的心理方面问题的首要办法按比例大小依次是：跟好朋友倾诉、向家长诉说、请老师帮助疏导、顺其自然、自己找资料或上网寻求方法。可见，高频率的办法大都向亲朋好友和老师倾诉，缺乏专业心理咨询师的援助。我们可以在学校和社区开设心理咨询室，安排专业咨询师为流动青少年解决心理方面的问题。20.6％的流动青少年对心理健康知识了解很多，67.7％的流动青少年知道一些，11.7％的流动青少年几乎不懂。这说明流动青少年由于受教育水平和家庭经济状况的限制，对心理健康知识的了解匮乏，有必要普及这方面的基本知识。其了解心理健康有关知识的主要途径按比例大小依次是：网络、老师、家长、同学交流、图书、报纸杂志、电视。由此可见，网络这一方便快捷且符合青少年喜好的传媒方式已成为心理健康知识获得的最大途径，其次来自学校、家庭。我们可以利用网络开设心理健康教育科普网站、论坛，向流动青少年介绍心理健康教育方面的基础知识和实际应用。

二、流动青少年心理健康观的视角比较

流动青少年心理健康观的视角比较包括从不同性别、不同类型、不同年级、不同居住方式等视角，对流动青少年及其父母心理健康教育观进行比较。

不同性别的流动青少年在亲子关系、心理健康意识和心理健康教育方式上差异显著，男生得分大于女生，男生认为家庭更和睦、家长更耐心倾听和鼓励、更关注其心理变化，男生自己有办法解决心理问题，对自身心理健康水平评价高。说明流动青少年亲子关系和心理意识受到“重男轻女”封建思想和性别特征的影响。

不同类型的流动青少年在亲子关系、心理发展态度、心理健康意识、心理健康教育方式上差异显著，企业流动青少年亲子关系、心理健康意识、心理健康教育方式得分高于学校流动青少年，学校流动青少年更容易被和他人比较，企业流动青少年更容易因犯错而被批评。可见，企业流动青少年年龄较大并已步入社会，懂得体谅父母，父母也认为其可以承担家庭责任，自己有办法解决心理问题，对心理健康评价高；而学校流动青少年年龄较小，心理承受能力弱，不能完全理解父母，父母也只把其当作孩子，认为其基本无法解决心理问题，对心理健康评价低。

不同年级的流动青少年在亲子关系、心理发展态度、心理健康意识、心理健康教育方式上差异显著，小学流动青少年亲子关系、心理健康意识、心理健康教育方式得分均低，家长支持小学生参加集体活动，而看重高中生的学习。可见，小学生的年龄小，心理承受能力差，高中生学业压力大，更容易产生心理困境，加强对小学和高中流动青少年的心理健康教育是重中之重。

不同居住方式的流动青少年在亲子关系、心理发展态度、心理健康意识、心理健康教育方式上差异显著，其中与祖辈和亲属一起居住的在四个方面的得分均高，与父母一起居住的在四个方面得分均低。可见，与祖辈和亲属居住的流动青少年独立性强，更容易获得关怀和心理满足；而与父母一起居住的流动青少年独立性差，较容易被父母忽略，从而产生各种心理不适应。

流动儿童的父母(性别)在亲子关系、心理发展态度和心理健康教育方式上差异显著，父亲的亲子关系、心理发展态度得分大于母亲，母亲的心理健康教育方式得分大于父亲。可见，父亲从整体、理性认知，母亲从具体、感性认知。把父母不同的认知方式有机结合，能促进流动青少年心理健康水平的提高。

不同文化程度的流动青少年父母在亲子关系、心理发展态度、心理健康意识、心理健康教育方式上差异显著，高中及中专等流动青少年家长大多采用惩罚方式教育孩子，倾向于和别人比较；小学、初中流动青少年家长大多采用偏爱方式教育孩子，但缺乏科学的理念和方法。可见，有针对性地改善家长的教育方式迫在眉睫。

综上所述，我们可以得出以下结论：

(1) 不同性别的流动青少年在亲子关系、心理健康意识和心理健康教育方式上差异显著，男生得分高于女生；

(2) 不同类型的流动青少年在亲子关系、心理发展态度、心理健康意识、心理健康教育方式上差异显著，企业流动青少年亲子关系、心理健康意识、心理健康教育方式得分高于学校流动青少年；

(3) 不同年级的流动青少年在亲子关系、心理发展态度、心理健康意识、心理健康教育方式上差异显著，小学亲子关系、心理健康意识、心理健康教育方式得分均低；

(4) 不同居住方式的流动青少年在亲子关系、心理发展态度、心理健康意识、心理健康教育方式上差异显著，其中与祖辈和亲属一起居住的在上述四个方面的得分均高于与父母一起居住的流动青少年；

(5) 流动儿童的父母(性别)在亲子关系、心理发展态度和心理健康教育方式上差异显著，父亲的亲子关系、心理发展态度得分大于母亲，母亲的心理健康教育方式得分大于父亲；

(6) 不同文化程度的流动青少年父母在亲子关系、心理发展态度、心理健康意识、心理健康教育方式上差异显著，高中及中专等流动青少年家长大多采用惩罚方式教育孩子，倾向于和别人比较；小学、初中流动青少年家长大多采用偏爱方式教育孩子，但缺乏科学的理念和方法。

第四章 流动青少年人格心理调查分析

第一节 气质与性格量表(TCI)的理论基础与修订演变

人格是心理学研究的重要内容,而人格与生理、社会的关系一直是心理学家关心的问题。自科学心理学诞生以来,众多心理学家都对人格提出了自己的见解,如 Freud① 把人格分为本我、自我、超我,Allport 等②和 Cattell③ 先后提出了人格特质理论,Eysenck 的人格三维理论④。随着神经科学、认知科学的发展,20 世纪末,Cloninger 从神经化学物质的角度探讨了人格的生理机制,提出了生物社会人格模型。近年来,Cloninger 提出的生物社会人格模型日益受到重视,大量关于人格生理机制的研究都是在该理论框架中展开讨论⑤。Cloninger 在该理论基础上编制了气质与性格量表(the temperament and character inventory,TCI),该量表推出以后备受研究者推崇,之后,针对不同年龄(成人、儿童、婴幼儿),自主报告,父母或老师报告,不同计分方式以及不同题目数据先后修订了 10 余个版本,并且翻译修订了多个不同国家语言版本;特别是近些年人格相关研究、人格工具的开发相当一部分是基于 TCI 人格理论⑥。因此,梳理 TCI(尤其是 JTCI)研究应用发展脉络,对于生物社会人格模型理论应用发展、JTCI 推广应用研究都有着重要的理论意义与实践价值。

一、气质与性格量表的理论基础

(一)生物社会人格模型

TCI 是以生物社会人格模型为理论基础的。生物社会人格模型由 Cloninger⑦ 提出。

① FREUD A. The ego and the mechanisms of defense[M]. [S. l.]:International Universities Press,1967.

② ALLPORT G W,ROSS J M. Personal religious orientation and prejudice[J]. Journal of personality and social psychology,1967,5(4):432-443.

③ CATTELL R B. The scree test for the number of factors[J]. Multivariate behavioral research,1966,1(2):245-276.

④ EYSENCK,H. J. Eysenck personality inventory[M]. San Diego:Educational and Industrial Testing Service,1968.

⑤ 徐世勇. Cloninger 的人格生物社会模型及其生理机制的证据[J]. 心理科学进展,2007,15(2):344-349.

⑥ ZANINOTTO L,SOLMI M,TOFFANIN T,et al. A meta-analysis of temperament and character dimensions in patients with mood disorders:comparison to healthy controls and unaffected siblings[J]. Journal of affective disorders,2016,194:84-97.

⑦ CLONINGER C R. Temperament and personality[J]. Current opinion in neurobiology,1994,4(2):266-273.

该理论认为，从无意识与意识的角度将人格划分为气质与性格两个部分。其中，气质是对经验的自动化反应，具有先天生物性特点，主要是无意识的举动；而性格是指个体在目标、价值上的差异，是通过个体的学习领悟和社会经验渐渐发展成熟的，具有后天社会性特点，主要受意识的影响。性格是社会化的行为和态度，其背后的意图是由气质所决定的；而气质是反映人格生物性的因素，需要通过性格来突显。气质分为行为激活（寻求刺激）、行为抑制（避免伤害）、行为依赖（依赖奖励）和行为坚持（坚持性）等四个维度；性格分为自我定向、合作性和自我超越等三个维度（见图 4-1）。

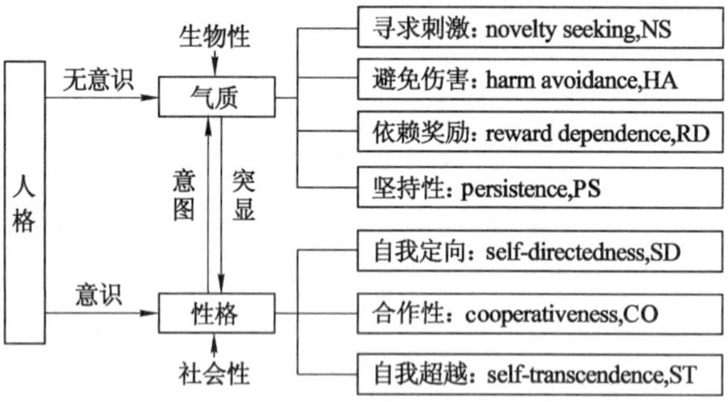

图 4-1　Cloninger 的生物社会人格模型

（二）TCI 维度及其解释

Cloninger 认为，气质的四个维度中，寻求刺激（NS）是个体对新颖的或有奖励的事件的激活行为反应倾向。高寻求刺激者表现出求新、求变，性急、自信、容易厌烦和浮躁，而低寻求刺激者缺乏好奇心，慢脾气、坚忍、内敛。避免伤害（HA）是个体对可能会引起惩罚或无奖赏事件的抑制行为反应倾向。高避免伤害者会表现出害羞、被动、容易疲倦以及悲观，而低避免伤害者是无忧无虑的、勇敢的、精力充沛、性格开朗乐观。依赖奖励（RD）是指个体行为依赖于社会奖励。高依赖奖励者表现为多愁善感、敏感，依赖性强，而低依赖奖励者意志坚强、冷漠、优柔寡断。坚持性（PS）是对沮丧和疲劳仍能行为激活的反应倾向。高坚持性者能吃苦耐劳、锲而不舍、雄心勃勃，对获得预期奖励会加倍努力，并认为应对沮丧和疲劳是个人成功的挑战；低坚持性者当奖励变化时采取自适应策略，消极对待，长期没有奖励也会产生适应不良。性格的三个维度中，自我定向（SD）是指个体能够针对情境控制和调整自己的行为倾向，个体表现为自信的、可靠的、足智多谋的，目标明确，善于总结针对情境选择最有利行为。合作性（CO）是指个体社会化程度，并善于与他人合作的能力倾向，高合作性者善于移情、宽容、同情、支持。自我超越（ST）是指个体认为自己是宇宙整体的一部分，达到一种个体精神与环境物质的统一意识，高自我超越者表现为谦逊、满足，坦然面对痛苦、疾病或死亡。

在生物社会人格模型的基础上，Cloninger① 编制了气质与性格量表（TCI），量表共有 240 个自我报告题目，7 个维度（寻求刺激、避免伤害、依赖奖励、坚持性、自我定向、合作性、自我超越），主要是面向一般成人的测试，采用“是”“否”两点计分。TCI 共有 240 个题目，共

① CLONINGER C R. A psychobiological model of temperament and character[J]. Archives of general psychiatry,1993,50(12):975.

有7个维度,7个维度又分为29个子维度(分量表),对于气质来说,寻求刺激有4个子维度,具体为乐于探索(exploratory excitability)、冲动(impulsiveness)、放纵(extravagance)、不守规矩(disorderliness);避免伤害有4个子维度,具体为悲观(anticipatory worry and pessimism)、害怕不确定性(fear of uncertainty)、怕见陌生人(shyness with strangers)、易疲劳(fatigability);依赖奖励有4个子维度,具体为多愁善感(sentimentality)、乐于沟通(openness to warm communication)、依恋(attachment)、依赖(dependence);坚持性有4个子维度,具体为渴望成功(eagerness of effort)、工作努力(work hardened)、雄心勃勃(ambitious)、追求完美(perfectionist)。对于性格来说,自我定向有5个子维度,具体为责任心(responsibility)、目的性(purposefulness)、机智(resourcefulness)、自我接纳(self-acceptance)、好习惯(congruent second nature);合作性有5个子维度,具体为包容心(social acceptance)、同理心(empathy)、乐于助人(helpfulness)、同情心(compassion)、真诚(integrated Conscience);自我超越有3个子维度,具体为忘我精神(creative self-forgetfulness)、无私精神(transpersonal identification)、理想主义(spiritual acceptance)。Cloninger对689名(366名男)平均年龄为26.32岁的被试进行测验,结果表明,量表内部一致性α系数为0.71,各维度的α系数也都在0.5以上①。

二、气质与性格量表的修订演变

TCI推出以后被修订成不同年龄、不同语言多个版本,研究者往往感到困惑。总体上看TCI的修订主要是沿着三条线索:第一,TCI简化修订。TCI与生物社会人格模型的契合以及提升量表本身的信效度、可用性;第二,TCI低年龄化修订。拓展TCI应用对象,主要是青少年儿童,先后开发了儿童气质与性格量表(junior temperament and character inventory,JTCI)(又分为儿童自我报告版、父母或老师报告版)、学龄前儿童气质与性格量表(preschool temperament and character inventory,psTCI)(父母或老师报告);第三,TCI不同文化背景人群的应用修订。不同文化背景(国家或语言)TCI翻译应用修订。值得注意的是,无论是哪一种版本,其理论基础都是7个维度(气质,寻求刺激、避免伤害、依赖奖励、坚持性;性格,自我定向、合作性、自我超越)。这里我们主要详细介绍前两条线索的修订情况,不同文化背景的修订后面会单独详细介绍针对JTCI的不同语言版本修订情况。

(一) TCI简化修订

TCI与TCI-R的题目、维度均相同,唯一的差别就是计分方式,TCI是2点计分,而TCI-R是5点计分。TCI-R(简化版)②是针对TCI-R题目数过多,测试时间过长,不利于推广与使用,简化为140个题目,有4题为测谎题,仍然以原7个维度为基础(见表4-1)。

① SAMET,K. A Psychobiological model of temperament and character: TCI[J]. Yeni symposium, 2003,41(2):86-97.

② VESPA A,OTTAVIANI M,FOSSATI A,et al. Validation of the Italian translation of the Revised Temperament and Character Inventory-TCI-140-in adult participants and in participants with medical diseases[J]. Comprehensive psychiatry,2015,59:129-134.

表 4-1　TCI 不同版本比较

名称	答题方式	年龄	计分方式	题目数	应　用
TCI	自我报告	>14 岁	是否,2 点计分	240	临床评估的有效性分析
TCI-R	自我报告	>14 岁	5 点计分	240	完整的临床或自我评估
TCI-R(简化)	自我报告	>14 岁	5 点计分	140	简短的临床或自我评估
TPQ	自我报告	>14 岁	是否,2 点计分	100	仅仅测试气质
JTCI	自我报告	10～14 岁	是否,2 点计分	108	初级版,儿童自我报告
JTCI-he/she	父母或老师报告	5～14 岁	是否,2 点计分	108	初级版,父母或老师报告
psTCI	父母或老师报告	2～5 岁	5 点计分	82	学龄前儿童父母或老师报告

（二）TCI 低年龄化修订

TCI 的题目仅能用于 14 岁以上的个体,为此,Luby 等①以 TCI 为基础,修订编制了 JTCI,分为自我报告版和父母或老师报告版,维度和测试内容是相同的,仅仅是把问题的语气由“您”修改为“您的孩子或您的学生”,其中,自我报告版适用年龄为 10～14 岁,父母或老师报告版适用年龄为 5～14 岁。JTCI 仍然保留原有的 7 个维度,问题以适合孩子的知识和理解能力为准则进行修订,并精简了题目,最终有 108 题。Cloninger 选取 322 名 9～13 岁的被试(其中男生 145 名),JTCI 测量结果表明,量表各维度的系数 α 在 0.44～0.83 之间,气质与性格两部分的验证性因素分析分别为(GFI=0.75,χ^2=2 529.61,P<0.001)、(GFI=0.76,χ^2=2 298.70,P<0.001)。psTCI 是以 JTCI(父母或老师报告版)为基础上,保持原有的 7 个维度不变,针对 2～5 岁儿童进行修订,共有 82 个题目。Constantino 等②对 241 名 2～5 岁儿童,运用 psTCI(父母报告版)进行测试,结果显示,各维度的内部一致性系数 α=0.70～0.93(NS=0.81,HA=0.82,RD=0.79,PS=0.86,SD=0.83,CO=0.93,ST=0.70),重测信度 r=0.42～0.80(NS=0.75,HA=0.41,RD=0.64,PS=0.51,SD=0.42,CO=0.80,ST=0.44)。

（三）TCI 在不同文化背景人群中的应用

随着 TCI(英语版)逐步被接受使用,有研究者首先尝试用 TCI(英语版)去测试不同文化背景的人群,并且与 TCI 不同语言版本进行比较。Parker(2003)采用 TCI-R 的 144 题版本(7 个维度各 20 题,还有 4 题测谎题),选取 535 名(233 名男生)英语熟练的中国学生,平均年龄 30.1 岁,其中 320 名首先完成中文版(C)的 TCI,67 名首先完成英语版(E);在间隔一个月的重测中,36 人在完成 C 后继续进行 C,30 人在完成 E 后继续进行 E,45 个双语样本进行 C-E 顺序测验,而 37 名双语被试进行 E-C 顺序的测验。英语版各部分内部一致性系数在 0.71～0.89 之间,中文版各部分内部一致性系数在 0.56～0.83 之间;研究结果表明了年龄、性别、职业、语言在 TCI 得分上的影响。在控制年龄下,语言和性别在 TCI 各分维度上并未表现出差异。且重测信度很高(C-C:0.68;E-E:0.79;C-E:0.79;E-C:0.85),因素

① LUBY J L,SVRAKIC D M,MCCALLUM K,et al. The Junior Temperament and Character Inventory: preliminary validation of a child self-report measure[J]. Psychological reports,1999,84(3):1127-1138.

② CONSTANTINO J N,CLONINGER C R,CLARKE A R,et al. Application of the seven-factor model of personality to early childhood[J]. Psychiatry research,2002,109(3):229-243.

分析结果也符合 TCI 结构。所以，TCI 适合中国文化背景的人群①。Chen 对中文版 TCI（144 题）的因素结构以及与年龄、性别的关系进行了探索。研究选取了 1 966 名非临床被试（一部分来自中国东北和北京的居民，一部分来自中国西南的大学生），等分成两组分别进行 EFA（探索性因素分析）和 CFA（验证性因素分析）。结果表明，7 个维度的系数 α 在0.488～0.766，通过 EFA 和 CFA 的结果可以看出，中文版 TCI 与原英语版结构相似，一些差异的存在可能是文化原因造成，所以我们的模型更加贴合中国人。而且，女性较男性在 HA、RD、C、ST 上得分较高，在年龄上，除了 RD 这个维度，其他维度与年龄都有关系。在具体的关系上，中文版与英语版还存在着一些差异，这可能也反映了中国特有的社会文化现象②。Pelissolo 在 TCI 基础上编制了法国版的 TCI-R，法国文化背景下的 TCI-R 题目数量仍然为 240 题，但与 TCI 比较，只有 189 题是相同的，在 TCI-R 中新加入了 51 题；计分方式改为 5 点计分。选取 432 名法国被试[年龄（41.3±15.6）岁]进行测试，分为三组：333 名精神病人、71 名神经病人、78 名健康者，重测选取 21 名精神病人（间隔三周）、15 名健康者（间隔一周）再次完成 TCI-R，同时选取 15 名健康者在间隔一周的时间里完成 TCI 和TCI-R两份问卷。结果发现，TCI-R 中所有维度的 α 系数（NS＝0.80，HA＝0.92，RD＝0.84，PS＝0.92，SD＝0.88，CO＝0.81，ST＝0.85）均高于 TCI，在重测中也都获得了满意的可靠性系数。其中，RD 与 P 维度在 TCI-R 因素结构中内部一致性有了很大提高。所以，TCI-R 在法国文化背景人群中也表现了良好的心理测量学特征③。有些欧洲国家也进行了 TCI-R 测试，比如 Jaksiĉ④ 对 328 名克罗地亚人进行了 TCI-R、大五人格特质（IPIP-50）测试，结果表明 TCI-R 内部一致性系数 α 在 0.77～0.93 之间；Pozzi⑤ 运用 TCI-R 测试18～65岁的 103 名成人分离焦虑症（ASAD）患者，结果表明，TCI-R 内部一致性系数 α 在0.78～0.89 之间，分离焦虑得分与 HA 得分呈正相关，ASAD 中有 13.3％酗酒者，他们分离焦虑得分与 C、SD 得分显著负相关。

三、儿童版气质与性格量表在不同文化背景国家的应用

如上文所述，TCI（英语版）本身修订的版本已经很多，与之对应的不同语言版本也非常繁多。这里主要针对 JTCI 的不同国家语言版本修订进行归纳总结。JTCI 的不同国家语言

① PARKER G，CHEAH Y C，PARKER K. Properties of the temperament and character inventory in a Chinese sample[J]. Acta psychiatrica scandinavica，2003，108(5)：367-373.

② CHEN Z，LU X，KITAMURA T. The factor structure of the Chinese version of the Temperament and Character Inventory：factorial robustness and association with age and gender[J]. Comprehensive psychiatry，2013，54(3)：292-300.

③ PELISSOLO A，MALLET L，BALEYTE J M，et al. The Temperament and Character Inventory-Revised (TCI-R)：psychometric characteristics of the French version[J]. Acta psychiatrica scandinavica，2005，112(2)：126-133.

④ JAKSIC N，AUKST-MARGETIC B，RóZSA S，et al. Psychometric properties and factor structure of the Temperament and Character Inventory-Revised (TCI-R) in a Croatian psychiatric outpatient sample[J]. Comprehensive psychiatry，2015，57：177-186.

⑤ POZZI G，BRUSCHI A，DE ANGELIS A，et al. Adult separation anxiety and TCI-R personality dimensions in patients with anxiety，alcohol use，and gambling：a preliminary report[J/OL]. Biomed Research International，2014，2014：1-6[2014-07-03]http：//doi. org/10. 1155/2014/680985.

版本修订主要有三种情况，具体见表 4-2。

表 4-2 JTCI 不同国家语言修订版本的比较

作者	被试	年龄	JTCI 版本	信效度分析
Lyoo 等	Child n=663（男 360/女 303）Parent n=528（父 84/母 444）	7～9 年级（13.3±1.0）	朝鲜语（儿童报告版，父母报告版），105 题，儿童 2 点计分，父母 5 点计分	内部一致性 α 系数：NS=0.64、HA=0.80、RD=0.59、PS=0.48；SD=0.68、CO=0.64、ST=0.68；重测信度 r 系数：NS=0.79、HA=0.85、RD=0.62、PS=0.76；SD=0.77、CO=0.79、ST=0.76；$P<0.05$；父母版内部一致性 α 系数：NS=0.73、HA=0.82、RD=0.56、PS=0.71；SD=0.72、CO=0.68、ST=0.59
Andriola 等	n=459（父 106/母 353）	6～16 岁	意大利语（父母报告版），99 题，5 点计分	内部一致性 α 系数：NS=0.66、HA=0.80、RD=0.43、PS=0.58；SD=0.78、CO=0.68、ST=0.59；重测信度 r 系数：NS=0.61、HA=0.69、RD=0.63、PS=0.66；SD=0.80、CO=0.59、ST=0.61；$P<0.05$；气质 CFA：χ^2/df=5.57，RMSEA=0.07，GFI=0.73；性格 CFA：χ^2/df=4.21，RMSEA=0.07，GFI=0.76
苏荣坤等	n=2 023（1 947 名中小学生，76 名医院门诊儿童青少年；男性 1 065）	8～18 岁	汉语（儿童报告版），108 题，2 点计分	内部一致性 α 系数：NS=0.59、HA=0.75、RD=0.56、PS=0.52；SD=0.72、CO=0.73、ST=0.79；重测信度 r 系数：NS=0.67、HA=0.61、RD=0.59、PS=0.54；SD=0.53、CO=0.51、ST=0.68；$P<0.05$；气质 CFA：χ^2/df=5.02，RMSEA=0.05，GFI=0.98，AGFI=0.96；性格 CFA：χ^2/df=4.65，RMSEA=0.05，GFI=0.98，AGFI=0.96
Schmeck 等	n=706（男 350/女 356）	12～18 岁	德语（儿童报告版），80 题，2 点计分	内部一致性 α 系数：NS=0.67、HA=0.81、RD=0.51、PS=0.48；SD=0.67、CO=0.67、ST=0.665；重测信度 r 系数：NS=0.86、HA=0.88、RD=0.81、PS=0.86；SD=0.92、CO=0.75、ST=0.91；均 $P<0.05$；气质 CFA：χ^2/df=1.82，RMSEA=0.03，GFI=0.99，AGFI=0.98；性格 CFA：χ^2/df=0.77，RMSEA=0.00，GFI=0.99，AGFI=0.99
Moreira 等	n=801（男 373/女 428）	11～18 岁	葡萄牙语（儿童报告版），127 题，5 点计分	内部一致性 α 系数：NS=0.76、HA=0.67、RD=0.57、PS=0.66；SD=0.76、CO=0.82、ST=0.69；JTCI 与 16PF（16PF 人格量表）各维度相关系数 r=−0.34～0.45；JTCI 与 NEO（大五人格量表）各维度相关系数 r=−0.32～0.49

表 4-2(续)

作者	被试	年龄	JTCI 版本	信效度分析
Asch 等	Child n=452 Parent n=233	10～16 岁	法语(儿童报告版,父母报告版),84 题,4 点计分	儿童报告内部一致性 α 系数:NS=0.52、HA=0.74、RD=0.31、PS=0.62;SD=0.67、CO=0.70、ST=0.68; 父母报告内部一致性 α 系数:NS=0.75、HA=0.81、RD=0.58、PS=0.82;SD=0.76、CO=0.79、ST=0.5; 儿童与父母报告相关系数 r:NS=0.50、HA=0.48、RD=0.48、PS=0.48;SD=0.41、CO=0.51、ST=0.39;$P<0.05$; 儿童报告 CFA:GFI=0.67,$\chi^2/df<2.50$,RMSEA=0.80; 父母报告 CFA:GFI=0.56,$\chi^2/df<2.50$,RMSEA=1.00
Vangberg 等	n=2 075 (男 1 033/ 女 1 042)	15～18 岁	挪威语(儿童报告版),103 题,5 点计分	内部一致性 α 系数:NS=0.79、HA=0.85、RD=0.79、PS=0.80;SD=0.84、CO=0.81、ST=0.78; JTCI 与 CES-D 相关系数 r:NS=0.09、HA=0.56、RD=−0.14、PS=−0.37;SD=−0.64、CO=−0.09、ST=0.16;$P<0.05$; JTCI 与自尊量表相关系数 r:NS=0.02、HA=−0.61、RD=0.20、PS=0.41;SD=0.75、CO=0.10、ST=0.09;除 NS 外,$P<0.05$

(一)直接将 JTCI(英语版)翻译成本国语言

直接将 JTCI(英语版)翻译成本国语言,主要有朝鲜语、汉语版、意大利语版等。Lyoo 在英语版 JTCI 基础上修订编制了朝鲜语版 JTCI(儿童报告版、父母报告版),均为 105 题,其中儿童自我报告版“是、否”2 点计分,父母报告版 5 点计分。对 663 名 7～9 年级的韩国中学生[年龄(13.3±1.0)岁](男生 370 名)进行 JTCI 测试,其中有 528 名父母(母亲 444 名)完成了 JTCI 父母版的测试;间隔三个月后,选取原有样本中 97 名学生(男生 53 名)完成 JTCI 的重测。结果发现,气质部分各维度的 α 系数在 0.48～0.80 之间,性格部分各维度的 α 系数在 0.64～0.68 之间;气质部分各维度的重测信度在 0.62～0.85 之间,性格部分各维度的重测信度在 0.76～0.79 之间。与父母版 JTCI 比较,差异不显著。所以,JTCI(朝鲜语版)总体上是符合心理测量学的特征的,对儿童青少年气质性格的评估对于儿童行为等方面的认识具有很重要的作用①。Andriola 等在英语版 JTCI 基础上修订编制了意大利语版 JTCI(父母报告版),共 99 题,5 点计分,调查了 459 名年龄 6～16 岁儿童的父母(父亲 106 名,母亲 353 名),结果显示,气质部分各维度的 α 系数在 0.43～0.80 之间,性格部分各维度的 α 系数在 0.59～0.78 之间;气质部分各维度的重测信度在 0.61～0.80 之间,性格部分各维度的重测信度在 0.59～0.66 之间,$P<0.05$。验证性因素分析(confirmatory factor analysis,CFA)表明,气质与性格模型的拟合度表现一般(气质:$\chi^2/df=5.57$,RMSEA=0.07,GFI=0.73;性格:$\chi^2/df=4.21$,RMSEA=0.07,GFI=0.76)②。苏荣坤等在英语版 JTCI 基础上修订编制了汉

① LYOO I K,HAN C H,LEE S J,et al. The reliability and validity of the junior temperament and character inventory[J]. Comprehensive psychiatry,2004,45(2):121-128.

② ANDRIOLA E,DONFRANCESCO R,ZANINOTTO S,et al. The Junior Temperament and Character Inventory:Italian validation of a questionnaire for the measurement of personality from ages 6 to 16 years[J]. Comprehensive psychiatry,2012,53(6):884-892.

语版 JTCI(儿童报告版),共 108 题,2 点计分,对 8～18 岁 2 023 名被试(其中男性1 065名)进行测试,结果表明,气质部分各维度的 α 系数在 0.52～0.75 之间,性格部分各维度的 α 系数在 0.72～0.79 之间;气质部分各维度的重测信度在 0.54～0.67 之间,性格部分各维度的重测信度在 0.51～0.68 之间,均 $P<0.05$。验证性因素分析表明,气质与性格模型的拟合度表现一般(气质:$\chi^2/df=5.02$,RMSEA=0.05,GFI=0.98,AGFI=0.96;性格:$\chi^2/df=4.65$,RMSEA=0.05,GFI=0.98,AGFI=0.96)①。

(二) 翻译 JTCI(英语版)为本国语言的同时进行简化

针对本国文化背景差异在翻译 JTCI(英语版)为本国语言的同时,在总体结构维度不变的情况下,对题目进行了修订、删减等,如德语版、葡萄牙语版等。Schmeck② 修订了德国版 JTCI(7 个维度共 80 题,“是、否”2 点计分)。被试年龄 12～18 岁,有 706 名非临床样本(其中男性 350 名)和 188 名临床样本(住院病人和门诊病人,男性 89 名);并且选取 21 名住院病人间隔 2～3 周进行第二次测验。结果表明,气质部分各维度的 α 系数在 0.48～0.81之间,性格部分各维度的 α 系数在 0.66～0.67 之间;气质部分各维度的重测信度在0.81～0.88之间,性格部分各维度的重测信度在 0.75～0.92 之间。验证性因素分析表明,气质与性格模型的拟合度均良好(气质:$\chi^2/df=1.82$,RMSEA=0.03,GFI=0.99,AGFI=0.98;性格:$\chi^2/df=0.77$,RMSEA=0.00,GFI=0.99,AGFI=0.99)。Moreira③ 在英语版 JTCI 基础上修订编制了葡萄牙语版 JTCI(儿童报告版),为了更好地贴近葡萄牙文化背景,增加了题目数量,最终有 127 题,5 点计分,并对 12～18 岁 801 名(其中男性占46.6%)的学生进行 JTCI、16PF 人格量表、大五人格量表(NEO)测试,结果表明,气质部分各维度的 α 系数在 0.57～0.76 之间,性格部分各维度的 α 系数在 0.69～0.82 之间;JTCI 与 16PF(16PF 人格量表)各维度相关系数 r 在−0.34～0.45之间,JTCI 与 NEO 各维度相关系数 r 在−0.32～0.49 之间,$P<0.05$。

(三) 在非英语版 JTCI 基础上翻译成本国语言

在非英语版 JTCI 基础上翻译成本国语言(主要是德语版),主要有法语版、挪威语版。Asch④ 基于德语版 JTCI 翻译修订了法语版 JTCI(84 题,儿童报告版和父母报告版,均为 4 点计分),选取 238 名 10～16 岁的儿童(男性占 36.6%)进行 JTCI、EAS(emotionality activity sociability questionnaire),同时有 233 名父母被试完成 JTCI、EAS 和 CBCL(child behavior checklist);重测选取 10～16 岁 214 名(男性占 51.9%)儿童完成 JTCI。结果表明,各维度的内部一致性 α 系数,儿童版在 0.31～0.74 之间,父母版在 0.5～0.82 之间;儿

① 苏荣坤,王旭梅,马颂,等.少儿气质性格量表中文版的信效度研究[J].中华行为医学与脑科学杂志,2013,22(8):747-751.

② SCHMECK K,GOTH K,POUSTKA F,et al. Reliability and validity of the junior temperament and character inventory[J]. International Journal of methods in psychiatric research,2001,10(4):172-182.

③ MOREIRA P A,OLIVEIRA J T,CLONINGER K M,et al. The psychometrics and validity of the junior temperament and character inventory in Portuguese adolescents[J]. Comprehensive psychiatry,2012,53(8):1227-1236.

④ ASCH M,CORTESE S,PEREZ DIAZ F,et al. Psychometric properties of a French version of the junior temperament and character inventory[J]. European child & adolescent psychiatry,2009,18(3):144-153.

童版与父母版相关系数 r 在 0.39～0.51 之间，$P<0.05$；从各项心理测量学特征来看，父母版的 JTCI 要优于儿童版。但两者的验证性因素分析结果都较低（儿童：GFI＝0.67，$\chi^2/df<2.50$，RMSEA＝0.80；父母：GFI＝0.56，$\chi^2/df<2.50$，RMSEA＝1.00）。Vangberg 等①也是基于德语版 JTCI 翻译修订了挪威语 JTCI（儿童报告版，103 题，5 点计分），对 15～18 岁 2 075 名（其中男性 1 033 人）儿童进行 JTCI、CES-D（the center for epidemiologic studies depression scale）、自尊量表测试，结果显示，气质部分各维度的 α 系数在 0.79～0.85之间，性格部分各维度的 α 系数在 0.78～0.84 之间；JTCI 与 CES-D 相关系数 r 在－0.64～0.56 之间，$P<0.05$；JTCI 与自尊量表相关系数 r 在－0.61～0.75 之间，其中除 NS 外（NS＝0.02），$P<0.05$。

四、气质与性格量表的评价及后续研究展望

近年来的人格研究几乎都是在 Cloninger 的人格理论框架下展开，相关研究的测量工具大多是 TCI 或各种修订版本，这与 Cloninger 一生都在致力于生物社会人格理论研究以及 TCI 的开发、推广使用有关，但更重要的是有其内在发展的逻辑。第一，生物社会人格模型为 TCI 奠定了坚实的理论基础。TCI 最重要的理论基础就是生物社会人格模型，该模型的特点首先是从遗传与环境的视角整合了生物与社会因素对人格的关系；其次，人格生理机制以神经活动类型、激素、血清激活、脑血流、神经递质等为物质基础，主要表现为气质，人格社会机制依赖于社会环境、文化背景因素，主要表现为性格。最后，人格生理机制与社会机制不是割裂的，尤其强调不同人格维度与特定化学成分（神经递质）之间的对应关系。这种对应关系便于生物化学、基因学以及脑功能领域提出研究假设，反之，又为生物社会人格模型的理论假设提供了很多生物学、认知神经科学的实证研究证据。第二，TCI 跨文化背景的验证与使用。TCI（英语版）跨文化使用广泛，几乎被翻译修订成所有主要语言，如德语、法语、西班牙语等欧洲主要国家，以及汉语、朝鲜语、日语，甚至还包括波斯语等。因为气质主要依赖于生物基础，具有跨文化的相对稳定性、一致性，性格依赖于生理成熟与社会文化背景，所以不同语言版本的修订主要是针对性格各维度，使之更贴近各自的文化背景。第三，相关研究领域的良好适用性。如，Garcia 等②研究青少年的气质和性格（TCI）与主观幸福感（SWB）的关系，结果表明，高水平的 HA、NS 对低水平的主观幸福感有预测作用。同时，高水平的 SD 青少年也表现出了高水平的主观幸福感。Olvera 等③对躁狂症患者和健康者的气质和性格进行了比较。结果发现，健康者在 NS、HA、RD、P、SD、CO 及 ST（ST1）维度上的自我报告、父母评估均比躁狂症患者要高。

① VANGBERG H C B，EISEMANN M，WATERLOO K，et al. The Norwegian Junior Temperament and Character Inventory（JTCI）：an assessment of its psychometric properties［J］. Comprehensive psychiatry，2013，54(7)：904-910.

② GARCIA D，MORADI S. Adolescents' temperament and character：a longitudinal study on happiness［J］. Journal of happiness studies，2012，13(5)：931-946.

③ OLVERA R L，FONSECA M，CAETANO S C，et al. Assessment of personality dimensions in children and adolescents with bipolar disorder using the Junior Temperament and Character Inventory［J］. Journal of child and adolescent psychopharmacology，2009，19(1)：13-21.

父母报告的高 NS、低 SD、低 CO 与儿童阶段注意力障碍有关；低 RD 与儿童阶段品行障碍有关；高 P 与儿童阶段焦虑有关。还有研究者发现，眼疾患者（屈光不正）在 SD、CO 维度上的得分显著低于健康者（Akcay）。

尽管 TCI 已经发展得相当成熟，但仍有不少批评的声音，比如人格维度的生理基础未必是唯一的，社会机制也受到生理机制的制约。从进化论的观点来看，社会机制的有些内容也会逐步转化为生理机制，就如人类具有的一些先天条件反射，就是远古人类因社会生存进化而来。TCI 的后续研究和发展要关注以下几点：首先，注重不同神经递质对于人格维度的相互作用，生物社会人格理论注重神经递质等与人格维度的对应关系，如强调寻求刺激与多巴胺、避免伤害与血清素（五羟色胺，5-HT）有关，而多巴胺与血清素的交互作用是否会影响人格值得关注；其次，注重社会环境的作用，虽然生物社会人格理论包含生物和社会两个层面的内容，但现有研究的证据主要在生理机制层面，社会机制层面的研究成果相对较少，社会文化环境有很多需要回答的重要问题：如，不同文化背景在相同神经递质情况下对人格维度的影响是否相同？不同文化背景对人格塑造的作用是什么？最后，注重生理机制与社会机制的交互作用研究，生理与社会环境都对人格塑造形成有着重要的影响，其背后的机制不是简单的因果关系。人格理论的发展也要依赖于生物医学、认知神经科学的研究推进，逐步回答上述问题，人格理论的不断丰富和发展、社会文化背景不断变迁也必然促使 TCI 不断修订，这也是心理测量工具发展应有的逻辑。

第二节　流动青少年气质与性格的调查分析

人格是心理学研究的重要内容，科学心理学诞生以来，众多心理学家都对人格提出了自己的见解，如弗洛伊德把人格分为本我、自我、超我，奥尔波特和卡特尔先后提出人格特质理论，以及艾森克的人格三维理论。随着神经科学、认知科学的发展，20 世纪末期，Cloninger① 从神经化学物质的角度探讨了人格的生理机制，提出了生物社会人格模型。

青少年发展的最直接且最重要的背景就是家庭和同伴，家庭是个体社会化的最初场所，在青少年的发展中起着重要的作用。研究显示家庭系统中的父母教养方式、亲子关系和家庭社会经济地位对青少年的发展影响最大。其中，家庭社会经济地位为青少年发展提供了所需要的物质资源和人际资源。在家庭社会经济地位与青少年未来发展之间关系的众多研究中，有两个典型的观点：家庭投资理论和家庭压力理论，系统地阐释了家庭社会经济地位与青少年的关系②。这两种理论都指出，低的家庭社会经济地位均会导致青少年的不良发展，而高家庭社会经济地位的青少年拥有的较多的发展资本有利于促进其身心方面的积极发展。

家庭社会经济地位（socioeconomic status，SES）是一个综合性的多维度概念，通常是指

① CLONINGER C R. Temperament and personality[J]. Current opinion in neurobiology，1994，4(2)：266-273.

② CONGER R D，DONNELLAN M B. An interactionist perspective on the socioeconomic context of human development[J]. Annual review of psychology，2007，58：175-199.

家庭所拥有或掌控的某些资源而对其进行的等级排名，它反映了一个家庭所获取现有的或潜在的资源差异①，常用父母的受教育程度、职业和家庭收入以及父母职业作为其客观度量的主要指标②，因此也称为客观家庭社会经济地位。在衡量家庭社会经济地位的指标中，职业的评价存在诸多缺陷，它不能用于测量无工作的人，且等级划分过于主观，当前分类标准存在较大的差异性。有研究者认为仅采用受教育水平和经济状况两个指标也能较好地反映家庭社会经济地位③。综合已有的研究，本研究拟选取父母的受教育水平和家庭的年收入来衡量青少年的家庭社会经济地位。

20 世纪 90 年代后，对社会经济地位的研究在单纯地评估个体家庭社会经济地位状况的基础上加入了对其主观感知到的家庭经济状况的综合评估。主观家庭 SES 指个体对自己家庭经济状况主观的认知和感受，是个体在总结自身精神条件和物质条件及周围生活环境的基础上综合产生的一种感知，这种主观的认知既有对现在社会地位的评价，同时也指向未来④。越来越多的研究表明，主观家庭经济状况更能体现出个体对某一社会阶层的归属感 ，对未来前景、社会现象和工作机会，以及对自己和周围人的未来态度和行为具有很大的影响，同时主观家庭社会经济地位对抑郁、低自我评价、压力以及知觉等心理因素有显著影响。

主观家庭 SES 与家庭 SES 水平可能一致，也可能不一致，有研究表明，主客观社会经济地位并不是完全一一对应的⑤，研究显示主观家庭 SES 与家庭 SES 的相关一般在 0.5 左右⑥，主观家庭经济状况与家庭社会经济地位有可能呈正相关，也可能呈负相关⑦。那么，家庭社会经济地位是怎样影响主观家庭经济状况的？对于不同身份的青少年(城市青少年、流动青少年和农村青少年)，家庭社会经济地位对主观家庭经济状况的影响是否一样？除了家庭和社会的影响，青少年自身的特点也可能会影响到对主观家庭经济状况的判断，那么青少年的人格特质是否影响到家庭社会经济地位与主观家庭经济状况的关系呢？国内关于家庭社会经济地位的研究已较为成熟，但关于主观家庭经济状况的研究明显不足。因此，对主观家庭经济状况的研究具有很大的现实意义。鉴于此，本研究以青少年(城市青少年、流动青少年和农村青少年)为研究对象，探讨家庭社会经济地位对主观家庭经济状况的影响：人格特质的调节作用，继而为有效促进青少年的积极发展提供有益的研究证据。本研究的基

① 张卫，李董平，谢志杰. 低社会经济地位与儿童发展[J]. 华南师范大学学报(社会科学版)，2007(6)：104-112.

② CORWYN R F，BRADLEY R H. Stability of maternal socioemotional investment in young children[J]. Parenting，2002，2(1)：27-46.

③ MATTHEWS K A，GALLO L C. Psychological perspectives on pathways linking socioeconomic status and physical health[J]. Annual Review of Psychology，2011，62：501-530.

④ SINGH-MANOUX A，ADLER N E，MARMOT M G. Subjective social status：its determinants and its association with measures of ill-health in the Whitehall Ⅱ study[J]. Social science & medicine，2003，56(6)：1321-1333.

⑤ 李培林，张翼. 中国中产阶级的规模、认同和社会态度[J]. 社会，2008，28(2)：1-19.

⑥ OPERARIO D，ADLER N E，WILLIAMS D R. Subjective social status：reliability and predictive utility for global health[J]. Psychology & health，2004，19(2)：237-246.

⑦ ADLER M D. Economic growth and the interests of future (and past and present) generations：a comment on tyler cowen[J]. University of Chicago law review，2007，74(1)：41-49.

本假设为:(1) 青少年的人格在性别、年龄和身份上存在显著差异;(2) 青少年的家庭社会经济地位对主观家庭经济状况有显著的正向预测作用;(3) 青少年的人格特质对主观家庭经济状况有显著的预测作用。

一、对象与方法

(一) 研究对象

本研究采取整群随机抽样的方法。2016 年 3—4 月,选取 1 所高中和 1 所师范大学,采用抽签法,其中高中每个年级随机抽取 2 个班级全体学生参加测试,大学通过公共课抽取 8 个班级(大一与大二)参加测试,最终有 794 人参加测试。高中生所有被试父母均签署知情同意书。其中流动青少年(按照户口为农业,现居住地与户口所在地不一致,且 6 个月以上为标准筛选)347 人,城市青少年 245 人,农村青少年 202 人;各组的性别、年龄、家庭年收入、父母受教育水平具体情况见表 4-3。

表 4-3 研究对象的基本情况

对象	变量	最小值	最大值	均值	标准差
城市青少年	年龄	15.08	24.50	18.59	1.55
	母亲受教育年限	0.00	18.00	8.84	3.25
	父亲受教育年限	0.00	18.00	10.37	3.20
	家庭年收入	1.00	9.00	4.98	2.01
	性别			*N*	%
	男	—	—	73.00	29.80
	女	—	—	172.00	70.20
流动青少年	年龄	15.50	25.08	19.65	1.41
	母亲受教育年限	0.00	14.00	5.39	2.94
	父亲受教育年限	0.00	18.00	7.44	2.56
	家庭年收入	1.00	9.00	4.13	1.83
	性别			*N*	%
	男	—	—	119.00	34.30
	女	—	—	228.00	65.70
农村青少年	年龄	15.33	22.17	18.01	1.66
	母亲受教育年限	0.00	15.00	5.85	2.79
	父亲受教育年限	0.00	15.00	7.95	2.28
	家庭年收入	1.00	9.00	4.78	1.61
	性别			*N*	%
	男	—	—	55.00	27.20
	女	—	—	147.00	72.80

（二）研究工具

1. 家庭社会经济地位

采用自编问卷，家庭社会经济地位从家庭收入和父母最高受教育年限两个指标来考察。

家庭收入，调查题目为"您家 2015 年的总收入（ 总收入是全家所有成员收入的总和。既包括工资、奖金、补贴等的税后的实际金额；也包含收获的有价值的实物，如粮食等，折合成人民币后的金额 ）是：1＝3 000 元以下，2＝3 001～6 000 元，3＝6 001～10 000 元，4＝1 0001～30 000 元，5＝30 001～50 000 元，6＝50 001～100 000 元，7＝100 001～150 000元，8＝150 001～200 000 元，9＝200 001 元以上"。

父母最高受教育年限，调查题目为"你父（母）亲受教育程度是：1＝没有上过学，2＝小学，3＝初中，4＝高中（包括职高、技校、中专），5＝大专，6＝本科，7＝研究生及以上"。

家庭社会经济地位通过家庭收入、父母最高受教育年限两个测量指标合成。其中，父母最高受教育年限是取父亲与母亲受教育年限中的较大值，参照任春荣的因子分析法进行合成①。将父母最高受教育年限与家庭收入放在一起做因子分析，得到一个因子，总解释率为 59.898%，得到 0.598 98，父母最高受教育年限与家庭收入各有因子载荷 0.774、0.774。根据任春荣提供计算公式，最终计算出 SES＝（0.774 * 家庭收入＋0.774 * 最高受教育年限）/0.598 98。

2. 主观家庭社会经济地位

主观家庭社会经济地位，调查了被试对家庭经济状况的主观感受一项，调查题目为"相对于当地基本情况，你认为你家经济状况：1＝很差，2＝比较差，3＝一般，4＝比较好，5＝很好"。

3. 气质与性格量表修订版（TCI-R）

采用 Cloninger② 编制的气质与性格量表修订版（TCI-R），共 240 个题目，其中有 5 题为测谎项目，分为 7 个维度。气质部分包括寻求刺激（novelty seeking，NS）、避免伤害（harm avoidance，HA）、依赖奖励（reward dependence，RD）、坚持性（persistence，PS）4 个维度；性格部分包含 3 个维度，具体为自我定向（self-directedness，SD）、合作性（cooperativeness，CO）、自我超越（self-transcendence，ST）。NS 维度共 35 个项目，分为 4 个子维度；HA 维度共 33 个项目，分为 4 个子维度；RD 维度共 30 个项目，分为 4 个子维度；PS 维度共 35 个项目，分为 4 个子维度；SD 维度共 40 个项目，分为 5 个子维度；CO 维度共 36 个项目，分为 5 个子维度；ST 维度共 26 个项目，分为 3 个子维度。采用 5 级评分（1 分：肯定不符合；5 分：肯定符合），每个维度的得分都是相关题目得分的总和（反向计分题需通过转换）。以双盲法对 TCI-R 进行英汉互译，对有问题的题目进行修改。尽量使用通俗易懂的语言，以确保被试能够更好地理解。

（三）数据分析

所得数据采用 SPSS 22.0 和 Mplus 7.0 软件进行统计分析。计量资料符合正态分布采用（均数±标准差）表示，组间比较采用 t 检验，t 检验效果大小用 cohen's d 值表示。并且进行相关分析、回归分析。$P<0.05$ 为差异有统计学意义。

① 任春荣. 学生家庭社会经济地位（SES）的测量技术[J]. 教育学报，2010，6(5)：77-82.

② CLONINGER C R. A psychobiological model of temperament and character[J]. Archives of general psychiatry，1993，50(12)：975.

二、结果

（一）差异分析

1. 青少年人格的性别差异

由表 4-4 可知，青少年中有男生 247 人，女生 547 人，分别对气质和性格变量进行性别差异的比较，结果表明：男生气质中的避免伤害[(96.98±11.91) vs (98.95±12.61)，$t=-2.08$，$P<0.05$，$d=-0.160$]和依赖奖励[(94.91±8.81) vs (99.00±9.34)，$t=-5.820$，$P<0.001$，$d=-0.447$]的得分低于女生的得分；男生性格中的自我定向[(119.68±15.38) vs (122.86±15.18)，$t=-2.714$，$P<0.01$，$d=-0.208$]和合作性[(117.85±13.23) vs (124.17±12.52)，$t=-6.476$，$P<0.001$，$d=-0.497$]的得分低于女生的得分，自我超越的得分高于女生的得分[(78.05±11.69) vs (75.92±10.63)，$t=2.542$，$P<0.05$，$d=0.195$]。

表 4-4　青少年人格的性别差异检验($n=794$)

人格	男($n=247$)	女($n=547$)	t	P	cohen's d
		气质			
避免伤害	96.98±11.91	98.95±12.61	−2.08*	<0.05	−0.160
寻求刺激	100.94±9.81	100.70±10.29	0.307	0.759	—
依赖奖励	94.91±8.81	99.00±9.34	−5.820***	<0.001	−0.447
坚持性	112.01±14.95	112.04±14.26	−0.034	0.973	—
		性格			
自我定向	119.68±15.38	122.86±15.18	−2.714**	<0.01	−0.208
合作性	117.85±13.23	124.17±12.52	−6.476***	<0.001	−0.497
自我超越	78.05±11.69	75.92±10.63	2.542*	<0.05	0.195

注：* $P<0.05$；** $P<0.01$；*** $P<0.001$。

2. 不同家庭年收入青少年人格的差异

由表 4-5 可知，青少年家庭总收入在 30 000 元及以下的有 383 人，在 30 001 元以上的有 411 人，分别对气质和性格变量做收入的差异分析。结果表明：家庭总收入在 30 000 元及以下的青少年的气质中寻求刺激的得分低于家庭总收入在 30 001 元上的得分[(99.86±9.89) vs (101.62±10.31)，$t=-2.450$，$P<0.05$，$d=-0.174$]；家庭总收入在 30 000 元及以下青少年的性格中自我定向[(123.54±15.46) vs (120.31±15.00)，$t=2.976$，$P<0.01$，$d=0.212$]和合作性[(123.53±12.82) vs (120.97±13.19)，$t=2.774$，$P<0.01$，$d=0.197$]的得分高于家庭总收入在 30 001 元以上的青少年的得分。

表 4-5　不同家庭年收入青少年人格的差异检验(n=794)

人格	30 000 元及以下(n=383)	30 001 元以上(n=411)	t	P	cohen's d
气质					
避免伤害	98.30±12.46	98.38±12.40	−0.098	0.922	—
寻求刺激	99.86±9.89	101.62±10.31	−2.450*	<0.05	−0.174
依赖奖励	97.63±9.19	97.81±9.54	−0.271	0.786	—
坚持性	112.40±14.25	111.70±14.67	0.682	0.495	—
性格					
自我定向	123.54±15.46	120.31±15.00	2.976**	<0.01	0.212
合作性	123.53±12.82	120.97±13.19	2.774**	<0.01	0.197
自我超越	76.29±10.48	76.84±11.49	−0.702	0.483	—

注：* P<0.05；** P<0.01。

3. 青少年人格的户口差异

由表 4-6 可知，青少年中有非农业户口 245 人，农业户口 549 人，分别对气质和性格变量进行户口的差异分析。结果表明：非农业户口青少年的气质中的寻求刺激的得分高于农业户口的得分[(102.38±11.01) vs (100.06±9.65)，t=2.840，P<0.01，d=0.230]；非农业户口青少年性格中的自我定向[(120.05±15.47) vs (122.68±15.18)，t=−2.244，P<0.05，d=−0.173]和合作性[(120.52±13.40) vs (122.96±12.86)，t=−2.431，P<0.05，d=−0.187]的得分均小于农业户口的得分。

表 4-6　青少年人格的户口差异检验(n=794)

人格	非农业户口(n=245)	农业户口(n=549)	t	P	cohen's d
气质					
避免伤害	97.86±12.23	98.56±12.51	−0.729	0.466	—
寻求刺激	102.38±11.01	100.06±9.65	2.840**	<0.01	0.230
依赖奖励	97.85±8.90	97.67±9.58	0.243	0.808	—
坚持性	111.01±14.07	112.49±14.63	−1.330	0.184	
性格					
自我定向	120.05±15.47	122.68±15.18	−2.244*	<0.05	−0.173
合作性	120.52±13.40	122.96±12.86	−2.431*	<0.05	−0.187
自我超越	77.26±10.67	76.28±11.16	1.159	0.247	—

注：* P<0.05；** P<0.01。

4. 青少年人格的母亲受教育程度的差异

由表 4-7 可知，青少年母亲受教育程度在小学及以下的有 395 人，初中的有 283 人，初中以上的有 116 人，分别对气质和性格变量进行差异分析。青少年母亲的不同受教育程度在气质的避免伤害[$F(2,791)=4.274$，$P<0.05$]和寻求刺激[$F(2,791)=10.074$，$P<0.001$]以及性格的合作性[$F(2,791)=5.795$，$P<0.01$]和自我超越[$F(2,791)=3.295$，$P<0.05$]上存在显著差异。进一步对此进行多重比较发现，在气质的避免伤害上初中以上的得分显著小于小学及以下和初中的得分，在寻求刺激上小学及以下的得分显著小于初中和初中以上的得分；在性格的合作性上初中和初中以上的得分显著小于小学及以下的得分，在自我超越上小学及以下的得分显著小于初中以上的得分。

表 4-7 青少年人格的母亲受教育程度的差异检验($n=794$)

人格	小学及以下($n=395$)①	初中($n=283$)②	初中以上($n=116$)③	F	P	两两比较
			气质			
避免伤害	99.92±12.86	98.81±11.47	95.24±12.79	4.274	<0.05	③<①;③<②
寻求刺激	99.46±9.22	101.25±10.41	104.09±11.57	10.074	<0.001	①<②<③
依赖奖励	97.30±9.49	98.59±9.25	97.06±9.14	1.898	0.151	—
坚持性	112.16±14.60	111.33±14.80	113.31±13.08	0.805	0.447	—
			性格			
自我定向	122.73±15.13	121.37±14.87	120.13±16.83	1.525	0.218	—
合作性	123.63±12.43	121.40±12.85	119.30±15.08	5.795	<0.01	②<①;③<①
自我超越	75.92±11.03	76.58±11.01	78.89±11.01	3.295	<0.05	①<③

5. 青少年人格的父亲受教育程度的差异

由表 4-8 可知，青少年父亲受教育程度在小学及以下的有 191 人，初中的有 366 人，初中以上的有 237 人，分别对气质和性格变量进行差异分析。父亲不同受教育程度在气质的避免伤害[$F(2,791)=4.168$，$P<0.05$]和寻求刺激[$F(2,791)=9.138$，$P<0.001$]以及性格的合作性[$F(2,791)=2.840$，$P<0.059$]和自我超越[$F(2,791)=3.989$，$P<0.05$]上存在显著性差异。进一步对此进行多重比较发现，在气质的避免伤害上初中以上的得分显著小于小学及以下的得分，在寻求刺激上小学及以下和初中的得分显著小于初中以上的得分；在性格的合作性上初中以上的得分显著小于小学及以下的得分，在自我超越上小学及以下的得分显著小于初中以上的得分。

表 4-8 青少年人格的父亲受教育程度的差异检验($n=794$)

人格	小学及以下($n=191$)①	初中($n=366$)②	初中以上($n=237$)③	F	P	两两比较
			气质			
避免伤害	100.10±12.07	98.51±12.69	98.34±12.42	4.168	<0.05	③<①
寻求刺激	98.84±10.03	100.40±9.36	100.77±10.14	9.138	<0.001	①<③;②<③
依赖奖励	97.29±9.34	97.69±9.21	97.73±9.37	0.442	0.643	—

表 4-8(续)

人格	小学及以下($n=191$)①	初中($n=366$)②	初中以上($n=237$)③	F	P	两两比较
坚持性	111.27±13.48	111.99±14.85	112.03±14.47	0.527	0.591	—
性格						
自我定向	122.16±15.25	122.31±14.93	121.87±15.30	0.616	0.540	—
合作性	123.84±12.91	122.25±13.15	122.20±13.07	2.840	0.059	③<①
自我超越	74.82±11.31	76.70±10.36	76.58±11.01	3.989	<0.05	①<③

注：* $P<0.05$；** $P<0.01$。

6. 流动青少年和非流动青少年的人格差异

由表 4-9 可知，青少年中有非流动儿童 447 人，流动儿童 347 人，分别对气质和性格变量进行差异分析，非流动儿童性格中自我定向的得分低于流动儿童的得分[(120.71±15.58) vs (123.36±14.84)，$t=-2.426$，$P<0.05$，$d=-0.174$]，而自我超越的得分高于流动儿童的得分[(77.48±10.93) vs (75.42±11.01)，$t=2.622$，$P<0.01$，$d=0.188$]。

表 4-9　流动青少年和非流动青少年的人格差异检验($n=794$)

人格	非流动儿童($n=447$)	流动儿童($n=347$)	t	p	cohen's d
气质					
避免伤害	98.23±12.43	98.49±12.43	−0.300	0.764	—
寻求刺激	101.37±10.65	100.00±9.40	1.878	0.061	—
依赖奖励	98.18±9.11	97.14±9.66	1.557	0.120	—
坚持性	112.14±14.48	111.90±14.47	0.226	0.821	—
性格					
自我定向	120.71±15.58	123.36±14.84	−2.426*	<0.05	−0.174
合作性	121.41±13.42	123.21±12.56	−1.929	0.054	—
自我超越	77.48±10.93	75.42±11.01	2.622**	<0.01	0.188

注：* $P<0.05$；** $P<0.01$。

7. 城市青少年、流动青少年和农村青少年的人格差异

由表 4-10 可知，青少年中有城市青少年 245 人，流动青少年 347 人，农村青少年 202 人。分别对气质和性格变量进行差异分析。结果显示在气质的寻求刺激[$F(2,791)=4.467$，$P<0.05$]和性格的自我定向[$F(2,791)=3.455$，$P<0.05$]、合作性[$F(2,791)=3.144$，$P<0.05$]以及自我超越[$F(2,791)=3.544$，$P<0.05$]上存在显著的差异。进一步对此进行多重比较发现，在气质的寻求刺激上，流动青少年和农村青少年的得分显著小于城市青少年的得分；在性格的自我定向和合作性上城市青少年的得分显著小于流动青少年的得分，在自我超越上流动青少年的得分显著小于城市青少年和农村青少年的得分。

表 4-10 城市青少年、流动青少年和农村青少年的人格差异检验($N=794$)

人格	城市青少年($n=245$)①	流动青少年($n=347$)②	农村青少年($n=202$)③	F	P	两两比较
气质						
避免伤害	97.86±12.22	98.49±12.42	98.67±12.69	0.278	0.757	—
寻求刺激	102.38±11.01	100.00±9.40	100.15±10.09	4.467	<0.05	②<①;③<①
依赖奖励	97.85±8.90	97.14±9.66	98.59±9.38	1.557	0.211	—
坚持性	111.01±14.08	111.90±14.47	113.50±14.88	1.666	0.190	—
性格						
自我定向	120.05±15.49	123.36±14.84	121.51±15.70	3.455	<0.05	①<②
合作性	120.52±13.40	123.21±12.56	122.50±13.39	3.144	<0.05	①<②
自我超越	77.26±10.67	75.42±11.01	77.74±11.27	3.544	<0.05	②<①;②<③

(二)相关分析

从总体青少年上看,对年龄、性别、主观家庭 SES、家庭 SES(家庭年收入与父母受教育年限)等背景变量,与青少年的气质(寻求刺激、避免伤害、依赖奖励以及坚持性)和性格(自我定向、合作性以及自我超越)进行 Pearson 相关分析(表 4-11)。结果表明:首先,青少年气质中的寻求刺激与性别和父母的受教育年限显著相关($r=0.08\sim0.09$),避免伤害与家庭社会经济地位显著相关($r=0.09\sim0.18$),依赖奖励仅与年龄和性别显著相关($r=0.09$,$r=0.20$),坚持性与主观家庭 SES 显著相关($r=0.08$);青少年性格中的自我定向与年龄、性别、家庭经济地位以及是否流动青少年均显著相关($r=0.09\sim0.14$),合作性与性别、主观家庭 SES 以及家庭 SES 显著相关($r=0.11\sim0.22$),自我超越与年龄、性别、是否流动青少年以及父母的教育年限均显著相关($r=0.07\sim0.16$);其次,在青少年气质的 4 个维度中(寻求刺激、避免伤害、依赖奖励、坚持性),寻求刺激、依赖奖励以及坚持性分别与性格的 3 个维度(自我定向、合作性、自我超越)均存在显著相关($r=0.14\sim0.54$),而避免伤害仅性格中的自我超越不存在显著相关,与合作性和自我定向均存在显著相关($r=0.56$,$r=0.12$);最后,气质的 4 个维度(寻求刺激、避免伤害、依赖奖励和坚持性)之间仅有避免伤害和依赖奖励不存在显著相关,其他维度之间均存在显著相关($r=0.10\sim0.56$);性格的 3 个维度(自我定向、合作性和自我超越)之间只有自我定向和自我超越之间不存在显著相关,而合作性与自我定向和自我超越之间均存在显著相关($r=0.56$,$r=0.12$)。

从流动青少年上看,对年龄、性别、家庭 SES(家庭年收入与父母受教育年限)等背景变量,与流动青少年的气质(寻求刺激、避免伤害、依赖奖励以及坚持性)和性格(自我定向、合作性以及自我超越)进行 Pearson 相关分析(表 4-12)。结果表明:首先,流动青少年气质中的避免伤害与父母受教育年限显著相关($r=0.12$,$r=0.13$),寻求刺激与家庭 SES 显著相关($r=0.11\sim0.17$),依赖奖励仅与性别显著相关($r=0.22$);流动青少年性格中的自我定向与年龄和家庭收入显著相关($r=0.12$,$r=0.11$),合作性与性别、主观家庭 SES 以及家庭总收入显著相关($r=0.11\sim0.30$),而自我超越与性别和年龄显著相关($r=0.12$,$r=0.18$);其次,在流动青少年气质的 4 个维度中(避免伤害、寻求刺激、依赖奖励、坚持性),避免伤害、依赖奖励以及坚持性分别与性格的 3 个维度(自我定向、合作性、自我超越)均存在显著相关

表 4-11　总体青少年的主要研究变量的相关分析

变量	$M\pm SD$	1	2	3	4	5	6	7	8	9	10	11	12	13
1	—	—												
2	19.31±1.62	−0.07**	—											
3	2.70±0.69	−0.06**	−0.12**	—										
4	4.36±1.97	−0.04*	−0.10**	0.42**	—									
5	1.48±0.50	−0.10**	0.30**	−0.11**	−0.10**	—								
6	8.63±3.15	0.02	−0.04	0.20**	0.19**	−0.22**	—							
7	7.00±3.55	0.03	−0.07**	0.21**	0.19**	−0.25**	0.55**	—						
8	98.34±12.42	0.08*	−0.02	0.03	0.00	0.01	−0.08*	−0.09*	—					
9	100.77±10.14	−0.01	−0.05	0.06	0.09**	−0.07	0.14**	0.18**	−0.12**	—				
10	97.73±9.37	0.20**	−0.09*	−0.03	−0.01	−0.06	0.01	0.01	−0.10**	−0.06	—			
11	112.03±14.47	0.00	0.02	−0.08*	−0.04	−0.01	0.03	0.01	−0.56**	−0.23**	0.21**	—		
12	121.87±15.31	0.10**	0.14**	−0.06	−0.11**	0.09*	−0.07*	−0.09*	−0.49**	−0.22**	0.14**	0.41**	—	
13	122.20±13.07	0.22**	0.05	−0.14**	−0.12**	0.07	−0.11*	−0.13**	−0.30**	−0.33**	0.52**	0.41**	0.56**	—
14	76.58±11.01	−0.10*	−0.16**	0.03	0.00	−0.09**	0.09**	0.07*	−0.34**	−0.04	0.12**	0.54**	−0.01	0.12**

注：* $P<0.05$；** $P<0.01$；1＝性别；2＝年龄；3＝主观家庭 SES；4＝家庭年收入；5＝是否流动青少年；6＝父亲受教育年限；7＝母亲受教育年限；8＝寻求刺激；9＝避免伤害；10＝依赖奖励；11＝坚持性；12＝自我定向；13＝合作性；14＝自我超越。

表 4-12　流动青少年的研究变量的相关分析

变量	$M\pm SD$	1	2	3	4	5	6	7	8	9	10	11	12
1	—	—											
2	19.21±1.06	−0.07**	—										
3	2.65±0.70	0.04	−0.11**	—									
4	4.24±1.86	−0.06*	−0.10**	0.44**	—								
5	6.03±3.03	0.01	−0.10**	0.18**	0.13**	—							
6	7.88±2.49	0.00	−0.04	0.10**	0.12**	0.35**	—						
7	98.62±12.64	0.07	−0.02	0.09	0.01	−0.12*	−0.13*	—					
8	99.77±9.64	−0.10	−0.01	0.04	0.17**	0.16**	0.11*	−0.21**	—				
9	97.36±10.10	0.22**	−0.09	−0.03	−0.03	0.03	0.00	−0.12*	−0.02	—			
10	111.75±14.83	−0.01	0.02	−0.13*	−0.07	−0.02	0.04	−0.53**	−0.17**	0.24**	—		
11	122.40±15.12	0.09	0.12*	−0.04	−0.11*	0.02	0.07	−0.47**	−0.07	0.17**	0.38**	—	
12	123.36±12.71	0.30**	0.02	−0.15**	−0.11*	−0.03	−0.05	−0.29**	−0.22**	0.56**	0.40**	0.53**	—
13	75.47±11.55	−0.12*	−0.18**	−0.01	−0.01	0.00	0.05	−0.36**	−0.03	0.14**	0.59**	0.00	0.11*

注：* $P<0.05$；** $P<0.01$；1＝性别；2＝年龄；3＝主观家庭 SES；4＝家庭年收入；5＝父亲受教育年限；6＝母亲受教育年限；7＝避免伤害；8＝寻求刺激；9＝依赖奖励；10＝坚持性；11＝自我定向；12＝合作性；13＝自我超越。

(r=0.14～0.59)，而寻求刺激仅与合作性存在显著相关(r=0.22)；最后，流动青少年气质的 4 个维度(寻求刺激、避免伤害、依赖奖励和坚持性)内部之间仅有寻求刺激与依赖奖励之间不存在显著相关，其他维度之间均存在显著相关(r=0.12～0.53)；性格的 3 个维度(自我定向、合作性以及自我超越)中合作性分别与自我定向和自我超越存在显著相关(r=0.53，r=0.11)。

从农村青少年上看，对年龄、性别、家庭 SES(家庭年收入与父母受教育年限)等背景变量，与农村青少年的气质(寻求刺激、避免伤害、依赖奖励以及坚持性)和性格(自我定向、合作性以及自我超越)进行 Pearson 相关分析(表 4-13)。结果表明：首先，农村青少年气质中只有依赖奖励与性别显著相关(r=0.19)，其他维度与背景变量均不存在显著相关；农村青少年性格中的自我定向与性别、年龄以及家庭收入均存在显著相关(r=0.15～0.18)，合作性与性别和父母受教育程度显著相关(r=0.15～0.21)，而自我超越仅与性别显著相关(r=0.20)；其次，在农村青少年气质的 4 个维度中(避免伤害、寻求刺激、依赖奖励、坚持性)，避免伤害、寻求刺激以及坚持性分别与性格的 3 个维度(自我定向、合作性、自我超越)均存在显著相关(r=0.16～0.53)，而依赖奖励除自我超越外，与自我定向和合作性均存在显著相关(r=0.16，r=0.51)；最后，农村青少年气质的 4 个维度(寻求刺激、避免伤害、依赖奖励和坚持性)内部之间仅有避免伤害与寻求刺激和依赖奖励之间不存在显著相关，其他维度之间均存在显著相关(r=0.19～0.62)；性格的 3 个维度(自我定向、合作性以及自我超越)中仅有合作性与自我定向存在显著相关(r=0.60)。

从城市青少年上看，对年龄、性别、家庭 SES(家庭年收入与父母受教育年限)等背景变量，与城市青少年的气质(寻求刺激、避免伤害、依赖奖励以及坚持性)和性格(自我定向、合作性以及自我超越)进行 Pearson 相关分析(表 4-14)。结果表明：首先，城市青少年气质中寻求刺激与父亲受教育年限显著相关(r=0.19)，依赖奖励仅与性别显著相关(r=0.18)；城市青少年性格中的合作性与性别、主观家庭 SES、家庭收入以及父亲受教育年限均存在显著相关(r=0.14～0.15)，而其他维度与背景变量均不存在显著相关；其次，在城市青少年气质的 4 个维度中(避免伤害、寻求刺激、依赖奖励、坚持性)，避免伤害和坚持性分别与性格的 3 个维度(自我定向、合作性、自我超越)均存在显著相关(r=0.34～0.53)，寻求刺激与自我定向和合作性均存在显著相关(r=0.31，r=0.35)，而依赖奖励仅与合作性显著相关(r=0.48)；最后，城市青少年气质的 4 个维度(寻求刺激、避免伤害、依赖奖励和坚持性)内部之间，坚持性与寻求刺激、避免伤害以及依赖奖励之间存在显著相关(r=0.20～0.55)，其他维度之间均不存在显著相关；性格的 3 个维度(自我定向、合作性以及自我超越)中合作性分别与自我定向和自我超越存在显著相关(r=0.56，r=0.16)。

(三) 回归分析

如表 4-15 所示，在控制性别、年龄等背景变量后，城市青少年家庭 SES 对主观家庭 SES 正向预测作用仍然显著(β=0.885，P<0.05)。以城市青少年家庭为自变量，以主观家庭为因变量的回归分析中，在控制前两层变量后，城市青少年气质中的寻求刺激对主观家庭的正向预测作用显著(β=0.080，P<0.05)。其余对主观家庭的预测作用均不显著，调节作用也均不显著。

如表 4-16 所示，在控制性别、年龄等背景变量后，流动青少年家庭 SES 对主观家庭 SES 的正向预测作用仍然显著(β=0.365，P<0.05)。以流动青少年家庭 SES 为自变量，以主观

表 4-13 农村青少年的研究变量的相关分析

变量	$M \pm SD$	1	2	3	4	5	6	7	8	9	10	11	12
1	—	—											
2	18.08±1.54	0.05	—										
3	2.72±0.61	0.04	−0.10**	—									
4	4.34±1.78	−0.07*	−0.12**	0.41**	—								
5	6.15±2.95	0.10*	0.02	0.12**	0.08*	—							
6	7.76±2.37	0.05	0.07	0.20**	0.10**	0.36**	—						
7	98.50±12.86	0.12	−0.07	0.01	0.02	0.02	−0.06	—					
8	100.37±10.18	0.03	−0.03	0.08	0.04	0.08	0.09	0.00	—				
9	98.83±9.47	0.19**	−0.03	−0.01	0.10	0.00	0.04	−0.09	−0.19**	—			
10	113.76±14.83	−0.04	0.06	−0.05	0.03	0.03	−0.01	−0.62**	−0.35**	0.19**	—		
11	121.11±15.63	0.18*	0.18**	−0.04	−0.15*	−0.13	−0.12	−0.49**	−0.31**	0.16*	0.50**	—	
12	122.40±13.57	0.21**	0.09	−0.08	−0.06	−0.15*	−0.15*	−0.29**	−0.44**	0.51**	0.50**	0.60**	—
13	78.08±11.37	−0.20**	−0.13	−0.07	−0.02	0.12	0.08	−0.29**	−0.18**	0.08	0.53**	−0.01	0.12

注：* $P<0.05$；** $P<0.01$；1=性别；2=年龄；3=主观家庭 SES；4=家庭年收入；5=父亲受教育年限；6=母亲受教育年限；7=避免伤害；8=寻求刺激；9=依赖奖励；10=坚持性；11=自我定向；12=合作性；13=自我超越。

表 4-14　城市青少年的研究变量的相关分析

变量	M±SD	1	2	3	4	5	6	7	8	9	10	11	12
1	—	—											
2	18.77±1.32	−0.06	—										
3	2.88±0.66	0.08**	−0.13**	—									
4	4.80±2.08	0.01	−0.09**	0.38**	—								
5	9.48±3.50	0.01	−0.08	0.19**	0.18**	—							
6	10.87±3.47	0.03	−0.13**	0.18**	0.19**	0.58**	—						
7	97.80±12.36	0.05	0.03	−0.02	0.01	−0.12	−0.04	—					
8	102.57±11.39	0.07	−0.07	0.01	0.01	0.19**	0.10	−0.11	—				
9	98.10±9.19	0.18**	−0.07	−0.06	−0.10	−0.04	−0.02	−0.09	−0.03	—			
10	111.17±14.25	0.05	0.03	−0.03	−0.04	0.10	0.09	−0.55**	−0.21**	0.20**	—		
11	119.90±15.26	0.06	0.07	−0.06	−0.05	−0.11	−0.11	−0.53**	−0.31**	0.08	0.40**	—	
12	120.80±13.71	0.14*	0.00	−0.15*	−0.15*	−0.15*	−0.08	−0.34**	−0.35**	0.48**	0.37**	0.56**	—
13	77.33±10.70	0.02	−0.05	0.13	−0.02	0.08	0.12	−0.38**	0.04	0.09	0.50**	0.02	0.16*

注：* $P<0.05$；** $P<0.01$；1=性别；2=年龄；3=主观家庭 SES；4=家庭年收入；5=父亲受教育年限；6=母亲受教育年限；7=避免伤害；8=寻求刺激；9=依赖奖励；10=坚持性；11=自我定向；12=合作性；13=自我超越。

家庭 SES 为因变量的回归分析中，在控制前两层变量后，流动青少年气质中的合作性对主观家庭 SES 的负向预测作用显著($\beta=-0.199, P<0.05$)，其余对主观家庭 SES 的预测作用均不显著。其中，家庭 SES 与气质中的坚持性和性格中的自我定向的调节作用显著($\beta=0.181$、$-0.159, P<0.05$)，其余调节作用均不显著。

表 4-15　城市青少年家庭 SES、人格特征对主观家庭 SES 影响的分层回归分析

		主观家庭 SES		
		B	SE	β
第一层	性别	−0.135	0.147	−0.060
	年龄	−0.057	0.043	−0.088
		$\Delta R^2=0.011, \Delta F=1.309$		
第二层	SES	0.892	0.034	0.885*
		$\Delta R^2=0.744, \Delta F=691.371$*		
第三层	避免伤害	0.030	0.050	0.029
	寻求刺激	0.080	0.040	0.080*
	依赖奖励	0.090	0.039	0.09
	坚持性	0.056	0.047	0.056
	自我定向	−0.052	0.050	−0.051
	合作性	0.081	0.049	0.080
	自我超越	0.016	0.042	0.016
		$\Delta R^2=0.012, \Delta F=1.553$		
第四层	SES * 避免伤害	0.024	0.05	0.026
	SES * 寻求刺激	−0.075	0.048	−0.073
	SES * 依赖奖励	0.021	0.042	0.021
	SES * 坚持性	−0.008	0.053	−0.008
	SES * 自我定向	−0.008	0.052	−0.008
	SES * 合作性	−0.015	0.054	−0.015
	SES * 自我超越	0.030	0.048	0.029
		$\Delta R^2=0.06, \Delta F=0.792$		

注：* $P<0.05$；** $P<0.01$。

表 4-16　流动青少年家庭 SES、人格特征对主观家庭 SES 影响的分层回归分析

		主观家庭 SES		
		B	SE	β
第一层	性别	0.172	0.108	0.082
	年龄	−0.082	0.036	−0.117 *
		$\Delta R^2=0.30, \Delta F=4.962$*		
第二层	SES	0.358	0.051	0.365*
		$\Delta R^2=0.127, \Delta F=48.988$*		

表 4-16(续)

		主观家庭 SES		
		B	SE	β
第三层	避免伤害	0.106	0.069	0.106
	寻求刺激	−0.043	0.056	−0.044
	依赖奖励	0.051	0.062	0.052
	坚持性	−0.106	0.076	−0.108
	自我定向	0.122	0.067	0.124
	合作性	−0.197	0.075	−0.199*
	自我超越	0.099	0.067	0.101
		$\Delta R^2=0.045$，$\Delta F=2.589$*		
第四层	SES* 避免伤害	0.016	0.070	0.018
	SES* 寻求刺激	0.021	0.059	0.021
	SES* 依赖奖励	−0.001	0.067	−0.001
	SES* 坚持性	0.148	0.071	0.181*
	SES* 自我定向	−0.158	0.070	−0.159*
	SES* 合作性	0.138	0.080	0.146
	SES* 自我超越	−0.109	0.070	−0.129
		$\Delta R^2=0.038$，$\Delta F=2.244$*		

注：* $P<0.05$；** $P<0.01$。

采用简单斜率(simple slope)检验进一步分析流动青少年的人格在家庭社会经济地位与主观家庭经济状况关系中的调节作用。以均数±1标准差的方法将气质中的坚持性和自我定向划为高分组和低分组。在控制背景变量的条件下，考察流动青少年的家庭社会经济地位对主观家庭经济状况的影响。结果表明，坚持性的高分组对主观家庭经济状况的正向预测作用显著(simple slope=0.07，$t=7.087$，$P<0.01$)；低分组对主观家庭经济状况也具有显著的正向预测作用(simple slope=0.037，$t=3.953$，$P<0.01$)，具体见图 4-2。自我定

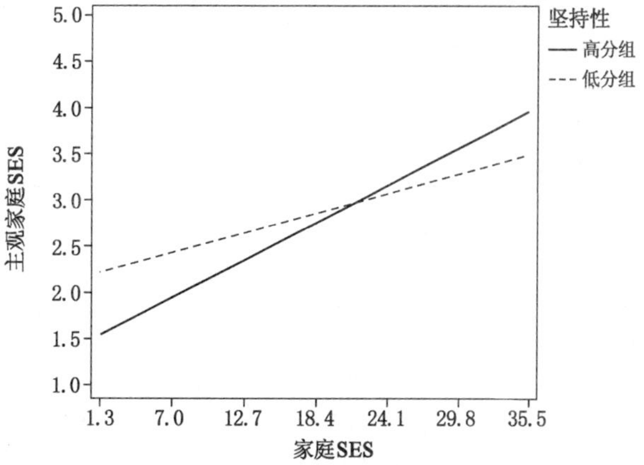

图 4-2 家庭 SES 对主观家庭 SES 感受的影响：人格坚持性特质的调节作用

向的高分组对主观家庭 SES 的正向预测作用显著(simple slope = 0.048, t = 4.839, $P<0.01$);低分组对主观家庭 SES 也具有显著的正向预测作用(simple slope = 0.062, $t=5.015$, $P<0.01$),具体见图 4-3。

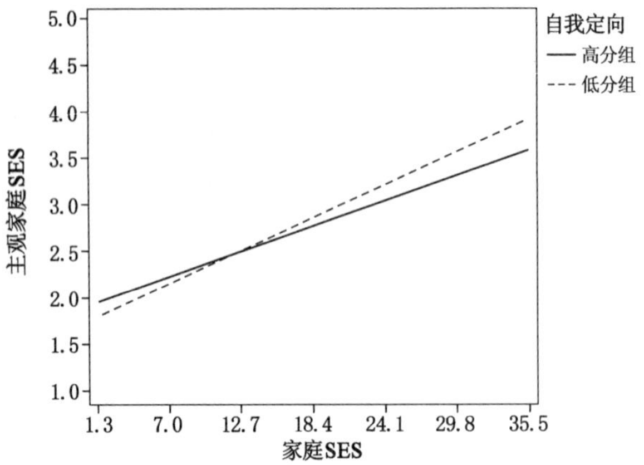

图 4-3 家庭 SES 对主观家庭 SES 感受的影响:人格自我定向特质的调节作用

如表 4-17 所示,在控制性别、年龄等背景变量后,农村青少年家庭 SES 对主观家庭 SES 的正向预测作用仍然显著($\beta=0.347$, $P<0.05$)。在以农村青少年家庭 SES 为自变量,以主观家庭 SES 为因变量的回归分析中,控制前两层变量,农村青少年的人格对主观家庭 SES 的预测作用均不显著,但家庭 SES 与气质中的避免伤害调节作用显著($\beta=0.238$, $P<0.05$)。

表 4-17 农村青少年家庭 SES、人格特征对主观家庭 SES 影响的分层回归分析

		主观家庭 SES		
		B	SE	β
第一层	性别	−0.196	0.161	−0.087
	年龄	−0.089	0.044	−0.146 *
		$\Delta R^2=0.03$, $\Delta F=3.275^*$		
第二层	SES	0.356	0.073	0.347*
		$\Delta R^2=0.107$, $\Delta F=23.851^*$		
第三层	避免伤害	0.039	0.100	0.039
	寻求刺激	0.075	0.083	0.074
	依赖奖励	−0.024	0.083	−0.024
	坚持性	0.000	0.155	0.000
	自我定向	0.092	0.104	0.091
	合作性	0.014	0.109	0.014
	自我超越	−0.096	0.089	−0.096
		$\Delta R^2=0.021$, $\Delta F=0.651$		

表 4-17(续)

		主观家庭 SES		
		B	SE	*β*
第四层	SES＊避免伤害	−0.239	0.101	−0.238*
	SES＊寻求刺激	−0.139	0.086	0.137
	SES＊依赖奖励	−0.135	0.072	0.151
	SES＊坚持性	0.049	0.120	−0.053
	SES＊自我定向	−0.086	0.101	0.100
	SES＊合作性	0.115	0.135	0.119
	SES＊自我超越	0.051	0.080	0.057
		$\Delta R^2=0.077$, $\Delta F=2.544$*		

注：* $P<0.05$；** $P<0.01$。

采用简单斜率(simple slope)检验进一步分析农村青少年的人格在家庭 SES 与主观家庭 SES 关系中的调节作用。以均数±1 标准差的方法将气质中的避免伤害划为高分组和低分组。在控制背景变量的条件下，考察农村青少年的家庭 SES 对主观家庭 SES 的影响。结果表明，高分组对主观家庭 SES 的正向预测作用不显著(simple slope＝0.022，$t=1.473$，$P>0.05$)；低分组对主观家庭 SES 具有显著的正向预测作用(simple slope＝0.088，$t=6.567$，$P<0.01$)，具体见图 4-4。

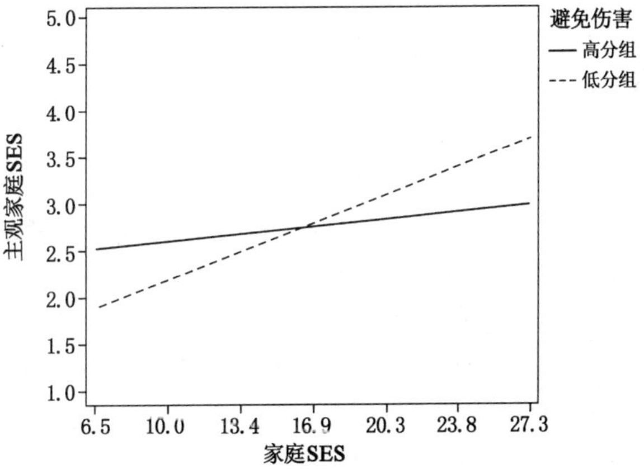

图 4-4　家庭 SES 对主观家庭 SES 感受的影响：人格避免伤害特质的调节作用

三、讨论

(一) 青少年人格的差异分析

对青少年的人格做性别、身份以及家庭年收入的差异分析。研究结果显示，男生的气质中的避免伤害和依赖奖励的得分低于女生，这在之前的美国、韩国等国的研究及 Jouko Mitettunen 的元分析中均得到证实，符合 Cloninger 人格的假设。有研究表明女性在 HA、RD 上得分均高于男性，在 HA、RD 上性别差异可能反映了生物学特征，因为不同的文化下获得的结果相似①。HA 和抑郁焦虑症状呈正相关，而抑郁、焦虑在女性中更加常见②。这也反映出女性比男性更容易抑郁、脆弱、多愁善感。同时，男生的性格中的自我定向和合作性的得分低于女生，这说明针对情境女性较于男性能更好地控制和调整自己的行为。同时，女性的移情水平也要高于男性，女性比男性更有同情心，这一结果与美国和日本大学生的研究相一致③，但男生自我超越的得分要高于女生，这说明男性相比于女性更为谦逊、满足，坦然地面对痛苦和死亡，这反映出男性比女性更成熟、冷静。

人格的家庭年收入差异分析结果显示，低家庭年收入青少年的气质中寻求刺激的得分低于高家庭年收入的得分，这说明高家庭年收入的青少年在面对新颖或有奖励的事件时，较低收入的青少年更容易激活其行为反应倾向。高家庭收入的青少年可能拥有更多发展资本、财富资本，所以在面对新颖的事件时更愿意去探索，而低家庭收入的青少年获得的发展资本较少，可能会影响其自尊心和自信心，产生消极情绪和低自我价值感④。所以在面对新奇的刺激时，可能会产生退缩的心理。但低家庭年收入青少年的性格中的自我定向和合作性的得分要高于高家庭年收入的青少年的得分，这表明低家庭年收入的青少年相比高家庭年收入的青少年更能够控制、调整自己的行为，并且更愿意认同他人。

在对城市青少年、流动青少年以及农村青少年的人格差异分析中，在气质的寻求刺激上，流动青少年和农村青少年的得分显著小于城市青少年的得分。流动青少年与农村青少年相比于城市青少年接触到的资源以及获得的发展资本较于匮乏，尤其流动青少年由于缺少心理上的关爱，难以获得良好的自我感受，进而导致自尊心和自信心的缺失，性格内敛，对待新奇的事物态度冷淡，生活态度相对消极，缺乏好奇心。同时，性格的自我定向和合作性上城市青少年的得分显著小于流动青少年的得分，而在自我超越上流动青少年的得分显著小于城市青少年和农村青少年的得分，流动青少年长期缺少关爱和帮助，在这种特殊环境下成长，可能会增长其独立性和成熟性，所以流动青少年更会控制、调整自己的行为，学会与别人交往。

（二）青少年人格的家庭 SES 对主观家庭 SES 影响的调节作用

根据研究结果显示，城市青少年、农村青少年以及流动青少年的家庭 SES 对主观家庭 SES 都具有显著的正向预测作用。作为一种大的社会背景文化，社会经济地位对生活在其中的每一个人都会产生影响：家庭经济条件是他们能够拥有的物质生活基础的客观指标，在一定程度上影响着他们身心各个方面的发展，所以无论城市青少年、农村青少年还是流动青少年，高的家庭 SES 都会增加其主观幸福感，进而主观家庭 SES 也就越良好。但由于生长的环境不同，接触到的事物不同，所形成的人格特质也会有所差异，人格特质在家庭 SES 与主观家庭 SES 中起到的调节作用也有所差异。

---

① MIETTUNEN J，VEIJOLA J，LAURONEN E，et al. Sex differences in Cloninger's temperament dimensions—a meta-analysis[J]. Comprehensive psychiatry，2007，48(2)：161-169.

② CLONINGER C R，SVRAKIC D M，PRZYBECK T R. Can personality assessment predict future depression? A twelve-month follow-up of 631 subjects[J]. Journal of affective disorders，2006，92(1)：35-44.

③ SHIMAI S，OTAKE K，PARK N，et al. Convergence of character strengths in American and Japanese young adults[J]. Journal of happiness studies，2006，7(3)：311-322.

④ WILKINSON R G，PICKETT K E. Economic development and inequality affect IQ. A response to Kanazawa[J]. British journal of health psychology，2007，12(2)：161-166.

本研究结果显示，城市青少年气质中的寻求刺激对主观家庭 SES 的正向预测作用显著。高寻求刺激者多表现出求新、求变、自信等特点。家庭投资理论为理解家庭 SES 与个体发展之间的关系提供了一个重要的理论框架①，该理论认为积极的心理健康发展有利于其对家庭经济状况主观的认知和评估。所以，城市青少年寻求刺激的得分越高，其主观家庭 SES 越良好。与此同时，农村青少年气质中的避免伤害与家庭社会经济地位调节效应显著。通过简单效应检验发现，避免伤害的低分组高于高分组的预测作用，即低避免伤害会加强家庭 SES 对主观家庭 SES 正向预测作用。可能原因是低避免伤害表现为无忧无虑的、勇敢的、精力充沛的，所以当农村青少年处于一种积极的心理健康状态下，家庭 SES 越高，其主观家庭 SES 越良好。而流动青少年性格中的合作性对主观家庭 SES 有显著的正向预测作用。同时，气质的坚持性和性格的自我定向与家庭 SES 调节效应显著，并且坚持性的得分越高，家庭 SES 对主观家庭 SES 的正向预测作用越强，即坚持性的增加使得家庭 SES 对主观家庭 SES 有积极的影响。但自我定向的得分越高，家庭 SES 对主观家庭 SES 的正向预测作用越弱，说明自我定向的提高会使家庭 SES 对主观家庭 SES 的影响减弱。

① CONGER R D, DONNELLAN M B. An interactionist perspective on the socioeconomic context of human development[J]. Annual review of psychology, 2007, 58: 175-199.

第五章 流动青少年情绪与幸福感的调查分析

第一节 流动青少年幸福感心理调查分析

一、引言

幸福感已成为衡量流动青少年是否融入城市生活的一个重要心理指标。对于幸福感的理解有两种取向，一种认为幸福感是主观幸福感。Diener 提出，幸福感更多是一种主观体验，他主张从情感类型的频率和强度两方面来衡量情感①。正性情绪和负性情绪在频率上呈现负相关，即个体感受正性情绪的时间越长，那么其感受负性情绪的时间就越短；相反，正性情绪和负性情绪在强度上则呈现正相关，即个体越容易体验到强烈的正性情感，那么相应也更容易体验到强烈的负性情感。这进一步说明了正性情绪和负性情绪是主观幸福感中两个彼此独立的维度。另一种认为幸福感是心理幸福感②。心理幸福感源于实现论。实现论认为主观的快乐不完全等同于幸福，有些事的确可以给个体带来主观上的快乐体验，但对个体自身发展并没有益处，当这些事件发生时，个体实际上并不会产生幸福感。因此，与主观幸福感研究取向关注个体的生活满意度和个体自身的积极情感体验不同，心理幸福感更倾向于关注个人潜能的实现，而并非仅仅是个体的主观情感体验。

因此，本研究对流动青少年分别调查其主观幸福感与心理幸福感，并比较在不同人口学背景以及不同家庭社会经济地位(SES)的流动青少年分别在主观幸福感与心理幸福感方面的差异，并且分析家庭社会经济地位对主观幸福感、心理幸福感的影响。

二、研究方法

(一) 研究对象

本研究采取整群随机抽样的方法。2016 年 1—2 月，选取 3 个城市 3 所中学，采用抽签法每个年级随机抽取 2 个班级全体学生参加测试(其中有 1 所中学含初中，共含初中 6 个班级、高中 18 个班级)，最终有 1 282 人参加测试，发放问卷 1 282 份，有效问卷为 1 159 份，有效问卷率 90.4%。其中流动儿童(按照户口为农业，现居住地与户口所在地不一致，且长达半年以上为标准筛选)397 人，平均年龄 16.78 岁($SD=1.92$)。流动儿童中男生 177 人(44.90%)，女生 217 人(55.10%)，3 人未报告；独生子女 145 人(38.70%)，非独生子女 230

① DIENER E, KAHNEMAN D, HELLIWELL J. International differences in well-being[M]. Oxford:Oxford University Press,2010.

② DECI E L,RYAN R M. Facilitating optimal motivation and psychological well-being across life's domains[J]. Psychologie canadienne,2008,49(1):14-23.

人(61.30%),22人未报告。所有被试父母均签署知情同意书。

表 5-1　流动青少年人口学变量、家庭 SES 及幸福感各个维度的描述

变量	最小值	最大值	*M*	SD	偏度	峰度
性别	1	2	1.55	0.50	−0.21	−1.97
年龄	9	22	17.78	2.92	−1.57	1.42
流动时间	2	4	2.55	0.81	1.01	−0.73
独生子女	1	2	1.61	0.49	−0.47	−1.79
家庭年收入	1	9	3.77	1.95	0.58	0.07
家庭经济状况	1	5	2.66	0.89	−0.12	0.46
父亲受教育年限	0	18	8.35	3.15	−0.07	0.46
母亲受教育年限	0	18	6.92	3.43	−0.08	0.24
生活满意	5	35	21.15	5.97	−0.30	0.28
正性情绪	6	42	24.68	8.05	−0.22	−0.43
负性情绪	6	42	15.59	8.01	0.96	0.30
生命活力	6	42	21.96	6.98	0.00	0.32
健康关注	5	35	15.42	7.09	0.47	−0.38
利他行为	5	35	16.87	6.15	0.22	0.09
自我价值	5	35	18.00	6.05	0.08	0.08
友好关系	3	21	9.57	4.47	0.37	−0.54
人格成长	9	63	33.89	8.76	0.37	0.95

根据调查结果显示,年龄的平均岁数为17.78岁,标准差2.92,年龄的分布范围是9～22岁;父亲受教育年限的平均年数为8.35年,标准差3.15,父亲受教育年限的分布范围是0～18年;母亲受教育年限的平均年数为6.92年,标准差3.43,母亲受教育年限的分布范围是0～18年;生活满意、正性情绪、负性情绪、生命活力、健康关注、利他行为、自我价值、友好关系以及人格成长等都在正常范围;根据Curran等①的研究结果,峰度绝对值在0～2、偏度绝对值在0～7,可认为数据是符合正态分布的(见表5-1)。

(二)研究工具

1. 综合幸福感问卷(multiple happiness questionnaire,MHQ)②

该问卷通过个体对幸福的陈述以确定其主观幸福感和心理幸福感。问卷包括2个分问卷(主观幸福感和心理幸福感)、9个维度(生活满意、正性情感、负性情感、生命活力、健康关注、利他行为、自我价值、友好关系和人格成长),共50个条目。其中,主观幸福感分问卷由生活满意、正性情感、负性情感3个维度组成;心理幸福感分问卷由生命活力、健康关注、利

① CURRAN P J, WEST S G, FINCH J F. The robustness of test statistics to nonnormality and specification error in confirmatory factor analysis[J]. Psychological methods, 1996, 1(1): 16-29

② 苗元江. 心理学视野中的幸福:幸福感理论与测评研究[M]. 天津:天津人民出版社,2009.

他行为、自我价值、友好关系和人格成长等 6 个维度组成。总问卷的 cronbach's α 系数在 0.67～0.91 之间。

2. 家庭社会经济地位

采用自编问卷,家庭社会经济地位由家庭收入和父母受教育年限两个指标来考察。

家庭收入,调查题目为“您家 2015 年的总收入(总收入是全家所有成员收入的总和。既包括工资、奖金、补贴等的税后的实际金额;也包含收获的有价值的实物,如粮食等,折合成人民币后的金额)是:1＝3 000 元以下,2＝3 001～6 000 元,3＝6 001～10 000 元,4＝10 001～30 000 元,5＝30 001～50 000 元,6＝50 001～100 000 元,7＝100 001～150 000 元,8＝150 001～200 000 元,9＝200 001 以上”;

父母受教育年限,调查题目为“你父(母)亲受教育程度是:1＝没有上过学,2＝小学,3＝初中,4＝高中(包括职高、技校、中专),5＝大专,6＝本科,7＝研究生及以上”,然后根据答题结果转化为受教育年限;

家庭社会经济地位通过家庭收入、父母最高受教育年限两个测量指标合成。其中,父母最高受教育年限是取父亲与母亲受教育年限中的较大值,参照任春荣的因子分析法进行合成①。将父母最高受教育年限与家庭收入放在一起做因子分析,得到一个因子,总解释率为 59.898%,得到 0.598 98,父母最高受教育年限与家庭收入各有因子载荷 0.774、0.774。根据任春荣提供计算公式,最终计算出 SES＝(0.774 * 家庭收入＋0.774 * 最高受教育年限)/0.598 98。

3. 主观家庭社会经济地位

主观家庭社会经济地位,调查了被试对家庭经济状况的主观感受一项,调查题目为“相对于当地基本情况,你认为你家经济状况:1＝很差,2＝比较差,3＝一般,4＝比较好,5＝很好”。

三、结果

(一) 差异分析

1. 流动青少年幸福感的性别差异

根据调查结果显示,男生有 177 人,女生有 217 人,分别对主观幸福感、心理幸福感以及背景变量等变量进行性别差异的比较,结果表明:男生综合幸福感中的正性情绪得分低于女生的得分[(23.60±8.01) vs (25.59±8.02),$t=-2.156$,$df=301$,$P<0.05$];男生综合幸福感中的健康关注得分高于女生的得分[(16.51±7.28) vs (14.43±6.68),$t=2.897$,$df=386$,$P<0.05$]。另外,男生与女生在独生子女以及家庭经济状况上的得分也存在显著差异[(1.51±0.50) vs (1.69±0.46),$t=-3.558$,$df=370$,$P<0.001$;(2.45±0.86) vs (2.83±0.88),$t=-4.340$,$df=384$,$P<0.001$](见表 5-2)。

2. 流动青少年幸福感的是否独生子女差异

根据对学生进行是否是独生子女的调查,结果显示,在调查的所有学生中,是独生子女的有 145 人,非独生子女的有 230 人。分别对主观幸福感、心理幸福感以及背景变量等不同变量进行是否为独生子女的差异分析,结果表明:独生子女与非独生子女在主观幸福感、心

① 任春荣.学生家庭社会经济地位(SES)的测量技术[J].教育学报,2010,6(5):77-82.

理幸福感等不同变量上的得分无显著性差异。但在性别与母亲受教育年限的得分上存在显著差异[(1.44±0.50) vs (1.63±0.48)，$t=-3.567$，$df=370$，$P<0.01$；(7.67±3.62) vs (6.41±3.17)，$t=3.546$，$df=371$，$P<0.01$](见表 5-3)。

表 5-2　背景变量及家庭 SES、幸福感各维度的性别差异

变量	$M\pm SD$		t	P
	男($n=177$)	女($n=217$)		
年龄	17.92±3.04	17.66±2.83	0.889	0.375
流动时间	2.62±0.86	2.49±0.77	1.601	0.110
独生子女	1.51±0.50	1.69±0.46	−3.558	<0.01
家庭年收入	3.87±2.05	3.70±1.88	0.874	0.383
家庭经济状况	2.45±0.86	2.83±0.88	−4.340	<0.01
父亲受教育年限	8.24±3.33	8.44±3.01	−0.623	0.533
母亲受教育年限	7.03±3.35	6.86±3.49	0.512	0.609
生活满意	21.33±6.05	20.97±5.85	0.592	0.554
正性情绪	23.60±8.01	25.59±8.02	−2.156	<0.05
负性情绪	15.33±7.54	15.69±8.39	−3.89	0.698
生命活力	21.77±7.33	22.05±6.57	−3.82	0.703
健康关注	16.51±7.28	14.43±6.68	2.897	<0.05
利他行为	17.19±6.33	16.49±5.88	1.128	0.26
自我价值	17.76±6.06	18.16±5.95	−0.649	0.517
友好关系	9.70±4.53	9.39±4.38	0.69	0.491
人格成长	34.23±9.31	33.54±8.04	0.779	0.436
主观幸福感	60.43±14.06	62.31±13.43	−1.179	0.239
心理幸福感	117.48±34.46	114.58±29.62	0.85	0.396

表 5-3　背景变量及家庭 SES、幸福感各维度的是否独生子女差异

变量	$M\pm SD$		t	P
	男($n=145$)	女($n=230$)		
性别	1.44±0.50	1.63±0.48	−3.567	<0.01
年龄	17.63±3.01	17.78±2.98	−0.471	0.638
流动时间	2.51±0.80	2.58±0.82	−0.788	0.431
家庭年收入	3.95±2.07	3.68±1.90	1.252	0.211
家庭经济状况	2.59±0.92	2.71±0.87	−1.191	0.234
父亲受教育年限	8.79±3.51	8.09±2.79	2.027	0.44
母亲受教育年限	7.67±3.62	6.41±3.17	3.546	<0.01
生活满意	21.70±6.08	20.73±5.93	1.534	0.126
正性情绪	25.13±7.57	24.85±8.27	0.291	0.771

表 5-3(续)

变量	M±SD		t	P
	男(n=145)	女(n=230)		
负性情绪	16.21±7.75	15.18±8.31	1.069	0.286
生命活力	22.06±7.33	21.60±6.91	0.591	0.555
健康关注	15.63±7.48	14.80±6.68	1.114	0.266
利他行为	16.40±6.38	17.16±5.99	−1.166	0.245
自我价值	17.75±6.41	18.11±5.86	−0.550	0.583
友好关系	9.28±4.69	9.52±4.34	−0.497	0.619
人格成长	33.96±9.33	33.54±8.39	0.440	0.660
主观幸福感	63.29±13.88	60.82±13.90	1.143	0.142
心理幸福感	115.18±34.76	115.51±30.94	−0.093	0.926

3. 流动青少年幸福感的流动时间差异

根据对学生流动时间的调查，本研究将流动时间划分为三个维度，分别是①半年以下、②半年到 2 年、③2 年以上。对学生流动时间进行主观幸福感、心理幸福感等变量得分的比较，结果发现：学生综合幸福感中的生活满意、正性情绪、负性情绪得分在三个水平上的差异具有统计学意义($F=5.336$、2.449、3.484，$P<0.05$)，且①<②<③、②<③<①、①<②<③(见表 5-4)。

表 5-4 背景变量及家庭 SES、幸福感各维度的流动时间差异

变量	M±SD			F	P	两两比较(P<0.05)
	①半年以下(n=261)	②半年到 2 年(n=55)	③2 年以上(n=81)			
生活满意	18.15±5.54	20.07±6.46	20.27±6.61	5.336	<0.01	①<②<③
正性情绪	25.02±7.42	22.56±7.18	23.64±7.03	2.449	<0.05	②<③<①
负性情绪	30.76±7.39	30.79±8.52	33.34±6.12	3.484	<0.05	①<②<③
生命活力	22.39±6.77	21.96±6.04	20.58±8.05	2.007	>0.05	—
健康关注	15.48±6.91	16.85±7.43	14.27±7.31	2.170	>0.05	—
利他行为	17.02±6.16	17.38±5.92	16.01±6.26	1.027	>0.05	—
自我价值	18.07±5.93	18.36±6.02	17.55±6.46	0.329	>0.05	—
友好关系	9.54±4.31	9.78±4.72	9.51±4.84	0.710	>0.05	—
人格成长	34.34±8.82	32.68±7.71	33.24±9.21	1.048	>0.05	—
主观幸福感	62.34±13.72	63.19±15.65	58.64±12.85	2.203	>0.05	—
心理幸福感	117.36±31.88	118.12±29.83	110.85±35.60	1.223	>0.05	—

(二) 相关分析

对性别、年龄、流动时间、是否独生子女、家庭社会经济地位(家庭年收入、主观家庭经济状况与父母受教育年限)等背景变量，与综合幸福感(生活满意、正性情绪、负性情绪、生命活力、健康关注、利他行为、自我价值、友好关系、人格成长)进行 Pearson 相关分析(见表 5-5)。

表 5-5　各变量的相关分析

变量	$M\pm SD$	1	2	3	4	5	6	7	8	9	10	11	12	13	14	15	16
1. 性别	—	—															
2. 年龄	17.78±2.92	−0.045	—														
3. 流动时间	—	−0.081	−0.524**	—													
4. 是否是独生子女	—	0.184**	0.025	0.041	—												
5. 家庭年收入	3.77±1.95	−0.045	−0.242**	0.267**	−0.066	—											
6. 主观家庭经济状况	2.66±0.89	0.216**	−0.221**	0.111*	0.062	0.404**	—										
7. 父亲受教育年限	8.35±3.15	0.032	−0.089	0.013	−0.110*	0.213**	0.281**	—									
8. 母亲受教育年限	6.92±3.43	−0.026	−0.120*	0.117*	0.181**	0.244**	0.270**	0.475**	—								
9. 生活满意	18.85±5.97	0.030	0.193**	0.156**	0.080	0.098	0.158**	−0.010	−0.030	—							
10. 正性情绪	24.34±8.05	−0.115*	0.206**	−0.095	0.033	−0.072	0.032	−0.120	−0.077	−0.180**	—						
11. 负性情绪	31.38±8.01	−0.040	−0.185**	0.138*	0.057	0.073	0.126*	−0.150**	−0.001	0.188*	0.423**	—					
12. 生命活力	26.04±6.98	−0.020	−0.186**	0.100	0.031	0.104*	0.135**	0.105*	0.081	0.504**	−0.113	0.112	—				
13. 健康关注	24.58±7.09	0.147**	−0.217**	0.047	0.058	0.079	0.225**	0.076	0.065	0.378**	−0.033	0.276**	0.627**	—			
14. 利他行为	23.13±6.15	0.058	−0.171**	0.056	−0.061	0.066	0.100	0.025	0.112*	0.331**	−0.070	0.145**	0.549**	0.620**	—		
15. 自我价值	22.00±6.05	−0.033	−0.101*	0.028	−0.029	0.049	0.025	0.041	0.050	0.482**	−0.070	0.076	0.665**	0.527**	0.616**	—	
16. 友好关系	14.43±4.47	0.035	−0.092	−0.001	−0.026	0.040	0.105*	−0.030	−0.022	0.481**	−0.045	0.254**	0.525**	0.632**	0.492**	0.555**	—
17. 人格成长	38.11±8.76	0.040	−0.198**	0.060	0.023	0.079	0.105*	−0.015	0.000	0.600**	−0.139**	0.056	0.643**	0.574**	0.586**	0.680**	0.478**

注：* $P<0.05$；** $P<0.01$；性别：男 44.9%，女 55.1%；是否独生子女：独生子女 38.7%，非独生子女 61.3%；流动时间：半年以下 65.7%，半年至 2 年 13.9%，2 年以上 20.4%。

结果表明,(1) 生活满意与综合幸福感其他各个维度(正性情绪、负性情绪、生命活力、健康关注、利他行为、自我价值、友好关系、人格成长)均显著相关(r=－0.180、0.188、0.504、0.378、0.331、0.482、0.481、0.600,P<0.01);(2) 正性情绪与负性情绪、人格成长均有显著相关(r=0.423、－0.139,P<0.05);(3) 负性情绪与健康关注、利他行为、友好关系均有显著正相关(r=0.276、0.145、0.254、0.289,P<0.01)(4) 生命活力与健康关注、利他行为、自我价值、友好关系、人格成长均有显著正相关(r=0.627、0.549、0.665、0.525、0.643,P<0.01),且相关系数均在0.50以上;(5) 健康关注与利他行为、自我价值、友好关系、人格成长均有显著正相关(r=0.620、0.527、0.632、0.574,P<0.01),且相关系数都高于0.50以上;(6) 利他行为与自我价值、友好关系、人格成长均有显著正相关(r=0.616、0.492、0.586,P<0.01),且相关系数都大于0.40;(7) 自我价值与友好关系、人格成长均有显著正相关(r=0.555、0.680,P<0.01),且相关系数都在0.50以上;(8) 友好关系与人格成长也存在显著正相关(r=0.478,P<0.01)。最后,综合幸福感各个维度与年龄、父母受教育水平等背景变量都有不同程度的相关。

(三) 回归分析

考察年龄、家庭经济状况等背景变量对主观幸福感和心理幸福感的预测作用,以父亲受教育程度、家庭经济状况、流动时间以及年龄、家庭经济状况的得分分别为自变量,以主观幸福感和心理幸福感的得分分别为因变量,在控制性别、年龄等背景变量的前提下进行多元逐步回归分析,结果表明(具体见表5-6和表5-7):流动时间对主观幸福感具有显著的负向预测作用,其对主观幸福感的可解释的变异率为47%;家庭经济状况对心理幸福感具有显著的负向预测作用,其对心理幸福感的可解释的变异率分别为57%。

表5-6 背景变量对主观幸福感的预测(n=397)

	自变量	β	t	P	因变量	R^2	ΔR^2	F	P
$M1$					主观幸福感	0.018	0.014	4.796	<0.05
	流动时间	0.132	2.190	<0.05					
$M2$					主观幸福感	0.036	0.029	5.161	<0.05
	父亲受教育年限	－0.136	－2.272	<0.01					
$M3$					主观幸福感	0.055	0.044	5.327	<0.05
	主观家庭经济状况感受	0.143	2.308	<0.05					

注:$M1$、$M2$和$M3$模型是以性别、年龄等7个背景变量为自变量,以主观幸福感为因变量的多元逐步回归模型。

表5-7 背景变量对心理幸福感的预测(n=397)

	自变量	β	t	P	因变量	R^2	ΔR^2	F	P
$M1$					心理幸福感	0.49	0.46	16.394	<0.001
	年龄	－0.222	－4.049	<0.01					
$M2$					心理幸福感	0.62	0.57	4.364	<0.05
	主观家庭经济状况感受	0.117	2.089	<0.05					

注:$M1$和$M2$模型是以性别、年龄等7个背景变量为自变量,以心理幸福感为因变量的多元逐步回归模型。

四、讨论

（一）流动青少年幸福感的差异

对于性别与幸福感之间的研究，从目前的研究中看并无定论。有的研究表明性别对个体生活满意度、积极情感、消极情感、情感平衡的影响力十分有限，未达到显著性水平①。而在另一些研究中表明不同性别大学生的总体幸福感、家庭满意感、自我满意感、同伴交往满意感和生活条件满意感上都存在显著差异②。本研究表明不同性别青少年幸福感的差异主要体现在正性情绪和健康关注两个维度。可能是由于女性心理成熟早于男性，其对事物看法更为完善，更能够合理看待事情。而在健康关注维度上，男性要显著高于女性，可能是由于青少年时期男生更关注运动，而女生相对较为内向文弱。

本研究发现独生子女与非独生子女在幸福感上没有显著差异，这与 Huebner 等人的研究结果一致①。出现这一结果可能是由于，非独生子女能在成长过程中相互陪伴，学会分享，同时又易产生矛盾；独生子女受到家人充分的关注，但易形成独享、自私的性格特征，且易产生孤独感。因此，是否独生子女对于幸福感没有显著影响。

Nowok 等研究表明，流动时间长短对于个体生活满意度的影响是不同的，迁移前生活满意度下降，迁移初期带来生活满意度的提高，一段时间后又回到原水平③。本研究中在生活满意这一维度上，流动时间越长，得分越高，这可能是由于青少年在流入地生活时间越长，对当地环境越熟悉，家庭经济状况相对稳固，所体验到的压力感较小，生活满意程度也就相应增高。

（二）主观家庭经济状况感受对流动青少年幸福感的影响

首先，主观家庭经济状况感受对主观幸福感的预测作用。主观幸福感是个体根据自定的标准对其生活质量的整体评估，包括了人们对事件的情绪性反应，对生活的满意程度，不仅是对当前生活状态的评价，也包括对长期生活的态度满意与否。本研究结果显示，主观家庭经济状况感受越好，主观幸福感越高，过往的研究多集中于客观家庭经济状况。良好的家庭环境、合理的父母教养方式可以显著影响青少年的幸福感。家庭生活指数和家庭亲密度能够正向预测流动儿童的生活满意度④，主观家庭经济状况感受是个体对于其家庭状况的主观认知，且有研究表明在一定程度上，主观家庭经济感受体现了家庭的社会经济水平⑤。青少年接触最多的环境多是学校环境与家庭环境，他们对于家庭经济的认知也主要体现在这两方面，因此，对家庭经济感受越高，其生活满意程度就越高，主观幸福感也就相对越高。

---

① HUEBNER E S，MCCULLOUGH G. Correlates of school satisfaction among adolescents[J]. The journal of educational research，2000，93(5)：331-335.

② 王极盛，丁新华. 初中生主观幸福感与生活事件的关系研究[J]. 心理与行为研究，2003，1(2)：96-99.

③ NOWOK B，VAN HAM M，FINDLAY A M，et al. Does migration make you happy? A longitudinal study of internal migration and subjective well-being[J]. Environment and planning a：economy and space，2013，45(4)：986-1002.

④ 侯娟，邹泓，李晓巍. 流动儿童家庭环境的特点及其对生活满意度的影响[J]. 心理发展与教育，2009，25(2)：78-85.

⑤ 梁书玉. 高中生家庭社会经济地位对心理健康的影响机制：主观社会经济地位及社会权力感的中介作用[D]. 重庆：西南大学，2015.

同时流动时间对于主观幸福感也具有显著正向预测作用，表明青少年随着对流入地环境的适应，面临的挑战随之减少，带来的机遇也随之增多，家庭环境、社交关系随时间而变得稳固，从而使得主观幸福感得到提高。

其次，主观家庭经济感受状况对心理幸福感的预测作用。心理幸福感强调人的潜能的实现，具体来说就是重视积极的自尊、社会服务、生活目的、友好关系的普遍意义①。青少年的意义实现主要体现在学习成绩、社交关系方面，良好的家庭经济感受为其提供物质基础，保障了他们的日常生活所需。有研究表明，家庭因素和父母自身特点对子女的自尊水平有显著影响②。而人格特征、友好关系等都是心理幸福感的重要组成部分，青少年的这些特征又都受到家庭环境的影响，因此，只有家庭经济状况感受的提高，才能带来人格的良好发展、友好人际关系的建立，为自我价值的实现提供保障，最终带来心理幸福感的提高。

第二节　流动青少年心理弹性对积极学业情绪的影响

一、引言

流动青少年是指年龄在7～18岁，随父母或其他监护人在流入城市生活半年及以上，但户籍仍在农村的处于义务教育阶段的儿童③。据2010年11月第六次人口普查调查显示，我国流动人口已达2.61亿，其中流动儿童占流动人口总数近五分之一④。流动青少年是我国社会处在转型期出现的一个重要社会群体，他们的迁移和流动使其生活模式、生活习惯等均会受到都市生活的极大冲击，带来的是态度、意识和行为等方面的改变，其特点是生活环境处于城与乡、城与城、城市内部的流动中。

实际上，青少年的流动状态可能会导致其学习不良，并产生不同程度的情绪困扰。这种情绪体现在学业方面，主要表现为学业情绪，它是指在教学或学习过程中，与学生学业相关的各种情绪体验，包括高兴、厌倦、失望、焦虑、气愤等，对学生认知活动的开展起着重要的作用。不过，在这些学业情绪中，对流动青少年学业起促进作用，有助于保持阅读兴趣的情绪主要是积极学业情绪，它包含高兴、希望、自豪、放松四个因子，反映了学生学习过程中积极的心理体验。

在积极学业情绪对学生学业发展被确认的基础上，研究者开始关注如何提升学生的积极学业情绪。为此，Pekrun等提出的控制-价值评估模型认为，学生对学习任务的控制和价值的评估是学业情绪的主要来源，其中控制评估是学生对自己能否完成学习任务，掌握学习材料的评估，它包括自我效能感、归因方式、成就预期等因素。在正常情境下，个体有较高的学业自我效能感，实现了预期学业目标，并将目标实现的原因归于自身时，积极情绪可能将

① 苗元江.心理学视野中的幸福：幸福感理论与测评研究[D].南京：南京师范大学，2003.

② 康育文，陈青萍.贫困大学生心身健康与自尊、人际关系、成就动机的相关[J].中国临床心理学杂志，2006，14(5)：510-512.

③ 段成荣，梁宏.我国流动儿童状况[J].人口研究，2004，28(1)：53-59.

④ 程遥.健康城镇化背景下的流动人口发展趋势与对策[J].经济地理，2012，32(4)：25-31.

会凸显。但是当个体面对不确定的环境时，其内在稳定的认知系统可能被环境的不确定性挑战，其控制感将变得不再稳定，对于外在世界和自我价值的评估也将受到影响。那么，此时个体的积极学业情绪又是如何产生的呢？

心理弹性的情绪灵活性理论认为，情绪的灵活性是心理弹性的主要特征，高心理弹性的人群具有灵活的情绪调节，能够整合主观预期与实际需要的关系，能够根据实际需要来调整自己的情绪反应，能够灵活地根据环境进行情绪的生理响应和抑制，增加个体的控制感，也有助于个体评估趋于合理化。因此，可以说心理弹性可能是影响不确定环境下个体积极学业情绪产生的重要条件。

更重要的是，心理弹性是个体在困境或生活威胁性情境中维持身心功能健康的能力①。Block 等②认为，心理弹性较强的个体具有乐观、坚韧等品质，持好奇开放的态度，有利于他们处理压力，从而更好地适应生活。目前，心理弹性已经成为流动较强能否应对环境变化的一个重要心理指标③。实证研究也表明，心理弹性较强的个体知觉到更少的心理痛苦和压力困扰，表现出更好的心理健康状况④⑤。因此，研究流动青少年的心理弹性与学业情绪及其之间的关系，对提高课堂教学有效性、促进学生认知发展和身心健康有着重要的价值⑥。

实际上，以往的研究虽然认识到心理弹性在促进流动青少年学业情绪发展方面的重要性，但是很少有人研究检验两者之间的关系。进一步而言，以往的研究主要将心理弹性和学业情绪视为一个整体进行研究，很少有研究针对心理弹性不同因素与学业情绪，尤其是积极学业情绪的不同因素之间的关系。基于此，我们将从心理弹性的具体因素和积极学业情绪的具体因素出发，考察流动青少年心理弹性与积极学业情绪的关系。不过，由于性别与学校环境（如公办学校与打工子弟学校有很大不同）是影响儿童心理弹性的重要因素⑦，因此本研究也将考察不同性别和不同类型学校之间流动青少年的心理弹性和积极学业情绪的差异。同时，研究也根据心理弹性的情绪灵活性理论，假设流动青少年的心理弹性可以提升积极学业情绪。

---

① TUGADE M M, FREDRICKSON B L, FELDMAN BARRETT L. Psychological resilience and positive emotional granularity: examining the benefits of positive emotions on coping and health[J]. Journal of personality, 2004, 72(6): 1161-1190.

② BLOCK J, KREMEN A M. IQ and ego-resiliency: conceptual and empirical connections and separateness[J]. Journal of personality and social psychology, 1996, 70(2): 349-361.

③ LERNER Y, KERTES J, ZILBER N. Immigrants from the former Soviet Union, 5 years post-immigration to Israel: adaptation and risk factors for psychological distress[J]. Psychological medicine, 2005, 35(12): 1805-1814.

④ FRIBORG O, HJEMDAL O, ROSENVINGE J H, et al. Resilience as a moderator of pain and stress [J]. Journal of psychosomatic research, 2006, 61(2): 213-219.

⑤ 曾小娟，蒋浩，李永鑫. 农村留守初中生的心理健康与心理弹性、核心自我评价[J]. 中国心理卫生杂志，2014，28(12)：947-950.

⑥ 桑青松，卢家楣. 课堂学业情绪内涵建构与价值取向[J]. 中国教育学刊，2012(11)：58-61.

⑦ 宋广文，周方芳. 处境不利儿童心理弹性的研究及其教育启示[J]. 中国特殊教育，2010(10)：75-78.

二、研究方法

（一）研究对象

选取北京、上海两地4所中小学校（其中北京1所公立中学、1所打工子弟小学；上海1所公立小学、1所打工子弟初中）850名4—9年级学生作为被试。发放问卷850份，回收817份，回收率96.1%，有效问卷763份，有效率为93.4%。被试来自24个省份，其中男生339名，女生424名；公立学校310人，打工子弟学校453人；年龄9～16岁，平均(12±2)岁，在流动地生活时间(7.2±3.4)年。所有被试的监护人及本人均签署知情同意书。

（二）工具

1. 青少年心理弹性问卷

徐家华①编制的问卷共有8个维度，分别是社会和朋友支持、家庭支持、问题解决能力、自我心理弹性、目标感、社会交往能力、逆境下的心态、调动自身和社会资源能力。共42个题目，问卷采用5点计分法，从“完全不符合”到“完全符合”，“完全不符合”计1分、“比较不符合”计2分、“不确定”计3分、“比较符合”计4分、“完全符合”计5分。最后统计得到心理弹性总分，总分越高说明个体心理弹性状况越好。总问卷的cronbach's系数为0.91，各分问卷的cronbach's系数在0.62～0.90之间；总问卷的分半信度为0.85，各分问卷的分半信度在0.61～0.84之间。其验证性因素分析的拟合指数为：$\chi^2/df=1.629$，CFI＝0.908，RMSEA＝0.058。

2. 青少年积极学业情绪问卷

问卷采用董妍、俞国良②编制的《青少年学业情绪问卷》中积极学业情绪分问卷，该问卷由积极高唤醒学业情绪分问卷与积极低唤醒学业情绪分问卷组成。积极学业情绪包含3个高唤醒学业情绪（自豪、高兴、希望）和3个低唤醒学业情绪（满足、平静、放松）等6个维度，其中高唤醒16个题目、低唤醒14个题目，共30个题目。问卷计分为5点量表形式，从完全不符合到完全符合，依次记1～5分。积极学业情绪的高唤醒与低唤醒两个分问卷的cronbach's系数分别为0.785、0.815，分半信度为0.71、0.78。其验证性因素分析的拟合指数分别为：$\chi^2/df=4.37$，CFI＝0.94，RMSEA＝0.056。

（三）研究程序及数据处理

选取北京、上海两地4所中小学校采取整群抽样的方式，由心理学研究生征得学校、家长和学生本人的同意后，签订知情同意书，采用相同的指导语，进行集体施测。要求被试仔细阅读指导语，然后按要求填答问卷。完成问卷后，所有问卷当场收回。所得数据采用SPSS 17.0软件进行统计分析。数据符合正态分布，计量资料采用（均数±标准差）表示，组间比较采用t检验，采用偏相关法分析积极学业情绪与心理弹性的相关性，采用多元逐步回归对心理弹性的相关因素进行分析。$P<0.05$为差异有统计学意义。

---

① 徐家华.大学生心理弹性问卷的编制及其初步应用[D].福州：福建师范大学，2010.

② 董妍，俞国良.青少年学业情绪问卷的编制及应用[J].心理学报，2007，39(5)：852-860.

三、结果

（一）不同性别、学校流动青少年积极学业情绪问卷与心理弹性问卷得分比较

流动青少年中男生积极学业情绪在自豪、希望、放松、高兴、满足、平静等维度上与女生得分无显著差异；打工子弟学校流动儿童积极学业情绪问卷的放松维度得分高于公立学校流动青少年，在自豪、高兴、希望、满足、平静等维度上打工子弟学校流动青少年与公立学校流动青少年得分没有显著性差异。在心理弹性问卷各维度上女生的社会和朋友支持得分高于男生，并有显著性差异，在其他维度上没有显著性差异；打工子弟学校流动青少年心理弹性问卷在问题解决能力、自我心理弹性、目标感、社会交往能力、逆境下的心态等5个维度上得分高于公立学校流动青少年，并均有显著性差异，在其他维度上打工子弟学校流动青少年与公立学校流动青少年均没有显著性差异（见表5-8）。

表5-8　不同性别、学校学生学业情绪与心理弹性各维度的得分($x\pm s$)

项目	男生 (n=339)	女生 (n=424)	t	打工子弟学校 (n=453)	公立学校 (n=310)	t
积极学业情绪						
自豪	17.21±2.73	16.95±3.05	1.206	17.21±2.69	16.98±3.00	0.888
高兴	25.92±4.20	25.72±4.09	0.683	26.18±3.95	25.72±4.11	1.263
希望	15.10±2.80	14.85±2.68	1.232	15.19±2.70	14.91±2.72	1.129
满足	15.69±3.00	15.59±3.01	0.483	15.76±2.98	15.44±3.05	1.200
平静	14.13±2.55	14.02±2.32	0.616	14.23±2.49	13.91±2.40	1.435
放松	16.77±3.19	16.49±3.04	1.245	17.03±3.25	16.27±3.07	2.704**
心理弹性						
社会和朋友支持	30.72±5.43	31.48±5.62	−1.979*	31.56±4.99	30.81±5.92	1.506
家庭支持	26.60±4.64	26.33±4.56	0.785	26.82±4.41	26.37±4.59	1.091
问题解决能力	25.54±4.40	25.22±4.60	0.968	25.80±4.27	24.90±4.49	2.284*
自我心理弹性	22.67±4.20	22.60±4.00	0.219	23.09±3.81	22.27±4.07	2.291*
目标感	9.69±2.66	9.44±2.64	1.264	9.92±2.77	9.34±2.67	1.968*
社会交往能力	9.69±2.66	9.44±2.64	1.264	9.92±2.77	9.34±2.67	1.968*
逆境下的心态	15.68±3.04	15.69±2.88	−0.083	16.15±2.67	15.37±3.10	2.942**
调动自身和社会资源能力	10.67±2.60	10.65±2.51	0.142	10.75±2.55	10.50±2.56	1.115

注：* $P<0.05$；** $P<0.01$。

（二）流动青少年积极学业情绪问卷与心理弹性问卷得分的相关分析

通过对流动青少年积极学业情绪问卷各维度得分与心理弹性问卷各维度得分进行pearson相关分析（见表5-9）。流动青少年积极学业情绪问卷的社会和朋友支持等8个维度之间存在显著的正相关($r=0.353\sim0.672, P<0.01$)；流动青少年心理弹性问卷的自豪等6个维度之间存在显著的正相关($r=0.198\sim0.600, P<0.01$)。流动青少年积极学业情绪问卷与心理弹性问卷的相关分析表明，自豪与自我心理弹性、目标感、逆境下的心态等存

表 5-9　流动儿童积极学业情绪问卷各维度得分与心理弹性问卷各维度得分

	1	2	3	4	5	6	7	8	9	10	11	12	13	14
1	1													
2	0.580**	1												
3	0.552**	0.546**	1											
4	0.595**	0.580**	0.628**	1										
5	0.532**	0.517**	0.610**	0.672**	1									
6	0.336**	0.353**	0.355**	0.391**	0.388**	1								
7	0.502**	0.505**	0.560**	0.656**	0.578**	0.235**	1							
8	0.579**	0.460**	0.397**	0.517**	0.491**	0.378**	0.487**	1						
9	0.058	0.061	0.053	0.137**	0.097**	0.017	0.102**	0.069	1					
10	0.075*	0.085*	0.086*	0.125**	0.123**	−0.036	0.144**	0.034	0.500**	1				
11	0.088*	0.092*	0.101**	0.120**	0.127**	−0.014	0.124**	0.060	0.343**	0.714**	1			
12	0.016	0.035	0.090*	0.067	0.086*	0.091*	0.018	0.048	0.436**	0.379**	0.220**	1		
13	0.069	0.030	0.128**	0.104**	0.120**	0.057	0.077*	0.018	0.302**	0.600**	0.487**	0.466**	1	
14	−0.028	−0.009	0.076*	0.053	0.007	0.027	0.011	−0.01	0.245**	0.281**	0.198**	0.523**	0.414**	1

注：* $P<0.05$；** $P<0.01$；1. 社会和朋友支持；2. 家庭支持；3. 问题解决能力；4. 自我心理弹性；5. 目标感；6. 社会交往能力；7. 逆境下的心态；8. 调动自身和社会资源能力；9. 自豪；10. 高兴；11. 希望；12. 满足；13. 平静；14. 放松。

在显著正相关(r=0.097～0.137,P<0.01);高兴、希望均与社会和朋友支持、家庭支持、问题解决能力、自我心理弹性、目标感、逆境下的心态等存在显著正相关(r=0.075～0.144,P<0.05或 P<0.01);满足与问题解决能力、目标感、社会交往能力等存在显著正相关(r=0.086～0.091,P<0.05);平静与问题解决能力、自我心理弹性、目标感、逆境下的心态等存在显著正相关(r=0.077～0.128,P<0.05 或 P<0.01);放松与问题解决能力存在显著正相关(r=0.076,P<0.05)。

(三) 流动青少年积极学业情绪问卷得分与心理弹性问卷得分的多元逐步回归分析

以积极学业情绪问卷各维度得分为因变量,以心理弹性问卷各维度得分为自变量。进行多元逐步回归分析。自我心理弹性与自豪得分有正向关联,可解释变异率为22%;社会交往能力、逆境下的心态与高兴得分有正向关联,可解释变异率为34%;社会交往能力与希望得分有正向关联,可解释变异率为26%;问题解决能力与满足得分有正向关联,可解释变异率为18%;问题解决能力与平静得分有正向关联,可解释变异率为26%;社会和朋友支持、问题解决能力、自我心理弹性与放松得分有正向关联,可解释变异率为18%(见表5-10)。

表5-10 流动儿童积极学业情绪与心理弹性各维度分散的多元逐步回归(n=763)

因变量	自变量	标准会的回归系数 β	t	R^2	校正 R^2	F
自豪				0.23	0.22	2.260*
	自我心理弹性	0.314	2.695**			
高兴				0.35	0.34	3.463**
	社会交往能力	0.255	2.414*			
	逆境下的心态	0.249	2.327*			
希望				0.27	0.26	2.602**
	社会交往能力	0.188	2.072*			
满足				0.19	0.18	1.967*
	问题解决能力	0.183	2.043*			
平静				0.27	0.26	2.605**
	问题解决能力	0.164	1.968*			
放松				0.19	0.18	2.038*
	社会和朋友支持	0.184	1.971*			
	问题解决能力	0.194	2.619**			
	自我心理弹性	0.185	1.974*			

注:* P<0.05;** P<0.01。

四、讨论

本研究发现,男、女生的积极学业情绪总体水平相当,没有显著差异,这与已有研究有些不一致。与已有研究冲突可能是因为取样范围,本研究选取的对象是北京、上海两地的4所中小学,加之现在男女平等的思想以及独生子女政策,男、女生的培养基本处在相同的教学环境之下，所体验的积极学业情绪可能差异不大。本研究还发现，不同类型学校的积极学业情绪水平有显著差异，其中打工子弟学校流动青少年关于放松的积极学业情绪水平显著高于公立学校流动青少年。学业情绪控制—价值理论认为，影响学业情绪的主要前因变量是个体对于控制感和价值的评估；教学、自律性支持、教师的期望、学业目标的结构、成就反馈和人际关系等环境因子是个体控制感和价值评估的重要影响因素①。公立学校和打工子弟学校的环境有所不同，如教学设施、师资力量等方面，因此学业情绪水平会受到不同类型学校的影响。

本研究结果显示，在社会和朋友支持的维度上，女生心理弹性水平显著高于男生。这可能是因为中小学时期女生比男生成绩普遍要好，更容易得到老师家长的喜爱。再者，女生一般更喜欢情感表达和倾诉，从而较容易和老师、同伴之间建立起亲密感，从中获得情感支持和良好的人际关系。同时，打工子弟学校流动青少年的心理弹性问卷各维度得分都高于公立学校流动青少年，而且在问题解决能力、自我心理弹性、目标感、社会交往能力、逆境下的心态上有显著差异。虽然公立学校的教学设施、师资力量、人文校园环境等方面都比打工子弟学校强，公立学校的流动青少年会得到较好的教学设备和师资，但除了社会环境因素，心理弹性还会受流动青少年的自尊心、人格、父母教养方式、家庭关系等因素的影响，因此公立学校与打工子弟学校流动青少年的心理弹性有着显著差异。

相关分析和回归分析发现，流动青少年的积极学业情绪各维度与心理弹性各维度之间不仅存在显著的相关，而且心理弹性的多个维度都可以分别预测积极学业情绪的多个维度，即自我心理弹性可以预测自豪，社会交往能力、逆境下的心态可以预测高兴，社会交往能力可以预测希望，问题解决能力可以预测满足、平静，社会和朋友支持、问题解决能力、自我心理弹性可以预测放松。国外也有研究发现高心理弹性的个体能够体验到更多的积极情绪②③。虽然流动青少年会因迁移和流动而致使其生活模式、生活习惯等受到都市生活的冲击，但父母或监护人的陪伴和积极支持，会使流动青少年获得极大的鼓舞与帮助。同时，教师和同伴在流动青少年的学习和生活中扮演着重要的角色，他们的关心和期望能缓解流动儿童因迁移带来的不适应和惊慌。因为成长过程有了父母的陪伴和教育，加之良好的师生关系和亲密的同伴关系，流动青少年不仅收获了安全感、归属感，而且社会交往能力也得到了培养，能够学会独立去解决各种问题。同样地，他们能够调节流动儿童的各种不良学业情绪，提高其积极学业情绪。因为高心理弹性的流动青少年能够利用自身坚韧、自强、乐观的积极心理品质减少来自压力的不良影响，从而更少受到不良情绪的困扰，保持心理健康，同时对学业也会投入更加积极的情绪。心理弹性的调节模型也认为，当个体心理弹性水平

① PEKRUN R, GOETZ T, TITZ W, et al. Academic emotions in students' self-regulated learning and achievement: a program of qualitative and quantitative research[J]. Educational psychologist, 2002, 37(2): 91-105.

② TUGADE M M, FREDRICKSON B L, FELDMAN BARRETT L. Psychological resilience and positive emotional granularity: examining the benefits of positive emotions on coping and health[J]. Journal of personality, 2004, 72(6): 1161-1190.

③ ONG A D, BERGEMAN C S, BISCONTI T L, et al. Psychological resilience, positive emotions, and successful adaptation to stress in later life[J]. Journal of personality and social psychology, 2006, 91(4): 730-749.

越高，压力和逆境对个体发展结果的负面影响会更弱①。在面临压力和逆境的时候，个体可以通过采取发现积极意义、幽默等应对策略来体验到积极情绪。而且高弹性的流动青少年能领悟到较多的其他方面的社会支持，从而改变消极认知，提高积极情绪，从而恢复到较好的状态②。由此可见，流动青少年的自我心理弹性、逆境下的心态、社会交往能力可以预测高唤醒学业情绪(自豪、高兴、希望)，问题解决能力、社会和朋友支持、自我心理弹性可以预测低唤醒学业情绪(满足、平静、放松)。

通过对流动青少年的心理弹性与积极学业情绪的分析，我们发现流动青少年的心理弹性可以预测积极学业情绪，心理弹性较高的流动青少年积极学业情绪水平较高。但是，本研究仅仅是针对流动青少年的积极学业情绪与心理弹性关系进行探讨，而没有与一般城市青少年进行比较，对流动这一事件本身特点的作用、学校因素的作用、学业成绩等因素的作用考虑不足等等，因此，研究结果有一定的局限性，希望在后续研究中进一步深入。尽管如此，本研究还是具有一定的价值。首先，心理弹性目前已成为心理学的一个重要研究领域，而从心理弹性这一视角来探讨流动青少年的学业情绪，这无疑给学业情绪增添了一个全新的方向，同时也给心理弹性研究注入了新鲜的血液。其次，心理弹性研究的目的是使逆境对个体的消极影响最小化，个体的适应和成长最大化，而心理弹性又能够预测积极学业情绪，那我们可以通过对心理弹性的干预来发展流动青少年的心理潜能，提高他们的积极学业情绪。

第三节　流动青少年积极学业情绪对幸福感的影响:学习效能感的作用

一、引言

据调查显示，截至 2010 年 11 月 1 日，全国流动青少年数量已达 3 581 万③。如此庞大的数字，使流动青少年成为当今社会关注的热点，流动青少年的学习、生活、社会适应性等方面成为人们研究的焦点。根据以往的研究，我们可以知道流动青少年作为一个特殊群体，其幸福感的研究多具有特殊的色彩，流动青少年的学习自我效能感、学业情绪都是影响他们幸福感的重要因素。对于学业情绪，以往的研究多关注消极学业情绪④，本节将在以往研究的基础上，对学习自我效能感、积极学业情绪以及综合幸福感的关系进行探讨。

学习自我效能感指个体的学业能力信念，是学习者对自己能否利用所拥有的能力或技能去完成学习任务的自信程度的评价，是个体对控制自己学习行为和学习成绩能力的一种主观判断，其包括基本能力感和控制感两个维度。基本能力感主要与学生对自己学习能力

---

① GARMEZY N，MASTEN A S，TELLEGEN A. The study of stress and competence in children：a building block for developmental psychopathology[J]. Child development，1984，55(1)：97.

② 应湘，白景瑞，郭绵玲，等. 外来工子女心理弹性、社会支持与积极情绪特征[J]. 广州大学学报(社会科学版)，2014，13(2)：25-30.

③ 段成荣，吕利丹，王宗萍，等. 我国流动儿童生存和发展：问题与对策：基于 2010 年第六次全国人口普查数据的分析[J]. 南方人口，2013，28(4)：44-55.

④ 刘霞，赵景欣，申继亮. 歧视知觉对城市流动儿童幸福感的影响：中介机制及归属需要的调节作用[J]. 心理学报，2013，45(5)：568-584.

的评价有关，在很大程度上与自身的天赋、努力程度有很大关系；而控制感则主要与学生能否控制和把握学习任务和行为有关，在一定程度上受到外界因素的影响比较多。两者的结合则更好地反映了一个人对自己学习能力和学习行为的主观判断①。

学业情绪是在教学或者学习过程中，与学生学业相关的各种情绪体验，包括高兴、厌倦、失望、焦虑、气愤等②。Efklides 认为学业情绪具有多样性、情境性和动态性的特征③，而流动青少年由于其流动背景的特殊性，在对其学业情绪的探讨就会更加复杂。查阅以往的研究④发现根据情绪的唤醒程度和愉悦度，我们可以将学业情绪划分为积极高唤醒学业情绪、积极低唤醒学业情绪、消极高唤醒学业情绪以及消极低唤醒学业情绪⑤。以往研究多关注焦虑这种消极情绪对学生的影响⑥，但也有研究者认为积极情绪是青少年自主学习的动力之源⑦，因而我们在关注流动青少年消极情绪的同时，要注意培养他们的积极学业情绪。

近年来对幸福感的研究具有多领域、多元化的趋势，已成为研究的焦点之一。目前对于幸福感的研究主要存在着两种研究取向：基于快乐论的主观幸福感和基于实现论的心理幸福感。Diener 认为主观幸福感是人们根据内在的标准对自己生活质量的整体性评估，是人们对生活的满意度及其各个方面的全面评价，并由此而产生积极性情感占优势的心理状态⑧。主观幸福感是一种情感上体现、情绪上的表达，但有研究者认为主观幸福感将主观的快乐、良好的自我感受和评价与幸福感等同起来，而忽视了外界的评价标准⑨，因而无法准确地评价一个人的幸福感。心理幸福感主要指人心理机能的良好状态，是不以自己主观意志转移的自我完善、自我实现、自我成就，是自我潜能的完美实现⑩。以实现论为导向的心理幸福感不再仅仅关注个体的主观情感体验，而更加关注个人潜能的实现，Ryan 等人认为当发生使自己快乐但却对自身发展没有益处的事情时，个体实际上并不会产生幸福感⑪。

申继亮等人的研究表明，流动青少年与其他青少年群体相比在学习与情绪等方面较多

---

① 边玉芳.学习自我效能感量表的编制[J].心理科学，2004，27(5)：1218-1222.

② PEKRUN R，GOETZ T，TITZ W，et al. Academic emotions in students' self-regulated learning and achievement：a program of qualitative and quantitative research[J]. Educational psychologist，2002，37(2)：91-105.

③ EFKLIDES A，VOLET S. Emotional experiences during learning：multiple，situated and dynamic[J]. Learning and instruction，2005，15(5)：377-380.

④ 宋灵青，刘儒德，李玉环，等.社会支持、学习观和自我效能感对学习主观幸福感的影响[J].心理发展与教育，2010，26(3)：282-287.

⑤ 俞国良，董妍.学业情绪研究及其对学生发展的意义[J].教育研究，2005，26(10)：39-43.

⑥ RAVAJA N，KALLINEN K，SAARI T，et al. Suboptimal exposure to facial expressions when viewing video messages from a small screen：effects on emotion，attention，and memory[J]. Journal of experimental psychology applied，2004，10(2)：120-131.

⑦ 叶程成，王莹.积极学业情绪：青少年学生自主学习的动力源[J].教育导刊，2013(9)：52-54.

⑧ DIENER E，SUH E M，LUCAS R E，et al. Subjective well-being：three decades of progress[J]. Psychological bulletin，1999，125(2)：276-302.

⑨ 陈浩彬.幸福感理论模型探索：基于大学生的实证研究[D].南昌：南昌大学，2008.

⑩ 陈浩彬，苗元江.主观幸福感、心理幸福感与社会幸福感的关系研究[J].心理研究，2012，5(4)：46-52.

⑪ RYAN R M，DECI E L. On happiness and human potentials：a review of research on hedonic and eudaimonic well-being[J]. Annual review of psychology，2001，52：141-166.

出现适应困难的问题①，因此关注流动青少年的学习自我效能感、学业情绪也就具有了特别的意义。综合以往的研究，学习自我效能感与积极学业情绪呈显著正相关，与消极学业情绪呈显著负相关②。董研、俞国良的研究也表明学业情绪可以通过学习目标、学习效能、学习策略等中介变量对学业成就产生间接影响③。可见学习自我效能感与学业情绪之间有密切的关系，那么学习自我效能感和学业情绪又是如何影响幸福感的呢？宋灵青等④对初中生的研究表明社会支持、学习观和学习自我效能感对学习主观幸福感有显著影响，但学习自我效能的影响作用较大。相关研究也表明学习自我效能感对主观幸福感的预测作用显著⑤。此外，徐先彩等⑥认为自我认知是影响学业情绪的重要因素，根据 Pekrun 的控制—价值理论，环境的变化会影响个体的认知活动，从而使个体产生不同的学业情绪，而幸福感是对这些情绪的主观上的表达和体验，因而学业情绪也会影响幸福感。

综上所述，学习自我效能感、学业情绪以及幸福感之间都有一定的关系，但对于积极学业情绪、心理幸福感、学业情绪对幸福感的关系等方面的研究还比较少。本节将在以往研究的基础上，以流动青少年为研究对象继续对学习自我效能、学业情绪以及幸福感的关系进行探讨，但本研究着重关注积极学业情绪，增添心理幸福感的研究，并探讨学业情绪在学习自我效能感和幸福感之间是否存在调节作用。由此我们可以做出以下假设：(1) 学习自我效能感、学业情绪与幸福感有显著正相关，学习自我效能感与积极学业情绪有显著正相关；(2) 学习自我效能感对幸福感有显著的预测作用；(3) 积极学业情绪在学习自我效能感和幸福感之间存在调节作用，见图 5-1。

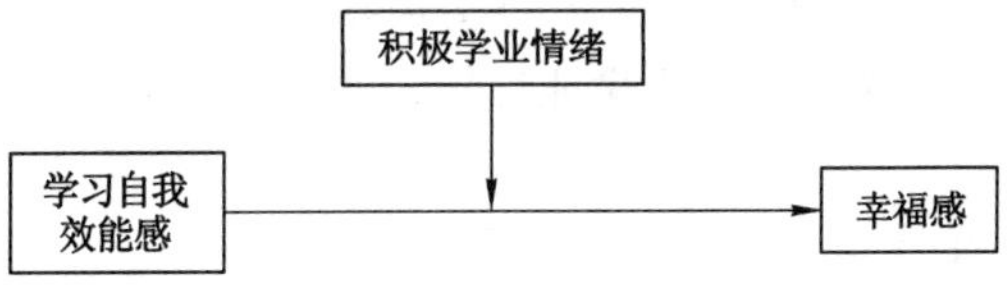

图 5-1　学习自我效能感、学业情绪与幸福感关系图

二、研究方法

(一) 研究对象

本研究采取整群随机抽样的方法。2016 年 1—2 月，选取 3 个城市 3 所中学，采用抽签法每个年级随机抽取 2 个班级全体学生参加测试(其中有 1 所中学含初中，共含初中 6 个班

① 申继亮，刘霞，赵景欣，等. 城镇化进程中农民工子女心理发展研究[J]. 心理发展与教育，2015，31(1)：108-116.

② 李洁，宋尚桂. 大学生学业自我效能感、学业情绪与学习适应性[J]. 中国健康心理学杂志，2013，21(9)：1429-1431.

③ 董妍，俞国良. 青少年学业情绪对学业成就的影响[J]. 心理科学，2010，33(4)：934-937.

④ 宋灵青，刘儒德，李玉环，等. 社会支持、学习观和自我效能感对学习主观幸福感的影响[J]. 心理发展与教育，2010，26(3)：282-287.

⑤ 田黛，陆运清，安晓强，等. 学业自我效能感、社交焦虑对大学生主观幸福感的影响研究[J]. 中国健康心理学杂志，2012，20(8)：1241-1243.

⑥ 徐先彩，龚少英. 学业情绪及其影响因素[J]. 心理科学进展，2009，17(1)：92-97.

级、高中18个班级)，最终有1 282人参加测试，发放问卷1 282份，有效问卷为1 159份，有效问卷率90.41%。其中流动儿童(按照户口为农业，现居住地与户口所在地不一致，且长达半年以上为标准筛选)397人，平均年龄16.78岁(SD=1.92)。流动儿童中男生177人(44.90%)，女生217人(55.10%)，3人未报告；独生子女145人(38.70%)，非独生子女230人(61.30%)，22人未报告。所有被试父母均签署知情同意书。

（二）研究工具

1. 综合幸福感问卷(multiple happiness questionnaire，MHQ)①

该问卷通过个体对幸福的陈述以确定其主观幸福感和心理幸福感。问卷包括2个分问卷(主观幸福感和心理幸福感)、9个维度(生活满意、正性情感、负性情感、生命活力、健康关注、利他行为、自我价值、友好关系和人格成长)，共50个条目。其中，主观幸福感分问卷由生活满意、正性情感、负性情感3个维度组成；心理幸福感分问卷由生命活力、健康关注、利他行为、自我价值、友好关系和人格成长等6个维度组成。总问卷的cronbach's α系数在0.67～0.91之间。

2. 学习自我效能感量表

量表由边玉芳②编制，量表测试结果反映了个体对自我学习能力和学习行为的一种主观判断。该量表由2个分量表(基本能力感与控制感)构成，其中基本能力感包括良好学习结果信念、目标达成感、天资感、积极的自我预期、自我确信。控制感包括自我怀疑感、易受干扰感、不良环境感受、无能为力感、努力感。量表共65题项，用7点量表计分，"完全同意"到"完全不同意"分别评定为1—7级。量表的α系数为0.8，其中基本能力感分量表α系数为0.9，控制感分量表α系数为0.79；其验证性因素分析的拟合指数为：$\chi^2/df=7.47$，CFI=0.95，RMSEA=0.051。

3. 积极学业情绪问卷③

问卷用于测试与学生学业活动相关的各种情绪体验。问卷由积极高唤醒学业情绪分问卷与积极低唤醒学业情绪分问卷组成。研究选用了其中积极高唤醒学业情绪分问卷，包括自豪、高兴、希望3个维度，共16个题目。问卷计分为5点量表形式，从"完全不符合"到"完全符合"，依次记1—5分。本积极学业情绪分问卷的cronbach's α系数分别为0.815，分半信度为0.78。

（三）数据分析

问卷采取集体施测，当场收回。采用SPSS 20.0软件对数据进行验证性因素分析、方差分析、相关分析以及分层回归分析。本研究运用Bootstrap方法检验所有回归系数的显著性，Bootstrap检验方法不受样本容量的限制，能有效缓解Ⅰ类和Ⅱ类错误的可能性，具有较低的误判率和很高的精度。已有研究者在心理学研究中成功应用④⑤。本研究使用

① 苗元江.心理学视野中的幸福：幸福感理论与测评研究[M].天津：天津人民出版社，2009.

② 边玉芳.学习自我效能感量表的编制[J].心理科学，2004，27(5)：1218-1222.

③ 董妍，俞国良.青少年学业情绪问卷的编制及应用[J].心理学报，2007，39(5)：852-860.

④ 李丹黎，张卫，李董平，等.父母行为控制、心理控制与青少年早期攻击和社会退缩的关系[J].心理发展与教育，2012，28(2)：201-209.

⑤ 王明珠，邹泓，李晓巍，等.幼儿父母婚姻冲突与教养方式的关系：父母情绪调节策略的调节作用[J].心理发展与教育，2015，31(3)：279-286.

Bootstrap 检验方法，共构造 1 000 个样本，每个样本容量均为 397 人；具体样本生成检验的递归公式：$Y_{T,t}=Y_{T,t-1}+\varepsilon_{T,t}$，其中 ε_t 为中心化处理后的残差估计，然后以 ε_t 为总体，采用有放回抽样方式抽取残差，记为 $\varepsilon_{T,t}(t=1,2,\cdots,T)$，以递归公式生成 Bootstrap 样本 $Y_{T,t}(t=1,2,\cdots,T)$，取初始值 $Y_{T,0}=0$①。

三、结果

（一）差异分析

1. 流动青少年积极学业情绪、学习自我效能感及幸福感的性别差异

根据调查结果显示，男生有 177 人，女生有 217 人，分别对主观幸福感、心理幸福感等变量进行性别差异的比较（见表 5-11），结果表明：男生学习自我效能感中的环境干扰感得分低于女生的得分[(27.83±8.88) vs (30.01±7.63)，$t=-2.584$，$P<0.05$，$d=-0.266$]；男生的学业情绪中的积极高唤醒高兴[(23.40±5.47) vs (24.53±4.35)，$t=-2.201$，$P<0.05$，$d=-0.232$]、积极高唤醒希望[(13.23±3.64) vs (14.25±2.60)，$t=-3.098$，$P<0.01$，$d=-0.329$]、积极低唤醒平静[(12.71±3.25) vs (13.40 ±2.77)，$t=-2.228$，$P<0.05$，$d=-0.231$]、积极高唤醒总分[(52.28±11.76) vs (54.86±7.88)，$t=-2.434$，$P<0.05$，$d=-0.264$]以及积极低唤醒总分[(42.31±9.28) vs (44.18±7.73)，$t=-2.128$，$P<0.05$，$d=-0.222$]等变量的得分均低于女生的得分。

表 5-11　流动青少年积极学业情绪、学习自我效能感及幸福感的性别差异

变量	M±SD		t	P	cohen's d
	男(n=177)	女(n=217)			
主观幸福感	60.43±14.06	62.3±13.43	−1.179	0.239	—
心理幸福感	117.48±34.46	114.58±29.62	0.839	0.402	—
学习自我效能感	163.21±22.34	165.60±24.65	−0.947	0.344	—
基本能力感	80.89±17.81	81.62±14.54	−0.438	0.662	—
良好自我信念	28.94±7.94	28.82±6.36	0.154	0.878	—
天资感	25.28±4.42	25.36±3.82	−0.176	0.861	—
积极的自我预期	26.70±6.82	27.52±6.13	−1.232	0.219	—
环境干扰感	27.83±8.88	30.01±7.63	−2.584*	<0.05	−0.266
控制感	77.95±14.81	79.50±15.07	−0.980	0.328	—
学习无助感	28.63±8.15	27.08±7.16	1.953	0.052	—
努力感	21.61±6.10	22.57±4.98	−1.660	0.098	—
高唤醒学业情绪	52.28±11.76	54.86±7.88	−2.434*	<0.05	−0.264
自豪	15.51±4.10	15.995±3.39	−1.251	0.212	—
高兴	23.40±5.47	24.53±4.35	−2.201*	<0.05	−0.232

① DAVIDSON R. Size distortion of bootstrap tests: an example from unit root testing[J]. Review of economic analysis, 2010, 2(2): 169-193.

表 5-11(续)

变量	$M \pm SD$		t	P	cohen's d
	男(n=177)	女(n=217)			
希望	13.23±3.64	14.25±2.60	−3.098**	<0.01	−0.329
低唤醒学业情绪	42.31±9.28	44.18±7.73	−2.128*	<0.05	−0.222
满足	14.41±3.74	15.02±3.26	−1.721	0.086	—
平静	12.71±3.25	13.40±2.77	−2.228*	<0.05	−0.231
放松	15.40±4.13	15.71±3.66	−0.769	0.442	—

注：* $P<0.05$；** $P<0.01$。

2. 流动青少年积极学业情绪、学习自我效能感及幸福感的年级差异

根据年级调查的总人数，本研究将年级划分为 2 个维度，分别是大学以下(n=73)和大学(n=324)。分别对主观幸福感、心理幸福感等维度的得分进行年级差异的比较(见表 5-12)，结果显示：大学以下年级的心理幸福感的得分要低于大学年级的得分[(103.42±27.66) vs (118.95±32.74)，$t=-3.526$，$P<0.001$，$d=-0.488$]；大学以下年级学习效能感的积极自我预期[(29.87±7.12) vs (26.57±6.12)，$t=3.595$，$P<0.01$，$d=0.524$]、环境干扰感[(33.42±9.07) vs (28.00±7.79)，$t=4.611$，$P<0.001$，$d=0.677$]、努力感[(24.31±5.91) vs (21.67±5.31)，$t=3.649$，$P<0.001$，$d=0.488$]、基本能力感[(85.30±16.19) vs (80.50±15.89)，$t=2.231$，$P<0.05$，$d=0.302$]、控制感[(86.87±20.58) vs (77.01±12.86)，$t=3.659$，$P<0.001$，$d=0.683$]以及学习自我效能感总分[(177.85±35.16) vs (161.80±19.39)，$t=3.432$，$P<0.01$，$d=0.706$]等维度的得分均高于大学年级的得分；大学以下年级学业情绪中的积极高唤醒高兴[(26.19±4.73) vs (23.50±4.90)，$t=4.139$，$P<0.001$，$d=0.554$]、积极高唤醒希望[(15.01±2.71) vs (13.50±3.21)，$t=3.695$，$P<0.001$，$d=0.484$]的得分均高于大学以上年级的得分。

表 5-12　流动青少年积极学业情绪、学习自我效能感及幸福感的年级差异($\bar{x} \pm s$)

变量	$M \pm SD$		t	P	cohen's d
	大学以下(n=73)	大学(n=324)			
主观幸福感	59.86±11.10	62.05±14.53	−1.306	0.194	—
心理幸福感	103.42±27.66	118.95±32.74	−3.526***	<0.001	−0.488
良好自我信念	29.43±7.78	28.79±6.95	0.686	0.493	—
天资感	25.8±3.83	25.24±4.15	1.030	0.303	—
积极的自我预期	29.87±7.12	26.57±6.12	3.595**	<0.01	0.524
环境干扰感	33.42±9.07	28.00±7.79	4.611***	<0.001	0.677
学习无助感	28.93±9.67	27.52±7.10	1.137	0.259	—
努力感	24.31±5.91	21.67±5.31	3.649***	<0.001	0.488
基本能力感	85.30±16.19	80.50±15.89	2.231*	<0.05	0.302
控制感	86.87±20.58	77.01±12.86	3.659***	<0.001	0.683

表 5-12(续)

变量	$M\pm SD$		t	P	cohen's d
	大学以下(n=73)	大学(n=324)			
学习自我效能感总分	177.85±35.16	161.80±19.39	3.432**	<0.01	0.706
自豪	15.79±4.40	15.75±3.60	0.072	0.943	—
高兴	26.19±4.73	23.50±4.90	4.139***	<0.001	0.554
希望	15.01±2.71	13.50±3.21	3.695***	<0.001	0.484
满足	15.29±3.35	14.61±3.55	1.473	0.141	—
平静	13.59±3.22	12.97±2.98	1.563	0.119	—
放松	15.86±3.97	15.48±3.89	0.754	0.451	—
低唤醒学业情绪	44.71±8.04	42.98±8.73	1.508	0.132	—
高唤醒学业情绪	57.31±8.59	52.82±10.16	3.369**	<0.01	0.445

注：* $P<0.05$；** $P<0.01$；*** $P<0.001$。

3. 流动青少年积极学业情绪、学习自我效能感及幸福感的户口差异

根据对学生背景的调查结果显示，农业户口的学生 281 人，非农业户口的学生 113 人。分别对主观幸福感心理幸福感等变量进行户口差异的分析(见表 5-13)，结果表明：农业户口学生学习效能感中的良好自我信念[(28.10±7.15) vs (30.94±6.62)，$t=-3.559$，$P<0.001$，$d=-0.407$]、天资感[(25.03±4.20) vs (26.10±3.79)，$t=-2.337$，$P<0.05$，$d=-0.263$]、积极的自我预期[(26.44±6.55) vs (28.92±5.82)，$t=-3.487$，$P<0.01$，$d=-0.392$]以及基本能力感[(79.41±16.43) vs (86.15±14.06)，$t=-3.487$，$P<0.001$，$d=-0.428$]的得分均低于非农业户口学生的得分。

表 5-13 流动青少年积极学业情绪、学习自我效能感及幸福感的户口差异

变量	$M\pm SD$		t	P	cohen's d
	农业(n=281)	非农业(n=113)			
主观幸福感	61.24±12.95	62.38±15.89	−0.652	0.515	—
心理幸福感	117.07±31.72	114.43±33.99	0.697	0.486	—
良好自我信念	28.10±7.15	30.94±6.62	−3.559***	<0.001	−0.407
天资感	25.03±4.20	26.10±3.79	−2.337*	<0.05	−0.263
积极的自我预期	26.44±6.55	28.92±5.82	−3.487**	<0.01	−0.392
环境干扰感	29.15±8.39	28.48±8.09	0.713	0.477	—
学习无助感	28.09±7.73	27.02±7.46	1.223	0.222	—
努力感	21.92±5.69	22.74±5.00	−1.318	0.188	—
基本能力感	79.41±16.43	86.15±14.06	−3.741***	<0.001	−0.428
控制感	79.12±14.88	77.72±15.24	0.789	0.431	—
学习自我效能感总分	162.98±23.97	168.30±22.21	−1.922	0.055	—
自豪	15.65±3.80	15.94±3.65	−0.693	0.489	—

表 5-13(续)

变量	$M\pm SD$		t	P	cohen's d
	农业(n=281)	非农业(n=113)			
高兴	23.88±4.85	24.25±5.30	−0.653	0.514	—
希望	13.76±3.12	13.80±3.33	−0.107	0.915	—
满足	14.72±3.45	14.82±3.72	−0.242	0.809	—
平静	12.94±3.00	13.43±3.14	−1.405	0.161	—
放松	15.46±3.80	15.80±3.20	−0.782	0.435	—
高唤醒学业情绪	53.39±9.88	54.14±10.48	−0.656	0.512	—
低唤醒学业情绪	43.08±8.33	43.93±9.37	−0.853	0.394	—

注：* $P<0.05$，** $P<0.01$，*** $P<0.001$。

4. 流动青少年积极学业情绪、学习自我效能感及幸福感的父母外出状况差异

根据学生家庭背景的调查，父母外出状况可以分为三种情况，分别是状况①孩子留在家，但其父母双方或一方外出工作，且时间有半年以上，这种情况有 159 人；状况②孩子跟随父母一起外出工作学习，且时间有半年以上，这种情况有 59 人；状况③以上两种情况都不是，这种情况有 146 人。分别对不同父母外出状况的主观幸福感、心理幸福感等变量得分进行比较(见表 5-14)，结果发现学习效能感中的环境干扰感($F=9.847$，$P<0.001$)、控制感($F=5.416$，$P<0.01$)在三个水平上的差异均具有统计学意义，均表现为①<③<②。

表 5-14 流动青少年积极学业情绪、学习自我效能感及幸福感的父母外出状况差异

变量	$M\pm SD$			F	P	两两比较 ($P<0.05$)
	状况①(n=159)	状况②(n=59)	状况③(n=146)			
主观幸福感	61.04±12.04	59.62±13.15	63.11±15.56	1.307	>0.05	—
心理幸福感	116.76±26.82	112.81±37.94	114.86±35.11	0.308	>0.05	—
良好自我信念	28.78±6.48	28.86±7.41	29.05±7.54	0.053	>0.05	—
天资感	25.21±3.89	25.32±4.60	25.50±4.06	0.195	>0.05	—
积极的自我预期	26.75±6.04	28.20±7.72	27.50±6.14	1.188	>0.05	—
环境干扰感	27.79±7.79	33.30±6.65	29.33±8.58	9.847***	<0.001	①<③<②
学习无助感	27.05±6.85	28.02±9.49	28.58±7.38	1.495	>0.05	—
努力感	21.62±5.05	22.51±6.47	22.70±5.59	1.513	>0.05	—
基本能力感	80.57±14.57	82.38±18.11	82.09±16.38	0.433	>0.05	—
控制感	76.48±13.44	83.73±16.62	80.29±15.04	5.416**	<0.01	①<③<②
学习自我效能感总分	161.77±20.90	169.67±29.32	166.76±24.11	2.651	>0.05	—
自豪	15.57±3.73	16.42±3.25	15.74±3.98	1.111	>0.05	—
高兴	23.78±4.36	24.60±5.60	23.98±5.47	0.539	>0.05	—
希望	13.59±3.01	14.45±3.05	13.83±3.39	1.550	>0.05	—
满足	14.73±3.57	14.95±2.95	14.53±3.62	0.318	>0.05	—

表 5-14(续)

变量	M±SD			F	P	两两比较(P<0.05)
	状况①(n=159)	状况②(n=59)	状况③(n=146)			
平静	12.80±2.85	13.39±3.10	13.26±3.17	1.211	>0.05	—
放松	15.54±3.66	15.75±3.50	15.52±4.27	0.074	>0.05	—
高唤醒学业情绪	53.04±8.89	55.80±9.60	53.57±11.37	1.495	>0.05	—
低唤醒学业情绪	43.08±8.29	44.18±7.15	43.08±9.39	0.388	>0.05	—

注：* $P<0.05$；** $P<0.01$；*** $P<0.001$；状况①是您留在家，但您的父母双方或一方外出工作，且时间有半年以上；状况②是您跟随您父母一起外出工作学习，且时间有半年以上；状况③是以上都不是。

5. 流动青少年积极学业情绪、学习自我效能感及幸福感的是否独生子女差异

根据对学生进行是否是独生子女的调查，结果显示，在调查的所有学生中，独生子女的有145人，非独生子女的有230人。分别对主观幸福感、心理幸福感等不同变量的是否独生子女差异进行分析(见表5-15)，结果表明：独生子女与非独生子女在主观幸福感、心理幸福感等不同变量上的得分均无显著性差异。

表 5-15　流动青少年积极学业情绪、学习自我效能感及幸福感的是否独生子女差异

变量	M±SD		t	P
	独生子女(n=145)	非独生子女(n=230)		
主观幸福感	63.29±13.88	60.82±13.90	1.473	0.142
心理幸福感	115.18±34.76	115.52±30.94	−0.093	0.926
良好自我信念	28.62±6.88	28.76±7.15	−0.187	0.852
天资感	25.53±3.87	25.15±4.26	0.860	0.391
积极的自我预期	27.04±6.46	27.22±6.49	−0.263	0.793
环境干扰感	28.26±8.48	29.36±8.24	−1.221	0.223
学习无助感	27.69±7.14	27.61±7.89	0.093	0.926
努力感	21.49±5.26	22.45±5.65	−1.626	0.106
基本能力感	81.01±15.36	81.13±16.51	−0.068	0.946
控制感	77.19±13.72	79.30±15.39	−1.288	0.199
学习自我效能感总分	162.65±21.06	164.81±24.31	−0.825	0.404
自豪	15.91±3.56	15.69±3.84	0.548	0.584
高兴	23.54±4.92	24.29±4.93	−1.426	0.155
希望	13.78±3.21	13.90±3.07	−0.353	0.724
满足	14.52±3.57	14.91±3.43	−1.070	0.286
平静	12.84±3.00	13.31±3.00	−1.485	0.139
放松	15.48±3.76	15.69±3.93	−0.501	0.617
高唤醒学业情绪	53.21±9.94	54.07±3.93	−0.803	0.422
低唤醒学业情绪	42.73±8.40	43.90±8.44	−1.283	0.200

6. 流动青少年积极学业情绪、学习自我效能感及幸福感的不同家庭收入水平差异

根据不同家庭年收入的调查结果，本研究将家庭年收入分为三个水平，分别是家庭年收入：①在 6 000 元以下；②6 000 到 30 000 元之间；③30 000 元以上。然后进行不同家庭年收入的主观幸福感、心理幸福感等变量得分的比较（见表 5-16），结果发现：学习效能感的良好自我信念（$F=7.636$，$P<0.01$）、天资感（$F=3.323$，$P<0.05$）、积极的自我预期（$F=3.443$，$P<0.05$）、努力感（$F=4.573$，$P<0.05$）、基本能力感（$F=5.376$，$P<0.01$）以及学习效能感总分（$F=6.498$，$P<0.01$）等维度在三个水平上的差异均具有统计学意义。

表 5-16　流动青少年积极学业情绪、学习自我效能感及幸福感的不同家庭收入水平差异

变量	$M\pm SD$			F	P	两两比较
	6 000 元以下①（$n=108$）	6 000～30 000 元②（$n=142$）	30 000 元以上③（$n=147$）			（$P<0.05$）
主观幸福感	62.14±12.48	61.93±14.54	60.82±14.18	0.236	>0.05	—
心理幸福感	117.77±32.62	117.90±33.20	113.22±31.47	0.842	>0.05	—
良好自我信念	29.30±7.28	27.08±6.99	30.31±6.73	7.636**	<0.01	②<①，②<③
天资感	25.64±4.40	24.63±4.26	25.81±3.62	3.323*	<0.05	②<①，②<③
积极的自我预期	26.47±6.74	26.54±6.47	28.27±6.05	3.443*	<0.05	①<③，②<③
环境干扰感	27.90±8.32	28.91±7.66	29.82±8.79	1.634	>0.05	—
学习无助感	27.38±7.25	27.71±7.78	28.11±7.80	0.282	>0.05	—
努力感	21.79±5.46	21.28±5.96	23.21±4.92	4.573*	<0.05	①<③，②<③
基本能力感	81.35±17.06	78.14±16.48	84.45±14.20	5.376**	<0.01	②<③
控制感	77.16±13.61	77.88±14.49	80.67±16.14	1.924	>0.05	—
学习自我效能感总分	162.68±21.57	160.07±23.41	170.15±24.12	6.498**	<0.01	①<③，②<③
自豪	15.66±3.88	15.70±3.50	15.90±3.92	0.140	>0.05	—
高兴	23.83±4.75	23.58±4.72	24.46±5.35	1.139	>0.05	—
希望	13.43±2.95	13.87±3.21	13.94±3.30	0.885	>0.05	—
满足	15.16±3.63	14.50±3.43	14.67±3.53	1.121	>0.05	—
平静	13.07±3.14	12.91±2.94	13.26±3.06	0.463	>0.05	—
放松	16.00±4.27	15.19±3.55	15.57±3.95	1.316	>0.05	—
高唤醒学业情绪	52.82±9.82	53.26±9.69	54.54±10.51	1.000	>0.05	—
低唤醒学业情绪	44.31±9.20	42.29±8.12	43.54±8.61	1.691	>0.05	—

注：* $P<0.05$；** $P<0.01$。

7. 流动青少年积极学业情绪、学习自我效能感及幸福感的主观经济状况差异

根据对学生家庭经济状况的调查显示，本研究将学生的家庭经济状况分为三个水平，分别是：① 差；② 一般；③ 好。分别对主观幸福感、心理幸福感等不同变量的得分进行不同家庭经济状况差异的比较（见表 5-17），结果表明：学生的心理幸福感的得分在三个水平上具有显著性差异（$F=5.424$，$P<0.01$），并且表现为②<①；学生学习效能感中的积极的自我预期（$F=6.925$，$P<0.01$）、努力感（$F=4.776$，$P<0.01$）、基本能力感（$F=3.599$，$P<$

0.05)以及学习效能感总分($F=3.153, P<0.05$)等变量的得分在三个水平上的差异均具有统计学意义，且分别表现为②<①、③<①，①<②、①<③，①<②、①<③，①<③；学生学业情绪中积极高唤醒希望($F=4.340, P<0.05$)、积极高唤醒总分($F=4.066, P<0.05$)在三个水平上的差异具有显著性，且分别表现为①<②，①<②、①<③。

表 5-17　流动青少年积极学业情绪、学习自我效能感及幸福感的主观经济状况差异

变量	$M\pm SD$			F	P	两两比较($P<0.05$)
	①差($n=129$)	②一般($n=223$)	③好($n=36$)			
主观幸福感	62.59±14.51	61.17±18.83	59.74±11.58	0.637	>0.05	—
心理幸福感	123.21±36.42	111.18±29.30	117.63±25.12	5.424**	<0.01	②<①
良好自我信念	28.00±7.36	29.27±7.10	30.37±5.70	2.015	>0.05	—
天资感	25.02±4.67	25.52±3.67	25.67±4.17	0.701	>0.05	—
积极的自我预期	25.59±6.91	27.92±6.00	28.97±5.63	6.925**	<0.01	②<①,③<①
环境干扰感	28.25±8.55	29.05±8.11	31.78±8.00	2.548	>0.05	—
学习无助感	28.76±7.66	27.20±7.49	27.18±8.24	1.704	>0.05	—
努力感	21.06±6.00	22.62±5.16	23.75±5.18	4.776**	<0.01	①<②,①<③
基本能力感	78.47±17.76	82.69±15.03	84.94±13.06	3.599*	<0.05	①<②,①<③
控制感	78.17±14.79	78.57±15.14	82.55±14.39	1.158	>0.05	—
学习自我效能感总分	160.95±23.30	165.96±23.41	171.59±23.17	3.153*	<0.05	①<③
自豪	15.43±4.04	15.98±3.45	16.47±3.85	1.477	>0.05	—
高兴	23.27±5.43	24.48±4.58	24.60±4.73	2.629	>0.05	—
希望	13.21±3.29	14.17±3.03	14.31±2.58	4.340*	<0.05	①<②
满足	14.50±3.82	14.76±3.26	15.86±2.93	2.215	>0.05	—
平静	12.98±3.40	13.15±2.71	13.35±3.11	0.239	>0.05	—
放松	15.33±4.24	15.60±3.51	16.42±4.11	1.130	>0.05	—
高唤醒学业情绪	51.88+11.22	54.77±8.06	55.63±8.42	4.066*	<0.05	①<②,①<③
低唤醒学业情绪	42.64±9.65	43.48±7.65	45.88±7.86	2.008	>0.05	—

注：* $P<0.05$；** $P<0.01$。

8. 流动青少年积极学业情绪、学习自我效能感及幸福感的父母受教育水平差异

根据对学生父亲受教育程度的调查，本研究将父亲受教育程度划分为三个水平，分别是：①小学及小学以下文化水平；②初中文化水平；③高中及高中以上文化水平。分别对学生父亲不同受教育的程度进行主观幸福感、心理幸福感等变量得分的比较(见表 5-18)，结果发现：学生的主观幸福感的得分、学习效能感中的积极的自我预期的得分在三个水平上的差异具有统计学意义($F=4.202$、3.318, $P<0.05$)，且分别表现为①<③、②<③，①<③。

表 5-18　流动青少年积极学业情绪、学习自我效能感及幸福感的父亲受教育水平差异

变量	$M\pm SD$			F	P	两两比较（$P<0.05$）
	①小学及小学以下（$n=102$）	②初中（$n=163$）	③高中及高中以上（$n=132$）			
主观幸福感	59.75±10.17	59.93±13.52	64.67±15.93	4.202*	<0.05	①<③，②<③
心理幸福感	119.60±33.40	113.88±29.03	116.27±35.36	0.872	>0.05	—
良好自我信念	28.00±6.63	28.54±7.20	30.06±7.22	2.711	>0.05	—
天资感	25.15±4.16	25.23±3.96	25.62±4.23	0.470	>0.05	—
积极的自我预期	26.07±5.80	26.96±6.80	28.24±6.29	3.318*	<0.05	①<③
环境干扰感	27.42±7.75	29.58±8.33	29.36±8.53	2.284	>0.05	—
学习无助感	27.96±7.07	27.65±7.78	27.78±7.90	0.048	>0.05	—
努力感	21.37±5.00	22.46±5.46	22.31±5.92	1.301	>0.05	—
基本能力感	79.08±14.92	80.61±16.34	83.97±16.22	2.834	>0.05	—
控制感	77.04±12.71	79.27±15.42	79.31±15.88	0.782	>0.05	—
学习自我效能感总分	160.54±19.77	164.15±24.19	167.81±24.97	2.526	>0.05	—
自豪	15.55±4.11	15.72±3.78	15.96±3.44	0.346	>0.05	—
高兴	23.69±5.49	23.93±4.79	24.24±4.81	0.350	>0.05	—
希望	13.28±3.37	13.91±3.07	13.98±3.14	1.657	>0.05	—
满足	14.54±3.82	14.66±3.58	15.00±3.21	0.560	>0.05	—
平静	12.79±2.99	13.02±3.02	13.38±3.08	1.094	>0.05	—
放松	15.20±4.03	15.43±3.69	15.96±4.06	1.198	>0.05	—
高唤醒学业情绪	52.55±11.51	53.73±9.69	54.27±9.30	0.803	>0.05	—
低唤醒学业情绪	42.64±9.07	43.05±8.74	44.12±8.10	0.917	>0.05	—

注：* $P<0.05$；** $P<0.01$。

根据对学生母亲的受教育情况的调查，本研究将学生母亲受教育状况分为三个水平，分别是：①小学及小学以下水平；②初中文化水平；③高中及高中以上文化水平。分别对母亲不同受教育的程度进行主观幸福感、心理幸福感等变量得分的比较（见表 5-19），结果表明：学生主观幸福感的得分在三个水平上的差异具有显著性（$F=4.130$，$P<0.05$），表现为②<③；学生学习效能感中的良好自我信念（$F=6.572$，$P<0.01$）、基本能力感（$F=4.489$，$P<0.05$）以及学习效能感的总分（$F=5.828$，$P<0.01$）等变量的得分在三个水平上的差异具有统计学意义，且均表现为①<②、①<③。

表 5-19　流动青少年积极学业情绪、学习自我效能感及幸福感的母亲受教育水平差异

变量	$M\pm SD$			F	P	两两比较（$P<0.05$）
	①小学及小学以下（$n=179$）	②初中（$n=134$）	③高中及高中以上（$n=84$）			
主观幸福感	61.96±13.02	58.86±14.73	65.08±13.49	4.130*	<0.05	②<③
心理幸福感	118.30±35.08	113.37±29.12	116.04±31.51	0.798	>0.05	—

表 5-19(续)

变量	$M\pm SD$			F	P	两两比较($P<0.05$)
	①小学及小学以下($n=179$)	②初中($n=134$)	③高中及高中以上($n=84$)			
良好自我信念	27.52±7.45	29.64±6.95	30.61±6.03	6.572**	<0.01	①<②,①<③
天资感	24.88±4.31	25.69±4.12	25.72±3.52	1.951	>0.05	—
积极的自我预期	26.52±6.74	27.33±6.48	28.21±5.57	2.019	>0.05	—
环境干扰感	28.49±8.21	29.45±8.43	29.22±8.25	0.539	>0.05	—
学习无助感	27.30±7.69	28.00±7.95	28.38±7.01	0.634	>0.05	—
努力感	21.49±5.22	22.56±5.69	22.79±5.73	2.155	>0.05	—
基本能力感	78.68±16.98	82.70±16.25	84.55±12.79	4.489*	<0.05	①<②,①<③
控制感	77.12±14.02	79.67±15.78	80.51±15.29	1.761	>0.05	—
学习自我效能感总分	159.88±22.26	167.02±24.06	169.75±23.79	5.828**	<0.01	①<②,①<③
自豪	15.44±3.77	16.10±3.55	15.88±4.01	1.215	>0.05	—
高兴	23.56±5.13	24.25±4.47	24.40±5.38	1.087	>0.05	—
希望	13.58±3.29	13.99±2.80	13.85±3.49	0.672	>0.05	—
满足	14.44±3.65	15.12±3.15	14.77±3.80	1.415	>0.05	—
平静	12.87±3.06	13.18±2.90	13.34±3.19	0.785	>0.05	—
放松	15.28±3.74	15.65±3.72	15.94±4.49	0.885	>0.05	—
高唤醒学业情绪	52.50±10.50	54.50±10.97	54.47±10.97	1.839	>0.05	—
低唤醒学业情绪	42.60±8.75	43.83±8.02	43.95±9.24	1.023	>0.05	—

注：* $P<0.05$；** $P<0.01$。

9．流动青少年积极学业情绪、学习自我效能感及幸福感的流动时间差异

根据对流动青少年流动时间的调查，我们可以将流动时间划分为两个水平，分别为流动时间在半年以下($n=261$)和流动时间在半年以上($n=136$)。针对不同的流动时间，分别对主观幸福感、心理幸福感等变量的得分进行差异比较(表 5-20)，结果发现：流动时间在半年以下的学生，其学习效能感中的积极的自我预期[(26.64±5.90) vs (28.23±7.30)，$t=-2.306$，$P<0.05$，$d=-0.249$]、环境干扰感[(28.19±7.86) vs (30.50±8.89)，$t=-2.609$，$P<0.01$，$d=-0.282$]、学习无助感[(26.98±6.75) vs (29.35±8.96)，$t=-2.623$，$P<0.01$，$d=-0.314$]、控制感[(76.84±12.58) vs (82.63±18.38)，$t=-3.092$，$P<0.01$，$d=-0.395$]以及学习自我效能感总分[(161.43±19.15) vs (171.30±30.12)，$t=-3.173$，$P<0.01$，$d=-0.428$]均低于流动时间在半年以上学生的得分；流动半年以下的学生，其学业情绪中的积极高唤醒高兴的得分低于流动时间在半年以上学生的得分[(23.54±4.74) vs (24.82±5.33)，$t=-2.392$，$P<0.05$，$d=-0.259$]。

表 5-20　流动青少年积极学业情绪、学习自我效能感及幸福感的流动时间差异

变量	$M \pm SD$		t	P	cohen's d
	流动半年以下 (n=261)	流动半年以上 (n=136)			
主观幸福感	62.34±13.72	60.34±14.07	1.216	0.225	—
心理幸福感	117.36±31.88	113.86±33.39	0.970	0.333	—
良好自我信念	28.52±6.87	29.69±7.50	−1.521	0.129	—
天资感	25.22±4.13	25.60±4.03	−0.865	0.387	—
积极的自我预期	26.64±5.90	28.23±7.30	−2.306*	<0.05	−0.249
环境干扰感	28.19±7.86	30.50±8.89	−2.609**	<0.01	−0.282
学习无助感	26.98±6.75	29.35±8.96	−2.623**	<0.01	−0.314
努力感	21.81±5.26	22.79±5.96	−1.633	0.103	—
基本能力感	80.36±15.44	83.47±17.09	−1.765	0.078	—
控制感	76.84±12.58	82.63±18.38	−3.092**	<0.01	−0.395
学习自我效能感总分	161.43±19.15	171.30±30.12	−3.173**	<0.01	−0.428
自豪	15.73±3.56	15.82±4.13	−0.223	0.824	—
高兴	23.54±4.74	24.82±5.33	−2.392*	<0.05	−0.259
希望	13.68±3.12	13.96±3.27	−0.827	0.409	—
满足	14.63±3.50	14.96±3.57	−0.896	0.371	—
平静	12.95±2.79	13.34±3.47	−1.219	0.260	—
放松	15.47±3.83	15.70±4.06	−0.552	0.581	—
高唤醒学业情绪	53.02±9.78	54.80±10.46	−1.626	0.105	—
低唤醒学业情绪	43.00±8.37	43.88±9.09	−0.930	0.353	—

注：* $P<0.05$；** $P<0.01$。

（二）相关分析

对性别、年龄、流动时间、是否独生子女、家庭社会经济地位（家庭年收入、主观家庭经济状况与父母受教育年限）等背景变量，与学习自我效能感（基本能力感和控制感）、积极学业情绪（自豪、高兴和希望；满足、平静和放松）以及幸福感（主观幸福感和心理幸福感）进行Pearson相关分析（见表 5-21）。结果表明，首先，主观幸福感与基本能力感、控制感均显著正相关（r=0.143、0.132，P<0.05），但相关系数都在 0.20 以下；而心理幸福感仅仅与基本能力感有显著正相关（r=0.496，P<0.01）。其次，心理幸福感与积极学业情绪（自豪、高兴、希望、满足、放松、平静）均显著正相关（r=0.163～0.379，P<0.01），且大多数相关系数均高于 0.20；而主观幸福感仅仅与高兴、满足显著正相关（r=0.150、0.123，P<0.05），相关系数也都在 0.20 以下。再次，基本能力感与积极学业情绪（自豪、高兴、希望、满足、放松、平静）均显著正相关（r=0.229～0.393，P<0.01），且相关系数均高于 0.20；而控制感与高兴、满足、平静、放松显著正相关（r=0.171～0.223，P<0.01），除了平静外，相关系数都在 0.20 以下。最后，主观幸福感、心理幸福感与年龄、父母受教育水平等背景变量都有不同程度的相关。

表 5-21　各变量的相关分析

变量	M±SD	1	2	3	4	5	6	7	8	9	10	11	12	13	14	15	16
1. 性别	—	—															
2. 年龄	17.78±2.92	−0.045	—														
3. 流动时间	—	−0.081	−0.524**	—													
4. 是否是独生子女	—	0.184**	0.025	0.041	—												
5. 家庭年收入	3.77±1.95	−0.045	−0.242**	0.267**	−0.066	—											
6. 父亲受教育年限	8.35±3.15	0.032	−0.089	0.013	−0.110*	0.213**	—										
7. 母亲受教育年限	6.92±3.43	−0.026	−0.120*	0.117*	−0.181**	0.244**	0.475**	—									
8. 主观幸福感	61.57±13.87	−0.069	−0.083	0.101	0.087	0.032	−0.174**	−0.085	—								
9. 心理幸福感	116.15±32.41	0.045	−0.228**	0.071	−0.005	0.096	0.065	0.117*	0.298**	—							
10. 基本能力感	81.36±16.03	0.023	−0.198**	0.089	0.004	0.122*	0.095	0.180**	0.143*	0.496**	—						
11. 控制感	78.71±14.93	0.052	−0.342**	0.221**	0.07	0.130*	0.035	0.018	0.132*	0.099	0.047	—					
12. 自豪	15.76±3.75	0.065	−0.015	0.021	−0.029	0.036	0.027	0.087	0.03	0.163**	0.229**	−0.034	—				
13. 高兴	23.97±4.97	0.115*	−0.231**	0.155**	0.075	0.079	0.021	0.089	0.150*	0.379**	0.337**	0.171**	0.488**	—			
14. 希望	13.78±3.17	0.162**	−0.193**	0.067	0.018	0.084	0.056	0.087	0.069	0.332**	0.284**	0.083	0.460**	0.736**	—		
15. 满足	14.74±3.52	0.087	−0.103*	0.028	0.056	−0.009	0.032	0.049	0.123*	0.249**	0.327**	0.175**	0.375**	0.367**	0.252**	—	
16. 平静	13.08±3.03	0.114*	−0.133**	0.078	0.078	0.042	0.05	0.083	0.114	0.376**	0.393**	0.223**	0.381**	0.638**	0.606**	0.414**	—
17. 放松	15.55±3.90	0.039	−0.097	0.027	0.026	−0.052	0.04	0.05	0.099	0.244**	0.322**	0.162**	0.389**	0.384**	0.338**	0.561**	0.547**

注：* $P<0.05$；** $P<0.01$；性别：男 44.9%，女 55.1%；是否独生子女：独生子女 38.7%，非独生子女 61.3%；流动时间：半年 65.7%，半年以上 34.3%。

（三）回归分析

1. 幸福感对学习自我效能感、积极学业情绪的回归分析

分别考察学习自我效能感、积极学业情绪对主观幸福感和心理幸福感的预测作用，以学习自我效能感（基本能力感和控制感）以及积极学业情绪（自豪、高兴和希望；满足、平静和放松）的得分为自变量，以主观幸福感和心理幸福感的得分分别为因变量，在控制性别、年龄等背景变量的前提下进行多元逐步回归分析，结果表明（具体见表5-22和表5-23）：基本能力感对主观幸福感具有显著的正向预测作用，其对主观幸福感的可解释的变异率为2.1%；基本能力感和高兴对心理幸福感具有显著的正向预测作用，其对心理幸福感的可解释的变异率分别为23.8%、3.2%。

表5-22　学习效能感、积极学业情绪对主观幸福感的预测（$n=397$）

	自变量	β	t	P	因变量	R^2	ΔR^2	F	P
$M1$					主观幸福感	0.031	0.027	7.279	<0.01
	流动时间	0.177	2.698	<0.01					
$M2$					主观幸福感	0.049	0.040	5.787	<0.01
	父亲受教育年限	−0.113	−2.048	<0.05					
$M3$					主观幸福感	0.070	0.064	6.153	<0.001
	基本能力感	0.167	2.569	<0.05					

注：$M1$和$M2$模型是以性别、年龄等7个背景变量为自变量，以主观幸福感为因变量的多元逐步回归模型；$M3$模型是以学习效能感及其各维度、积极学业情绪各维度为自变量，以主观幸福感为因变量的多元逐步回归模型。

表5-23　学习效能感、积极学业情绪对心理幸福感的预测（$n=397$）

	自变量	β	t	P	因变量	R^2	ΔR^2	F	P
$M1$					心理幸福感	0.058	0.054	17.083	<0.001
	年龄	−0.240	−4.113	<0.001					
$M2$					心理幸福感	0.296	0.291	58.639	<0.001
	基本能力感	0.504	9.721	<0.001					
$M3$					心理幸福感	0.328	0.321	45.331	<0.001
	高兴	0.195	3.670	<0.001					

注：$M1$模型是以性别、年龄等7个背景变量为自变量，以心理幸福感为因变量的多元逐步回归模型；$M2$模型是以学习效能感为自变量，以心理幸福感为因变量的多元逐步回归模型；$M3$模型是以学业情绪为自变量，以心理幸福感为因变量的多元逐步回归模型。

2. 流动青少年学习自我效能感、积极学业情绪对幸福感的预测

如表5-24、表5-25所示，在控制性别、年龄、是否独生子女、家庭年收入等背景变量后，基本能力感对幸福感（主观幸福感和心理幸福感）的正向预测作用仍然显著（$\beta=0.133$、0.498，$P<0.05$、$P<0.001$），且基本能力感对心理幸福感的正向预测作用高于基本能力感对主观幸福感的正向预测作用。在控制性别、年龄、是否独生子女等背景变量以及学习自我

效能感变量后，积极学业情绪中的高兴和平静对心理幸福感具有显著的正向预测作用（高兴：$\beta=0.207$，$P<0.05$；平静：$\beta=0.193$，$P<0.01$）；而积极学业情绪对主观幸福感的预测作用均不显著。因此总体上积极学业情绪对心理幸福感的预测作用高于积极学业情绪对主观幸福感的预测作用。

以高唤醒积极学业情绪（自豪、高兴和希望）为自变量的回归分析。首先以主观幸福感为因变量，结果显示：在控制前两层变量后，高唤醒积极学业情绪对主观幸福感均没有显著的预测作用，调节作用也均不显著；其次以心理幸福感为因变量，结果显示：在控制前两层变量后，高唤醒积极学业情绪中的高兴对心理幸福感的正向预测作用显著（$\beta=0.207$，$P<0.05$），但调节作用均不显著。

表 5-24　流动青少年学习效能感、积极高唤醒学业情绪对幸福感的分层回归（$n=397$）

		主观幸福感			心理幸福感		
		B	SE	β	B	SE	β
第一层	性别	−1.175	1.787	−0.044	1.117	3.903	0.017
	年龄	−0.330	0.335	−0.079	−2.924	0.763	−0.259***
	流动时间	1.319	1.296	0.083	−2.774	2.813	−0.068
	是否是独生子女	1.074	1.813	0.040	−1.873	4.003	−0.028
	家庭年收入	0.620	0.473	0.093	0.917	1.035	0.055
	父亲受教育年限	−0.645	0.314	−0.156*	−0.266	0.703	−0.025
	母亲受教育年限	−0.053	0.300	−0.014	0.532	0.660	0.055
		$\Delta R^2=0.057$，$\Delta F=1.986$			$\Delta R^2=0.068$，$\Delta F=2.946$**		
第二层	基本能力感	0.143	0.059	0.172*	1.043	0.106	0.518***
	控制感	0.033	0.060	0.038	0.057	0.120	0.026
		$\Delta R^2=0.028$，$\Delta F=3.501$*			$\Delta R^2=0.239$，$\Delta F=48.160$***		
第三层	自豪	0.039	0.273	0.011	−0.304	0.506	−0.034
	高兴	0.035	0.278	0.013	1.360	0.527	0.207*
	希望	0.161	0.449	−0.035	0.406	0.818	0.038
		$\Delta R^2=0.001$，$\Delta F=0.050$			$\Delta R^2=0.040$，$\Delta F=5.686$**		
第四层	自豪*基本能力感	−0.037	0.020	−0.189	−0.023	0.035	−0.056
	高兴*基本能力感	0.014	0.016	0.108	−0.002	0.032	−0.008
	希望*基本能力感	−0.016	0.024	−0.073	0.014	0.050	0.029
	自豪*控制感	0.028	0.016	0.153	0.030	0.029	0.065
	高兴*控制感	−0.002	0.017	−0.016	0.010	0.033	0.029
	希望*控制感	−0.045	0.033	−0.163	0.079	0.067	0.123
		$\Delta R^2=0.029$，$\Delta F=1.179$			$\Delta R^2=0.031$，$\Delta F=2.274$*		

注：* $P<0.05$；** $P<0.01$；*** $P<0.001$。

表 5-25　流动儿童学习效能感、积极低唤醒学业情绪对幸福感的分层回归(n=397)

		主观幸福感			心理幸福感		
		B	SE	β	B	SE	β
第一层	性别	−1.727	1.803	−0.064	2.773	3.968	0.042
	年龄	0.016	0.350	0.004	−2.779	0.795	−0.241**
	流动时间	2.606	1.311	0.163*	−1.968	2.880	−0.048
	是否是独生子女	1.866	1.827	0.068	−2.299	4.053	−0.034
	家庭年收入	0.601	0.486	0.088	0.964	1.068	0.057
	父亲受教育年限	−0.496	0.310	−0.118	−0.152	0.701	−0.014
	母亲受教育年限	−0.047	0.299	−0.012	0.592	0.668	0.060
		ΔR^2=0.066,ΔF=2.277*			ΔR^2=0.069,ΔF=2.965**		
第二层	基本能力感	0.111	0.056	0.133*	1.008	0.108	0.498***
	控制感	0.068	0.063	0.077	0.047	0.126	0.021
		ΔR^2=0.021,ΔF=2.550			ΔR^2=0.223,ΔF=43.516***		
第三层	满足	−0.110	0.315	−0.027	0.465	0.598	0.049
	平静	0.497	0.364	0.110	2.152	0.707	0.193**
	放松	−0.094	0.285	−0.028	−0.567	0.563	−0.068
		ΔR^2=0.008,ΔF=0.657			ΔR^2=0.027,ΔF=3.544*		
第四层	满足*基本能力感	−0.036	0.018	−0.181*	−0.154	0.034	−0.356***
	平静*基本能力感	−0.006	0.022	−0.025	0.046	0.039	−0.090
	放松*基本能力感	0.022	0.017	0.118	0.101	0.033	0.255**
	满足*控制感	0.088	0.021	0.415***	0.133	0.040	0.263**
	平静*控制感	−0.032	0.023	−0.143	0.008	0.043	0.014
	放松*控制感	−0.031	0.017	−0.169	−0.030	0.034	−0.067
		ΔR^2=0.078,ΔF=3.370**			ΔR^2=0.087,ΔF=6.502***		

注：* P<0.05；** P<0.01；*** P<0.001。

以低唤醒积极学业情绪(满足、平静和放松)为自变量的回归分析。首先以主观幸福感为因变量，结果显示：在控制前两层变量后，低唤醒积极学业情绪对主观幸福感的预测作用均不显著，但满足与基本能力感、满足与控制感的调节作用显著(β=−0.181、0.415，P<0.05、P<0.001)，其余均不显著；其次以心理幸福感为因变量，结果显示：在控制前两层变量后，低唤醒积极学业情绪中的平静对心理幸福感的预测作用显著(β=0.193，P<0.01)，其中满足与基本能力感、控制感的调节作用均显著(β=−0.356、0.263，P<0.001、P<0.01)，放松与基本能力感的调节作用显著(β=0.255，P<0.01)，其余均不显著。

采用简单斜率(simple-slope)检验进一步分析调节作用。将低唤醒积极学业情绪中的满足的得分划分为高分组和低分组(以均分±1 标准差划分)，在控制背景变量的条件下，考察两组学生的基本能力感对主观幸福感的影响，结果表明：以基本能力感为自变量，主观幸福感为因变量时，高分组对主观幸福感的正向关联不显著(simple-slope=0.112，t=1.593，P>0.05)，低分组对主观幸福感的正向关联均不显著(simple-slope=0.085，t=1.313，

$P>0.05$)，低分组对主观幸福感的正向关联均不显著(simple-slope $=0.085$，$t=1.313$，$P>0.05$)，进一步分析发现两组作用方向有显著差异[$F(3,273)=2.750$，$P<0.05$，$f^2=0.030$]，具体见图 5-2。

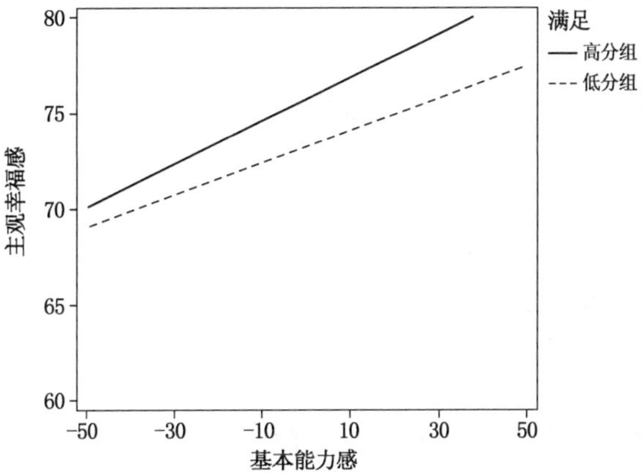

图 5-2　满足在基本能力感与主观幸福感关系中的调节作用

将低唤醒积极学业情绪中的满足的得分划分为高分组和低分组(以均分±1 标准差划分)，在控制背景变量的条件下，考察两组学生的控制感对主观幸福感的影响，结果表明：以控制感为自变量，主观幸福感为因变量时，高分组对主观幸福感的正向关联具有统计学意义(simple-slope $=0.201$，$t=3.274$，$P<0.01$)；但低分组对主观幸福感的负向关联并不具有统计学意义(simple-slope $=-0.060$，$t=-0.783$，$P>0.05$)，具体见图 5-3。

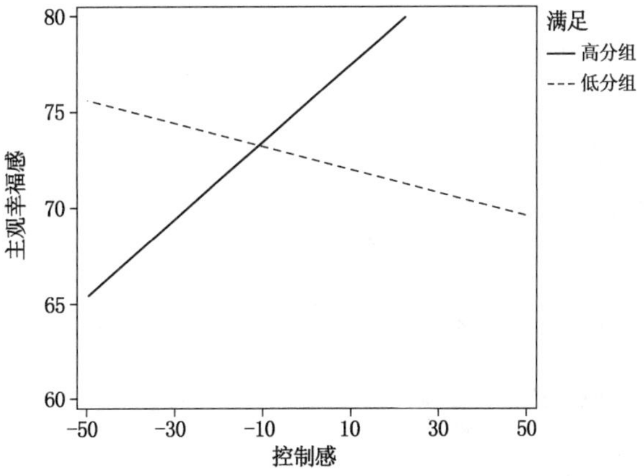

图 5-3　满足在控制感与主观幸福感关系中的调节作用

将低唤醒积极学业情绪中的满足的得分划分为高分组和低分组(以均分±1 标准差划分)，在控制背景变量的条件下，考察两组学生的基本能力感对心理幸福感的影响，结果表明：以基本能力感为自变量，心理幸福感为因变量时，高分组对心理幸福感的正向关联具有统计学意义(simple-slope $=0.866$，$t=6.491$，$P<0.001$)；低分组对心理幸福感的正向关联也具有统计学意义(simple-slope $=1.040$，$t=8.685$，$P<0.001$)。并且低分组的正向关联要高于高分组，即低唤醒积极学业情绪满足的得分高会增加基本能力感对心理幸福感的正向

关联。具体见图 5-4。

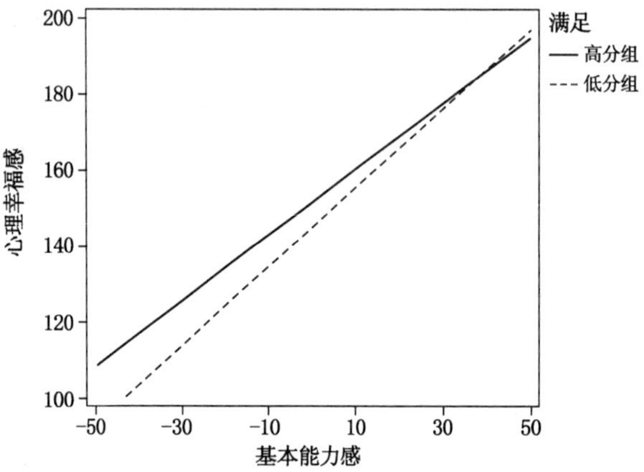

图 5-4　满足在基本能力感与心理幸福感关系中的调节作用

将低唤醒积极学业情绪中的放松的得分划分为高分组和低分组(以均分±1 标准差划分),在控制背景变量的条件下,考察两组学生的基本能力感对心理幸福感的影响,结果表明:以基本能力感为自变量,心理幸福感为因变量时,高分组对心理幸福感的正向关联具有统计学意义(simple-slope=1.048,t=7.249,P<0.001),低分组对心理幸福感的正向关联也具有统计学意义(simple-slope=0.912,t=7.868,P<0.001);并且高分组对心理幸福感的正向关联高于低分组,即放松得分高是会增加基本能力感对心理幸福感的正向关联。具体见图 5-5。

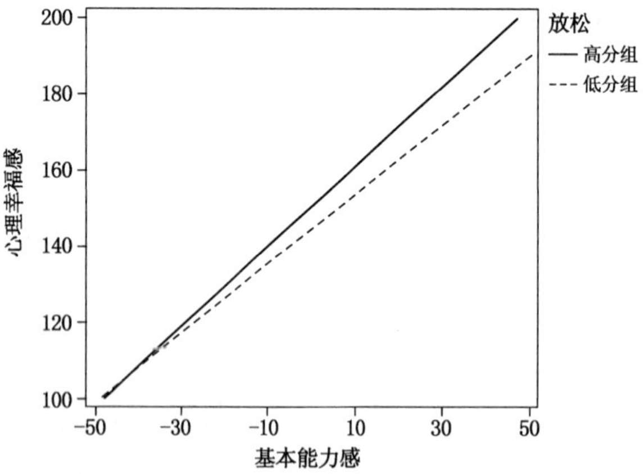

图 5-5　放松在基本能力感与心理幸福感关系中的调节作用

采用简单斜率(simple-slope)检验进一步分析调节作用。将低唤醒积极学业情绪中的满足的得分划分为高分组和低分组(以均分±1 标准差划分),在控制背景变量的条件下,考察两组学生的控制感对心理幸福感的影响,结果表明:以控制感为自变量,心理幸福感为因变量时,高分组对心理幸福感的正向关联具有统计学意义(simple-slope=0.416,t=3.069,P<0.01);低分组对心理幸福感的负向关联具有统计学意义(simple-slope=−0.478,t=−2.873,P<0.01)。具体见图 5-6。

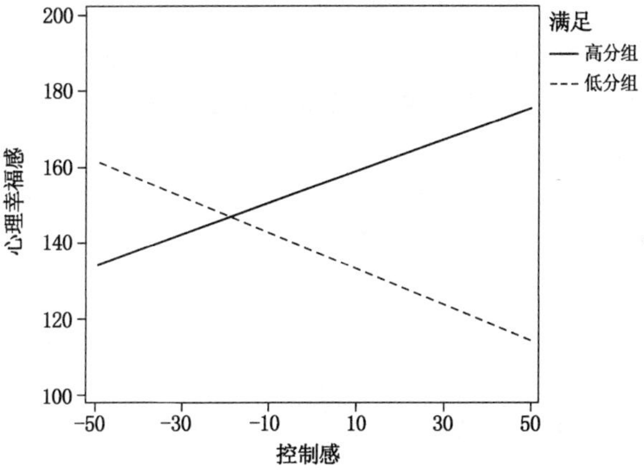

图 5-6　满足在控制感与心理幸福感关系中的调节作用

四、讨论

（一）流动青少年学习自我效能感、积极学业情绪以及幸福感的差异分析

对流动青少年学习自我效能感、积极学业情绪以及幸福感进行性别、年级、家庭经济地位等背景变量的差异分析，我们可以发现男生积极学业情绪中的高兴、希望、平静等维度的得分均低于女生的得分，这说明女生比男生更容易受情绪的影响，比男生有更深刻的情绪体验，这与已有的相关研究结果一致，如严鹏展等运用问卷和访谈法对 510 名初中生进行调查研究，结果发现，女生在高兴、希望、平静等积极学业情绪上的得分显著高于男生①。大学以下年级的学生，其心理幸福感的得分要低于大学生的得分，这说明年级是影响心理幸福感的因素之一，已有相关研究与之一致，如朱娉婷等对 350 名大学生进行问卷调查结果显示，不同年级的学生其心理幸福感的总体水平有差异②；大学以下年级学生的学习自我效能感（基本能力感、控制感）、积极学业情绪（高兴、希望）的得分均高于大学学生的得分，这说明大学生的学习完全依赖于自己，学业拖延行为比较普遍，学习是否自主、是否有自制力，这都关乎大学生成绩的好坏，而大学以下年级的学生，其学习有父母和老师的督促与监督，较少出现学业拖延行为，因而其学习自我效能感、积极学业情绪较大学生都要偏高。

研究还发现，父母的受教育水平对流动青少年的主观幸福感的影响具有显著性。而郑志萍的研究结果表明，父亲的受教育水平对青少年的主观幸福感存在显著性差异，但母亲的受教育水平对青少年的主观幸福感却没有显著影响③。这说明在当今社会，受教育程度高的父母，对待孩子更容易采取积极的教养方式，与孩子的相处模式会更加民主，对孩子抱有很高的希望，会以身作则给孩子树立榜样，有利于孩子身心健康的发展，因而更容易获得主

① 严鹏展，程思傲，孙芳萍．初中生学业情绪的现状、问题及对策研究[J]．宁波大学学报（教育科学版），2011，33(2)：78-82.

② 朱娉婷，刘邦春．大学生心理幸福感及其影响因素分析[J]．湖南第一师范学院学报，2013，13(2)：95-99.

③ 郑志萍．家庭环境、父母教养方式与青少年主观幸福感的关系研究[D]．天津：天津师范大学，2011.

观幸福感；而家庭年收入对学习自我效能感中的基本能力感有显著的影响，且表现为家庭收入高的学生其基本能力感得分要高于家庭收入低的学生的得分。这说明家庭收入高，可以为学生提供各种优质的学习资源，提高学生的学习能力，使得学生在处理学习问题方面得心应手，因而其基本能力感也会相应地提高。

流动半年以下的学生，其学习效能感中的控制感、学业情绪中的高兴的得分均低于流动半年以上的学生，且无论我们调查的学生是否为独生子女，其在学习自我效能感、积极学业情绪以及幸福感上的得分均无显著性差异。其原因可能是流动时间在半年以上的学生，其对流动过程和新的教学模式和学习方式的适应能力、对新异刺激的接受能力以及对自我情绪的调节能力较流动半年以下的学生要好。而当今社会独生子女的现象越来越普遍，父母对待孩子观念的转变，都使独生子女与非独生子女的区别越来越小。

（二）流动青少年学习自我效能感、积极学业情绪以及幸福感的关系

结果发现主观幸福感与基本能力感、控制感均呈显著正相关，且基本能力感对主观幸福感具有显著的正向预测作用（可解释变异率 2.1%）；而心理幸福感仅仅与基本能力感有显著正相关，基本能力感对心理幸福感也有显著的正向预测作用（可解释变异率 23.8%）。说明流动青少年的学习自我效能感得分越高，其幸福感的水平也越高，这与已有的相关研究结果相一致，如林杉在对 584 名高中生进行身体锻炼、学业自我效能感以及主观幸福感的研究中发现，学业自我效能感的各个维度与主观幸福感有显著的正相关①；金艳玲对大学生的心理幸福感的研究中发现，自我效能感与大学生的心理幸福感总分呈显著的正相关，且自我效能感对心理幸福感具有预测作用②。其次，心理幸福感与积极学业情绪各维度均有显著正相关，且高兴对心理幸福感具有显著的正向预测作用（可解释变异率 3.2%）；而主观幸福感仅仅与高兴、满足有显著正相关。学习是流动青少年作为学生的重要职责之一，其学业情绪更是关乎到学业成绩的好坏，对学业成绩具有预测作用③。积极的学业情绪可以使学生在学习中更加投入，在学习中获得乐趣，从而更容易在学习上取得成功。学业成绩作为影响学生幸福感的因素之一④，显然积极的学业情绪可以通过促进学业成绩的提高而达到提升学生幸福感的目的。根据以往研究，学业自我效能感与积极学业情绪存在显著正相关⑤，而本研究发现与以往的研究相一致：学习自我效能感的基本能力感与积极学业情绪各维度均有显著正相关，控制感与高兴、满足、平静、放松有显著的正相关。最后，我们还发现主观幸福感、心理幸福感与年龄、父母受教育水平等背景变量都有不同程度的相关。在幸福感早期的研究中，家庭经济地位⑥、年龄和教育水平⑦等都作为评估其水平的依据。

---

① 林杉.高中生身体锻炼与学业自我效能感、主观幸福感的关系[D].长春：东北师范大学，2011.

② 金艳玲.大学生心理幸福感问卷的编制及应用研究[D].太原：山西医科大学，2011.

③ 孙芳萍，陈传锋.学业情绪与学业成绩的关系及其影响因素研究[J].心理科学，2010，33(1)：204-206.

④ 马颖，刘电芝.中学生学习主观幸福感及其影响因素的初步研究[J].心理发展与教育，2005，21(1)：74-79.

⑤ 李洁，宋尚桂.大学生学业自我效能感、学业情绪与学习适应性[J].中国健康心理学杂志，2013，21(9)：1429-1431.

⑥ RYAN R M，DECI E L. On happiness and human potentials：a review of research on hedonic and eudaimonic well-being[J]. Annual review of psychology，2001，52：141-166.

⑦ ANDREWS F M，WITHEY S B. Social indicators of well-being[M]. Boston：Springer US，1976.

（三）流动青少年积极学业情绪在学习自我效能感和幸福感之间的调节作用

本研究结果显示在控制性别、年龄、家庭年收入等背景变量后，基本能力感对幸福感的正向预测作用仍然显著，高兴和平静对心理幸福感具有显著的正向预测作用，而在总体上积极学业情绪对心理幸福感的预测作用高于积极学业情绪对主观幸福感的预测作用。这说明学习自我效能感和积极学业情绪都是影响流动青少年幸福感的重要因素，这与已有的研究相一致①。进一步的研究发现，在控制背景变量和学习自我效能感之后，无论是高唤醒还是低唤醒的积极学业情绪对主观幸福感均没有显著的预测作用，但满足与基本能力感、满足与控制感的调节作用显著，这说明在没有学习自我效能感参与的情况下，学业情绪对幸福感的影响并不显著，这与以往的研究有所出入②，这可能是由于研究对象（流动青少年）、研究背景（在流动条件下）等差异所造成的研究结果的不同。与此同时，我们发现高唤醒积极学业情绪中的高兴和低唤醒积极学业情绪中的平静对心理幸福感的预测作用显著，其中满足与基本能力感、控制感的调节作用均显著，放松与基本能力感的调节作用显著，这说明在青少年的日常学习生活中，积极的学业情绪是心理幸福感的影响因素之一，且在学习自我效能感与心理幸福感之间有调节作用，这是以前的研究所没有提及的。

进一步的简单效应检验后发现，将满足得分分为高分组和低分组两个水平：在这两个水平上，基本能力感对主观幸福感的正向关联均不显著，但对心理幸福感的正向关联均具有统计学意义，且低分组的正向关联要高于高分组，即低唤醒积极学业情绪满足的得分高会增加基本能力感对心理幸福感的正向关联。在高分组水平上，控制感对主观幸福感和心理幸福感的正向关联均具有统计学意义，在低分组水平上，控制感对主观幸福感的负向关联不具有统计学意义，但对心理幸福感的负向关联具有统计学意义。与此同时，我们还发现，将放松的得分划分为高分组和低分组两个水平，基本能力感在这两个水平上对心理幸福感的正向关联均具有统计学意义，且高分组对心理幸福感的正向关联高于低分组，即放松得分高会增加基本能力感对心理幸福感的正向关联。从总体上看，积极学业情绪在学习自我效能感（基本能力感和控制感）与心理幸福感之间的调节作用更明显，这很有可能是因为积极学业情绪会使流动儿童在面对环境变更、教学变更等情况下，积极调整自己，适应环境，积极投身于新的学习和生活之中，增强自己的学习能力和学习兴趣，从而取得良好的学业成绩，获得个人价值，增强心理幸福感。

流动青少年由于其自身背景的特殊性，其成长的过程也带有特殊的色彩。陌生的环境、新的学习模式、不定时的流动等，对流动青少年的学习和生活来说都是挑战。学习，作为正在成长中的青少年的主要任务，关注其学习自我效能感、学业情绪以及幸福感就显得尤为重要。根据以往研究，环境是影响学业情绪的重要因素③，积极调整自己的状态适应环境，保持积极的学业情绪，才能在面对新环境的教学时不害怕。学习自我效能感与学业成绩有显

---

① 曹书丽.高中生学习自我效能感、心理控制源与主观幸福感关系的研究[D].保定：河北大学，2012.

② 黄琼，谢昕怡.大学生学业情绪与心理弹性、主观幸福感的关系[J].遵义师范学院学报，2016，18(4)：89-93.

③ 徐先彩，龚少英.学业情绪及其影响因素[J].心理科学进展，2009，17(1)：92-97.

著的正向预测作用①,因而较高的学习自我效能感会使流动青少年更加胜任学习任务,从而获得较好的学业成绩。但是在学生的成长中,学业成绩是评价学生的一个重要标准,是影响幸福感的一个重要因素②,因而我们在关注学生学业成绩的同时,还应关心他们的幸福感。学习自我效能感、学业情绪以及幸福感都与流动青少年息息相关,因而对于这些变量的研究,不仅可以了解流动青少年的现状如何,存在哪些问题,也可以为改善和提升流动青少年学习自我效能感、学业情绪以及幸福感提供依据。

① 钱珍.初中生父母教养方式、学业归因、学业自我效能感与学业成绩的关系研究[D].武汉:华中师范大学,2008.

② 赵淑媛,蔡太生,曾祥志,等.高中生主观幸福感的特点及其与学业成绩的关系[J].中国临床心理学杂志,2011,19(1):128-129.

结语　流动青少年心理健康教育的社会融合机制

流动青少年心理问题的成因交织着社会、学校、家庭及身心等诸多因素，流动青少年是城市人口的重要组成部分，流动青少年的社会融合是促进社会安全稳定的基石，是和谐社会构建的重要内容。

一、流动青少年社会融合面临的新形势

（一）流动青少年已成为城市人口的重要组成部分

我国流动青少年主要由农民工子女(以在校学生为主体)、进城务工青年、跟随父母进城未就业者等组成。流动青少年的特点是生活环境处于城与乡、城与城、城市内部的流动中，生活状态处于学习、就业、待业的变化中。2014 年 12 月底，我国城市流动人口达到 2.53 亿人，其中流动青少年占流动人口总数近三分之一。近 9 成的已婚新生代流动人口是夫妻双方一起流动，与配偶、子女共同流动的约占 60%①。

（二）流动青少年社会融合已经成为城市有效管理、社会安全稳定的基石

充满活力的社会往往是流动性比较大的社会，而流动性大的社会又往往是社会安定存在隐患的社会。流动青少年处于生活环境不断变化中，生活不安定，居住不固定，给社会治安和社会管理造成巨大的压力。近年我国流动青少年犯罪已占到青少年犯罪总数的 67.8%②。有研究者认为，流动青少年在流动中所产生的生存风险带来了合法性手段和社会资源的缺失，流动青少年在情感和规范上对越轨亚文化群体形成依赖，这对其走上犯罪道路有着重要的影响。

（三）流动青少年社会融合集中体现在经济、社会和心理等三个层面，是和谐社会构建的重要内容

流动青少年是和谐社会中重要一员，他们既是评估社会和谐的重要指标，又是构建和谐社会的重要方面。流动青少年社会融合主要集中在经济、社会和心理层面的适应，这三个方面是依次递进的。经济层面、社会层面的融合标准是由流动青少年层面对城乡生活的对比、城市生活的主观感受和预期等决定的。心理层面的融合包含流动青少年的职业适应、居住空间、社会交往、社会参与和社会认同。而流动青少年心理层面的融合，又能促进流动青少年形成积极的心理状态，增进经济层面、社会层面的社会融合。因此，流动青少年心理层面的融合比经济、社会融合更加紧迫。

二、流动青少年社会融合心理支持系统建设的迫切性

（一）流动青少年心理健康整体水平偏低

流动青少年规模逐渐扩大，而流动青少年心理健康整体水平偏低，超过半数的被调查流动青少年存在轻度及以上的心理问题，来自不同类别学校的流动青少年与本地儿童在心理

① 国家卫生计生委流动人口司.中国流动人口发展报告 2015[M].北京：中国人口出版社，2015.

② 李一可，张潇.流动青少年犯罪成因研究[J].今日湖北(下旬刊)，2014(2)：9.

健康水平上存在明显的差异，普通中学本地儿童的心理问题总检出率明显低于农村中学流动青少年的检出率①。流动青少年跟随父母远离家乡来到陌生的城市生活和学习，往往会由于经济条件、政策、群体亚文化、刻板印象、自身因素等种种原因导致处境不利，从而引发各种问题②。研究显示，流动青少年强迫现象、情绪不稳定、学习压力、焦虑、人际关系紧张等 5 个问题最为突出③。

（二）流动青少年城市认同感、归属感、社会融入程度较低

社会融入的前提是流动青少年能够接受城市文化，被城市文化所同化，在城市环境中重新适应社会。在融入的过程中，流动青少年通过改变对生活地域的自我认同，在角色、身份、生活模式、归属感和认同感等方面对城市中的结构性制度规定逐步接受和适应④。而现实是，流动青少年出生于农村，但却要适应流入城市的文化和生活方式，必然会引起文化冲突和思维碰撞，在融入当地的过程中或多或少会产生矛盾心理，甚至出现极端行为，从而引起犯罪⑤。流动青少年对城市生活的心理认同是社会融合的重要基础。身份认同感、归属感的缺失，直接影响着社会公平感。社会公平感是青少年形成正确的世界观、价值观、人生观的核心。

三、流动青少年社会融合心理支持系统建设的政策建议

（一）构建流动青少年家庭、学校（企业）、社区心理干预的衔接与贯通机制

根据流动青少年的生活现状，可以分为在校（还可再分为不同层次、地域学校）、辍学、待业等不同类型流动青少年；根据开展流动青少年心理健康教育的实施途径，可把流动青少年的心理健康教育分为家庭、学校、社区等不同途径流动青少年心理健康教育。现阶段学校心理健康教育的理论体系较为成熟，服务体系较为完善，流动青少年的社区心理健康教育与家庭心理健康教育研究也不断取得进展，但流动青少年心理健康教育的完整性、连续性并不能保证。因此，针对流动青少年的实际特点，构建流动青少年心理干预的长效机制，必须从以下三个方面着手：首先，要健全流动青少年心理干预政策法规，推进法律层面的流动青少年心理干预工作。其次，设立流动青少年心理干预协调机构，从制度层面推动流动青少年在学校（企业）、家庭、社区等心理干预的衔接工作。最后，搭建学校心理健康教育、社区心理健康服务、家庭心理健康援助信息共享平台，建立学校心理教师、社区心理工作者的信息沟通、角色转换、任务转介的贯通机制。

（二）完善流动青少年家庭、学校（企业）、社区、社会四位一体网络化的社会支持系统

有效的社会支持系统能减轻心理应激，缓解紧张状态、提高社会适应能力。建立以个人社会关系网、流入地企业、社区、政府相结合的流动青少年社会支持网络，引导流动青少年积

① 肖蕊.北京市流动儿童心理健康状况及学校社会工作路径研究[D].武汉：华中农业大学，2012.

② 宋广文，骆风.城镇化进程中的流动儿童心理健康教育[J].江苏师范大学学报（哲学社会科学版），2014，40(3)：149-154.

③ 张巧玲，张曼华，来源，等.北京市流动儿童心理健康状况[J].中国健康心理学杂志，2013，21(8)：1237-1239.

④ 崔丽娟，丁沁南，程亮.流动儿童社会融入特点、影响因素及促进策略[J].思想理论教育，2009(16)：25-29.

⑤ 甘满堂，李振亚.城市流动人口中"三失"青少年的社会工作干预[J].重庆工商大学学报（社会科学版），2015，32(4)：87-92.

极参与流入地社会事务，促进流动青少年与流入地户籍居民的良性互动，增强流动青少年的社会保障机制和社会融合机制，减少问题流动青少年发生的机率。根据不同类型的流动青少年，构建由家庭、学校(企业)、社区、社会四个子系统组成的社会支持系统，通过培育管理、教育关怀、帮教服务和防护接纳四级功能系统来保障流动青少年的社会支持。

（三）创新流动青少年社会治理，建立畅通有序的流动青少年诉求表达、心理干预、矛盾调处、权益保障机制

流动青少年的社会治理是基层社会治理的重要组成部分，而社会治理的基本任务之一是化解社会矛盾。当前因流动人口引起的社会基层矛盾，特别是流动青少年的上学、就业以及社会融合等利益诉求等尤为突出。首先，依托心理干预技术，化解基层社会治理中的矛盾，把心理健康教育相关理论及方法运用到流动青少年的治理中，构建流动青少年社会治理中的心理干预相关机制，为创新社会治理提供重要载体。其次，突出社区的主体性地位，重构社区流动人口服务治理职能，构建社区层面的属地化治理体系。再次，构建社会治理信息共享体系。加强相关部门之间的联系、协查、配合、通报制度，逐步健全部门信息交换机制，提高部门信息资源共享水平。最后，创建公共服务均等化体系，为流动人口提供优质的惠民服务。加大流动青少年上学、就医等基本公共服务均等化服务力度，改善流动人口的生存发展状况，促进流动人口市民化。

（四）开展有针对性的流动青少年心理干预活动，提升他们对城市的认同感、归属感、公平感，促进流动青少年社会融合

流动青少年社会融合是城市有效管理、社会安全稳定的基石。有针对性的对流动青少年开展心理干预，以稳定推进人口迁移、增强流动青少年社会融合为立足点，整合不同类型流动青少年的学校(企业)、社区、家庭等心理干预机制，建立信息共享平台，将有效促进流动青少年在心理上与城市生活的认同和接纳，从而有效促进流动青少年社会融合，稳步推进人口迁移，顺利实现新型城镇化。

附录　问卷(示例)

亲爱的青少年朋友：

这是一项与青少年行为和情绪有关的调查。通过调查可以帮助你了解自己的情况，并为如何支持、帮助青少年心理健康发展提供重要依据。你的参与非常重要。所有信息将严格保密，请放心地填写。请注意答案无对错之分，请你一定要根据自己的实际想法作答。在开始填写问卷前，请仔细阅读以下说明：

1. 请认真阅读题目前面的说明，按要求答题。
2. 请不要遗漏任何一道题。
3. 答案无对错之分，答题时不用在一道题上过多思考，请根据自己的第一感觉回答。
4. 请独立完成问卷，不要与其他任何人商量。

第一部分　背景问卷

1. 性别 (1)男　(2)女

2. 生日是________年________月

3. 你现在的身份________

(1) 学生　　(2) 已经毕业，但待业　　(3) 已工作

4. 如果你是学生，请问你现在上________年级？

(1) 小学 4 年级　　(2) 小学 5 年级　　(3) 小学 6 年级

(4) 初一　　(5) 初二　　(6) 初三

(7) 高一　　(8) 高二　　(9) 高三

(10) 辍学

5. 你的户口是：A. 非农业户口　B. 农业户口

6. 你的户口在：A. 现居住地　B. 外地(如老家等)

若选 B 请回答：你到本地________？(1) 半年以下　(2) 半年到 2 年　(3) 2 年及以上

7. 您家共有______口人？

您家上一年总收入是：(总收入是全家所有成员收入的总和)

① 3 000 元以下

② 3 001 元～6 000 元

③ 6 001 元～10 000 元

④ 10 001～30 000 元

⑤ 30 001～50 000 元

⑥ 50 001～100 000 元

⑦ 100 001～150 000 元

⑧ 150 001～200 000 元

⑨ 200 001 以上

8. 相对于当地基本情况,你认为你家经济状况:

① 很差

② 比较差

③ 一般

④ 比较好

⑤ 很好

9. 目前,在家里你和________生活在一起(可多选)

(1) 亲生父亲(2) 亲生母亲(3) 继父(4) 继母(5) 养父

(6) 养母(7) 祖父母、外祖父母(8) 哥哥、姐姐(9) 其他亲戚

(10) 没有亲戚关系的人 (11) 我现在一个人生活 (12) 其他

10. 你的父亲与母亲生活在一起或没有生活在一起的原因是什么?

① 父母现在生活在一起

② 父母没有生活在一起,一方外出工作或学习

③ 父母没有生活在一起,父母离异

④ 父母现在没有生活在一起,父母一方去世

⑤ 因为其他原因,父母现在没有生活在一起

11. 你是否有过如下经历:"你的父亲或者母亲没有和你在一起居住的时间超过 6 个月(半年)?"

① 是　　② 否

12. 你父亲的受教育程度是:

(1) 没有上过学 (2) 小学 (3) 初中 (4) 高中(包括职高、技校、中专)

(5) 大专(6) 本科(7) 研究生及以上

13. 你母亲的受教育程度是:

(1) 没有上过学 (2) 小学 (3) 初中 (4) 高中(包括职高、技校、中专)

(5) 大专 (6) 本科 (7) 研究生及以上

……

第二部分　mini-IPIP 人格问卷

说明:下面句子描述了人们的日常行为。请仔细想想您现在的真实状况,并判断每个句子描述的情况在多大程度上符合自己的情况。

仔细阅读每句话,请如实回答自己的想法或状况。答案没有对错之分。注意！回答选项的数字含义如下:1＝非常不准确;2＝比较不准确;3＝不确定;4＝比较准确;5＝非常准确。

1. 活跃,引人注目

2. 善解人意

3. 马上把杂事做完

4. 情绪总是波动
5. 有丰富的想象力
……

第三部分　药物滥用风险人格问卷(SURPS)

说明:下面句子描述了人们的日常行为。请仔细想想您现在的真实状况,并判断每个句子描述的情况在多大程度上符合自己的情况。

仔细阅读每句话,请如实回答自己的想法或状况。答案没有对错之分。注意！回答选项的数字含义如下:1＝完全不同意; 2＝不同意;3＝同意;4＝完全同意。

1. 我对现状感到满足。
2. 我经常说话不经过思考。
3. 我愿意去高空跳伞。
4. 我对我的现状感到高兴。
5. 我经常涉入会使自己后悔的情境。
……

第四部分　大五人格问卷(NEO-FFI)

说明:下面句子描述了人们的日常行为。请仔细想想您现在的真实状况,并判断每个句子描述的情况在多大程度上符合自己的情况。

仔细阅读每句话,请如实回答自己的想法或状况。答案没有对错之分。注意！回答选项的数字含义如下:1＝完全不同意; 2＝不同意;3＝不确定;4＝同意; 5＝完全同意。

1. 我不是个忧虑的人。
2. 我喜欢有很多人围着我。
3. 我不喜欢去浪费时间做白日梦。
4. 我尽量对遇到的每个人以礼相待。
5. 我的东西都保持整洁干净。
……

第五部分　综合幸福感问卷

说明:下面有几组形容词,你要想一想这些形容词描述的情况与你现在的生活感受是否相符合。答案没有对错之分。注意！回答选项的数字含义如下:1＝明显不符合; 2＝不符合;3＝有些不符合;4 介于中间;5＝有些符合;6＝符合;7＝明显符合。

1. 我的生活大多数方面与我的理想吻合。
2. 我的生活状况良好。
3. 我对我的生活满意。
4. 到目前为止,我得到了我在生活想要的重要的事情。

5. 回首往事,能够感受到生活的意义和人生的圆满。

……

第六部分　贝克抑郁量表

说明:以下是一个问卷,由13道题组成,每一道题均有4句短句,代表4个可能的答案。请您仔细阅读每一道题的所有回答。读完后,从中选出一个最能反映你此刻情况的句子,在它前面画个圈。然后,再接着回答下一题。

1. 我不感到忧郁。

我感到忧郁或沮丧。

我整天忧郁,无法摆脱。

我十分忧郁,已经忍受不住。

2. 我对未来并不悲观失望。

我感到前途不太乐观。

我感到我对前途不抱希望。

我感到今后毫无希望,不可能有所好转。

……

第七部分　ZKPQ人格问卷

说明:下面句子描述了人们的日常行为。请仔细想想你自己现在的真实状况,并判断每个句子描述的情况在多大程度上符合自己的情况。

仔细阅读每句话,按照自己的真实想法和状况回答即可。答案没有对错之分。注意!回答选项的数字含义如下:1=同意;2=不同意

如果你同意某个描述或者觉得它可以用来形容你本人,请选"同意";如果你不同意某个描述或者觉得它不能用来形容你本人,请选"不同意"。

1. 我倾向于开始一项新工作之前,没有过多地去准备如何来做好它。

2. 我在不重要的事情上不担心。

3. 我很高兴地看到我所不关心的人当众被羞辱。

4. 我从不见我所不喜欢的人。

5. 我不喜欢只是随处坐坐放松放松来打发时间。

……

第八部分　情绪调节问卷

以下句子是人们对自己情绪的描述,请阅读每一个句子,并根据日常生活中你出现这些情况的次数,在最符合你的选项数字上划"√"。每题只能选一个答案。这些数字的含义为:"1"代表"偶尔或很少","2"代表"有时","3"代表"经常","4"代表"总是"。

1. 当感觉快乐时,我尽量保持平静,不让别人看出我很高兴。

2. 我努力克制自己的悲伤，不让自己愁容满面。

3. 我无法不去想一些让人恐惧的事情，往往越想越怕。

4. 对某事情有兴趣时，我极力克制自己的兴趣，使别人看不出来。

5. 当我感觉厌恶时，我不愿意表现出来让别人知道。

……

第九部分　学业情绪问卷

问卷中每个题目答案均有五个选项，“1”代表“从不”，“2”代表“小部分是”，“3”代表“部分是”，“4”代表“大部分是”，“5”代表“总是”。请根据你出现这些情况的次数，在最符合你的选项数字上划“√”。每题只能选一个答案。

1. 和你认识的大多数人相比，你自叹不如他们？

2. 你是否曾认为自己是个没有价值的人？

3. 你对你认识的人将来有一天会崇拜你有很大信心？

4. 你曾对自己感到失望，以至于怀疑自己是一个没有价值的人？

5. 你经常厌恶自己吗？

……

第十部分　心理健康教育状况调查问卷

亲爱的青少年朋友：

您好！以下是关于青少年家庭心理健康教育状况的调查问卷，请您根据实际情况填答问卷并在所选答案上边“√”，感谢您的支持与配合！

1. 与家长或监护人共同居住吗？

A. 与父母一起居住　　B. 与父或母一方居住　　C. 与父母及祖辈共同居住

D. 与祖辈或亲属居住　　E. 住学校集体宿舍

2. 家庭温馨和睦吗？

A. 是　　B. 否

3. 家长耐心听我讲身边人和事吗？

A. 是　　B. 否

4. 家长有事与我商量讲道理吗？

A. 是　　B. 否

5. 我进步家长会鼓励吗？

A. 是　　B. 否

……

亲爱的家长(监护人)：

您好！您一定有意无意、或多或少给孩子以心理健康方面的教育和影响，您也可能在这方面存在困惑，请您根据实际情况填答问卷并在所选答案上打“√”(除特别说明外均为单选)，我们希望在了解有关情况的基础上提供更有针对性的帮助，感谢支持与配合！

性别:A. 男　　　　　　B. 女

文化程度:A. 本科及以上　B. 高中或中专等　C. 初中　D. 小学　E. 小学以下

1. 您觉得您家庭氛围和谐愉快吗?

A. 是　　　　　　B. 否

2. 你们家长教育态度一致吗?

A. 是　　　　　　B. 否

3. 您所在社区是否专门面向流动儿童进行心理健康教育机构?

A. 有　　　　　　B. 没有　　　　　　C. 不知道

4. 学校是否经常与家庭联系共同促进流动儿童心理健康?

A. 是　　　　　　B. 否　　　　　　C. 不知道

5. 社区是否经常与家庭联系共同促进流动儿童心理健康?

A. 是　　　　　　B. 否　　　　　　C. 不知道

……

参考文献

[1] ADLER M D. Economic growth and the interests of future (and past and present) generations: a comment on tyler cowen[J]. The university of chicago law review, 2007,74(1):41-49.

[2] ALUJA A,ROSSIER J,GARCÍA L F,et al. A cross-cultural shortened form of the ZKPQ (ZKPQ-50-cc) adapted to English,French,German,and Spanish languages[J]. personality and individual differences,2006,41(4):619-628.

[3] ANDRIOLA E, DONFRANCESCO R, ZANINOTTO S, et al. The Junior Temperament and Character Inventory: Italian validation of a questionnaire for the measurement of personality from ages 6 to 16 years[J]. Comprehensive psychiatry, 2012,53(6):884-892.

[4] BAUM S,FLORES S M. Higher education and children in immigrant families[J]. Future of children,2011,21(1):171-193.

[5] BEAR G G,GASKINS C,BLANK J,et al. Delaware School Climate Survey-Student: Its factor structure, concurrent validity, and reliability [J]. Journal of school psychology,2011,49(2):157-174.

[6] BEDI A,COURCY F,PAQUET M,et al. Interpersonal aggression and burnout: the mediating role of psychological climate[J]. Stress and health,2013,29(5):350-359.

[7] BISWAS S. Commitment as a mediator between psychological climate & citizenship behaviour[J]. Indian journal of industrial relations,2010,45,(3),411-423.

[8] BRAULT M C,JANOSZ M,ARCHAMBAULT I. Effects of school composition and school climate on teacher expectations of students: a multilevel analysis[J]. Teaching and teacher education,2014,44:148-159.

[9] BROCA P. Remarques sur le siège de la faculté du langage articulé, suivies d'une observation d'aphémie (perte de la parole)[M]. Paris: Masson,1861.

[10] BURNS R A,MACHIN M A. Moving beyond the pleasure principle: within and between-occasion effects of employee eudaimonia within a school organizational climate context[J]. Journal of vocational behavior,2012,80(1):118-128.

[11] BYGREN M,SZULKIN R. Ethnic environment during childhood and the educational attainment of immigrant children in Sweden [J]. Social forces, 2010, 88 (3): 1305-1329.

[12] CADIMA J, DOUMEN S, VERSCHUEREN K, et al. Child engagement in the transition to school: contributions of self-regulation, teacher-child relationships and classroom climate[J]. Early childhood research quarterly,2015,32:1-12.

[13] CAMAROTA S A,ZEIGLER K. Immigrant population hits record 42. 1 million in second quarter of 2015[J]. Center for immigration studies,2015,(8):1-10.

[14] CAMPBELL A,CONVERSE P E,RODGERS W L. The quality of American life: perceptions,evaluations,and satisfactions[M]. Russell Sage Foundation,1976.

[15] CANFIELD M, GILVARRY C, KOLLER S H. Psychometric proprities of the substance use risk profile scale-Brazilian version[J]. International journal of mental health and addiction,2015,13(2):204-214.

[16] CATTELL R B. The scree test for the number of factors[J]. Multivariate behavioral research,1966,1(2):245-276.

[17] CHEN Z,LU X,KITAMURA T. The factor structure of the Chinese version of the Temperament and Character Inventory:factorial robustness and association with age and gender[J]. Comprehensive psychiatry,2013,54(3):292-300.

[18] CLONINGER C R,SVRAKIC D M,PRZYBECK T R. A psychobiological model of temperament and character [J]. Archives of general psychiatry, 1993, 50 (12): 975-990.

[19] CLONINGER C R,SVRAKIC D M,PRZYBECK T R. Can personality assessment predict future depression? A twelve-month follow-up of 631 subjects[J]. Journal of affective disorders,2006,92(1):35-44.

[20] CONGER R D, DONNELLAN M B. An interactionist perspective on the socioeconomic context of human development [J]. Annual review of psychology, 2007,58(1):175-199.

[21] CONROD P J,WOICIK P. Validation of a four-factor model of personality risk for substance abuse and examination of a brief instrument for assessing personality risk [J]. Addiction biollgy,2002,7(3): 329-346.

[22] CONSTANTINO J N,CLONINGER C R,CLARKE A R,et al. Application of the seven-factor model of personality to early childhood[J]. Psychiatry research,2002, 109(3):229-243.

[23] CORTINA J M. What is coefficient alpha? An examination of theory and applications [J]. Journal of applied psychology,1993,78(1):98-104.

[24] CROSNOE R. Early child care and the school readiness of children from Mexican immigrant families[J]. International migration review,2007,41(1):152-181.

[25] FELICIANO C. Beyond the family:the influence of premigration group status on the educational expectations of immigrants' children[J]. Sociology of education,2006, 79(4):281-303.

[26] CADIMA J, DOUMEN S, VERSCHUEREN K, et al. Child engagement in the transition to school: contributions of self-regulation, teacher-child relationships and classroom climate[J]. Early childhood research quarterly,2015,32:1-12.

[27] DECI E L,RYAN R M. Facilitating optimal motivation and psychological well-being across life's domains[J]. Psychologie canadienne,2008,49(1):14-23.

[28] DIENER E,KAHNEMAN D,HELLIWELL J. International differences in well-being [M]. Oxford:Oxford University Press,2010.

[29] DZAMONJA-IGNJATOVIC T,SVRAKIC D M,SVRAKIC N,et al. Cross-cultural validation of the revised Temperament and Character Inventory:Serbian data[J]. Comprehensive psychiatry,2010,51(6):649-655.

[30] ELIOT M,CORNELL D,GREGORY A,et al. Supportive school climate and student willingness to seek help for bullying and threats of violence[J]. Journal of school psychology,2010,48(6):533-553.

[31] ELMAN J L. Learning and development in neural networks: the importance of starting small[J]. Cognition,1993,48(1):71-99.

[32] ELOVAINIO M,PIETIKÄINEN M,LUOPA P,et al. Organizational justice at school and its associations with pupils' psychosocial school environment, health, and wellbeing[J]. Social science & medicine,2011,73(12):1675-1682.

[33] KALKAN AKCAY E,CANAN F,SIMAVLI H,et al. Effect of refractive error on temperament and character properties[J]. International journal of ophthalmology, 2015,8(1):72-76.

[34] FELICIANO C. Does selective migration matter? Explaining ethnic disparities in educational attainment among immigrants' children [J]. International migration review,2005,39(4):841-871.

[35] FRANK,M. J. "Go" and "No Go" learning and the basal ganglia [N]. Cerebrum, 2007-12-7.

[36] FRENZEL A C,PEKRUN R,GOETZ T. Girls and mathematics—a "hopeless" issue? A control-value approach to gender differences in emotions towards mathematics[J]. European journal of psychology of education,2007,22(4):497-514.

[37] FRIBORG O,HJEMDAL O,ROSENVINGE J H,et al. Resilience as a moderator of pain and stress[J]. Journal of psychosomatic research,2006,61(2):213-219.

[38] FRITSCH G,HITZIG E. Electric excitability of the cerebrum (über Die elektrische Erregbarkeit des Grosshirns)[J]. Epilepsy & behavior,2009,15(2):123-130.

[39] GARCIA D,MORADI S. Adolescents' temperament and character: a longitudinal study on happiness[J]. Journal of happiness studies,2012,13(5):931-946.

[40] GOSLING S D,RENTFROW P J,SWANN W B Jr. A very brief measure of the Big-Five personality domains [J]. Journal of research in personality, 2003, 37 (6): 504-528.

[41] GRATZ K L, WEISS N H, TULL M T. Examining emotion regulation as an outcome,mechanism,or target of psychological treatments[J]. Current opinion in psychology,2015,3:85-90.

[42] GROSS J J. Emotion regulation: affective, cognitive, and social consequences[J]. Psychophysiology,2002,39(3):281-291.

[43] GROSS J J. The emerging field of emotion regulation: an integrative review[J].

Review of general psychology, 1998, 2(3): 271-299.

[44] GRÖNQVIST H. Ethnic enclaves and the attainments of immigrant children[J]. European sociological review, 2006, 22(4): 369-382.

[45] HAUGLAND S, WOLD B, STEVENSON J, et al. Subjective health complaints in adolescence[J]. The European journal of public health, 2001, 11(1): 4-10.

[46] HAUGLAND S, WOLD B. Subjective health complaints in adolescence—reliability and validity of survey methods[J]. Journal of adolescence, 2001, 24(5): 611-624.

[47] VAN HOOK J, BAKER E. Big boys and little girls: gender, acculturation, and weight among young children of immigrants[J]. Journal of health and social behavior, 2010, 51(2): 200-214.

[48] HOPSON L M, LEE E. Mitigating the effect of family poverty on academic and behavioral outcomes: the role of school climate in middle and high school[J]. Children and youth services review, 2011, 33(11): 2221-2229.

[49] HUNT E. Cognitive science: definition, status, and questions[J]. Annual review of psychology, 1989, 40(1): 603-629.

[50] JURK S, KUITUNEN-PAUL S, KROEMER N B, et al. Personality and substance use: psychometric evaluation and validation of the substance use risk profile scale (SURPS) in English, Irish, French, and German adolescents[J]. Alcoholism: clinical and experimental research, 2015, 39(11): 2234-2248.

[51] KASPAR V. Mental health of aboriginal children and adolescents in violent school environments: protective mediators of violence and psychological/nervous disorders [J]. Social science & medicine, 2013, 81: 70-78.

[52] PERREIRA K M, ORNELAS I J. The physical and psychological well-being of immigrant children[J]. The future of children, 2011, 21(1): 195-218.

[53] LANDALE N S, THOMAS K J A, VAN HOOK J. The living arrangements of children of immigrants[J]. The future of children, 2011, 21(1): 43-70.

[54] LARUSSO M, SELMAN R. Early adolescent health risk behaviors, conflict resolution strategies, and school climate[J]. Journal of applied developmental psychology, 2011, 32(6): 354-362.

[55] LERNER Y, KERTES J, ZILBER N. Immigrants from the former Soviet Union, 5 years post-immigration to Israel: adaptation and risk factors for psychological distress[J]. Psychological medicine, 2005, 35(12): 1805-1814.

[56] LEVELS M, DRONKERS J, KRAAYKAMP G. Immigrant children's educational achievement in western countries: origin, destination, and community effects on mathematical performance[J]. American sociological review, 2008, 73(5): 835-853.

[57] LIEBERMAN M D. Intuition: a social cognitive neuroscience approach [J]. Psychological bulletin, 2000, 126(1): 109-137.

[58] RYAN R M, DECI E L. On happiness and human potentials: a review of research on hedonic and eudaimonic well-being [J]. Annual review of psychology, 2001, 52:

141-166.
[59] CROSNOE R. Health and the education of children from racial/ethnic minority and immigrant families[J]. Journal of health and social behavior,2006,47(1):77-93.
[60] CORWYN R F,BRADLEY R H. Stability of maternal socioemotional investment in young children[J]. Parenting,2002,2(1):27-46.
[61] ROBLES-GARCÍA R,FRESÁN A,CASTELLANOS-RYAN N,et al. Spanish version of the Substance Use Risk Profile Scale:Factor structure,reliability,and validity in Mexican adolescents[J]. Psychiatry research,2014,220(3):1113-1117.
[62] SADEGHI A. Affecting the Classroom Psychological Environment (CPE) on approaches of student learning in Guilan University,Iran[J]. Procedia - Social and Behavioral Sciences,2010,5:1301-1306.
[63] KOSE S. A psychobiological model of temperament and character: TCI[J]. Yeni symposium,2003,41(2): 86-97.
[64] SCHMECK K,GOTH K,POUSTKA F,et al. Reliability and validity of the junior temperament and character inventory [J]. International journal of methods in psychiatric research,2001,10(4):172-182.
[65] SHER K J, BARTHOLOW B D, WOOD M D. Personality and substance use disorders:a prospective study[J]. Journal of consulting and clinical psychology, 2000,68(5):818-829.
[66] SHIMAI S, OTAKE K, PARK N, et al. Convergence of character strengths in American and Japanese young adults[J]. Journal of happiness studies, 2006, 7(3): 311-322.
[67] SINGH-MANOUX A, ADLER N E, MARMOT M G. Subjective social status: its determinants and its association with measures of ill-health in the Whitehall II study [J]. Social science & medicine,2003,56(6):1321-1333.
[68] SIU A F Y. Validation of the substance use risk profile scale for adolescents in Hong Kong[J]. Journal of psychoeducational assessment,2011,29(1):75-83.
[69] SNOPEK M, HUBLOVA V, PORUBANOVA M, et al. Psychometric properties of the Temperament and Character Inventory-Revised (TCI-R) in Czech adolescent sample[J]. Comprehensive psychiatry,2012,53(1):71-80.
[70] STEINBERG L, LAMBORN S D, DORNBUSCH S M, et al. Impact of parenting practices on adolescent achievement:authoritative parenting,school involvement,and encouragement to succeed[J]. Child development,1992,63(5):1266-1281.
[71] SVRAKIC D M, WHITEHEAD C, PRZYBECK T R, et al. Differential diagnosis of personality disorders by the seven-factor model of temperament and character[J]. archives of general psychiatry,1993,50(12):991-999.
[72] TAKANISHI R. Leveling the playing field:supporting immigrant children from birth to eight[J]. The future of children,2004,14(2):60.
[73] THOMAS K J A. Familial influences on poverty among young children in black

immigrant,US-born black,and nonblack immigrant families[J]. Demography,2011,48(2):437-460.

[74] WANG W,DU W Y,LIU P,et al. Five-factor personality measures in Chinese university students:effects of one-child policy? [J]. Psychiatry research,2002,109(1):37-44.

[75] WILKINSON R G,PICKETT K E. Economic development and inequality affect IQ. A response to Kanazawa[J]. British journal of health psychology,2007,12(2):161-166.

[76] WOICIK P A,STEWART S H,PIHL R O,et al. The substance use risk profile scale:a scale measuring traits linked to reinforcement-specific substance use profiles [J]. Addictive behaviors,2009,34(12):1042-1055.

[77] WU D X,YIN H F,XU S J,et al. Psychometric properties of the Chinese version of Inventory for Depressive Symptomatology (IDS): preliminary findings[J]. Asian journal of psychiatry,2010,3(3):126-129.

[78] WU Y X,WANG W,DU W Y,et al. Development of a Chinese version of the zuckerman-kuhlman personality questionnaire: reliabilities and gender/age effects [J]. Social behavior and personality an international journal,2000,28(3):241-249.

[79] 边玉芳.学习自我效能感量表的编制[J].心理科学,2004,27(5):1218-1222.

[80] 蔡丹,李其维.简评认知神经科学取向的智力观[J].心理学探新,2009,29(6):23-27.

[81] 柴巧莲,姚树桥,贾惠侨,等.ZKPQ 人格问卷在中学生中应用的信度和效度检验[J].中国临床心理学杂志,2013,21(2):203-205.

[82] 戴必兵,彭义升,李娟.老年人抑郁症状与情绪调节策略的横断面研究[J].中国心理卫生杂志,2014,28(3):192-196.

[83] 戴晓阳,姚树桥,蔡太生,等.NEO 个性问卷修订本在中国的应用研究[J].中国心理卫生杂志,2004,18(3):171-174.

[84] 董奇,林崇德.中国儿童青少年心理发育标准化测验简介[M].北京:科学出版社,2011.

[85] 董妍,俞国良.青少年学业情绪问卷的编制及应用[J].心理学报,2007,39(5):852-860.

[86] 董妍,俞国良.青少年学业情绪对学业成就的影响[J].心理科学,2010,33(4):934-937.

[87] 段成荣,梁宏.我国流动儿童状况[J].人口研究,2004,28(1):53-59.

[88] 段成荣,吕利丹,王宗萍,等.我国流动儿童生存和发展:问题与对策:基于 2010 年第六次全国人口普查数据的分析[J].南方人口,2013,28(4):44-55.

[89] 葛鲁嘉.认知心理学研究范式的演变[J].国外社会科学,1995(10):63-66.

[90] 国家卫生计生委流动人口司.中国流动人口发展报告 2015[M].北京:中国人口出版社,2015.

[91] 侯杰泰.结构方程模型及其应用[M].北京:教育科学出版社,2004.

[92] 侯娟,邹泓,李晓巍.流动儿童家庭环境的特点及其对生活满意度的影响[J].心理发展与教育,2009,25(2):78-85.

[93] 胡谊.改良教育心理学:来自认知神经科学的影响[J].心理学探新,2007,27(1):

15-18.

[94] 黄敏儿,郭德俊.情绪调节的实质[J].心理科学,2000,23(1):109-110.

[95] 康育文,陈青萍.贫困大学生心身健康与自尊、人际关系、成就动机的相关[J].中国临床心理学杂志,2006,14(5):510-512.

[96] 李朝义.脑与意识研究:人脑智慧的考验[M]//罗跃嘉.认知神经科学教程.北京:北京大学出版社,2006.

[97] 李丹黎,张卫,李董平,等.父母行为控制、心理控制与青少年早期攻击和社会退缩的关系[J].心理发展与教育,2012,28(2):201-209.

[98] 刘俊升,桑标.发展认知神经科学研究述评[J].心理科学,2007,30(1):123-127.

[99] 刘霞,赵景欣,申继亮.歧视知觉对城市流动儿童幸福感的影响:中介机制及归属需要的调节作用[J].心理学报,2013,45(5):568-584.

[100] 刘杨,方晓义,戴哲茹,等.流动儿童歧视、社会身份冲突与城市适应的关系[J].人口与发展,2012,18(1):19-27.

[101] 刘杨,方晓义.流动儿童社会身份认同与城市适应的关系[J].社会科学战线,2013(6):190-194.

[102] 栾文敬,路红红,童玉林,等.家庭关系对流动儿童心理健康的影响[J].学前教育研究,2013(2):27-36.

[103] 马颖,刘电芝.中学生学习主观幸福感及其影响因素的初步研究[J].心理发展与教育,2005,21(1):74-79.

[104] 麦玉娇,温忠麟.探索性结构方程建模(ESEM):EFA 和 CFA 的整合[J].心理科学进展,2013,21(5):934-939.

[105] 毛向军,王中会.流动儿童亲子依恋及对其心理韧性的影响[J].中国特殊教育,2013(3):50-55.

[106] 苗元江.心理学视野中的幸福:幸福感理论与测评研究[M].天津:天津人民出版社,2009.

[107] 聂爱情,郭春彦,吴艳红,等.图形编码与提取的 ERP 研究[J].科学通报,2004,49(19):1962-1968.

[108] 任春荣.学生家庭社会经济地位(SES)的测量技术[J].教育学报,2010,6(5):77-82.

[109] 桑青松,卢家楣.课堂学业情绪内涵建构与价值取向[J].中国教育学刊,2012(11):58-61.

[110] 申继亮,刘霞,赵景欣,等.城镇化进程中农民工子女心理发展研究[J].心理发展与教育,2015,31(1):108-116.

[111] 宋广文,周方芳.处境不利儿童心理弹性的研究及其教育启示[J].中国特殊教育,2010(10):75-78.

[112] 宋广文,骆风.城镇化进程中的流动儿童心理健康教育[J].江苏师范大学学报(哲学社会科学版),2014,40(3):149-154.

[113] 宋灵青,刘儒德,李玉环,等.社会支持、学习观和自我效能感对学习主观幸福感的影响[J].心理发展与教育,2010,26(3):282-287.

[114] 苏荣坤,王旭梅,马颂,等.少儿气质性格量表中文版的信效度研究[J].中华行为医学

与脑科学杂志,2013,22(8):747-751.
[115] 孙芳萍,陈传锋.学业情绪与学业成绩的关系及其影响因素研究[J].心理科学,2010,33(1):204-206.
[116] 田黛,陆运清,安晓强,等.学业自我效能感、社交焦虑对大学生主观幸福感的影响研究[J].中国健康心理学杂志,2012,20(8):1241-1243.
[117] 王道阳,魏玮.教育科学发展新取向:来自认知神经科学的影响[J].教育生物学杂志,2013,1(3):226-231.
[118] 王极盛,丁新华.初中生主观幸福感与生活事件的关系研究[J].心理与行为研究,2003,1(2):96-99.
[119] 徐世勇.Cloninger的人格生物社会模型及其生理机制的证据[J].心理科学进展,2007,15(2):344-349.
[120] 徐先彩,龚少英.学业情绪及其影响因素[J].心理科学进展,2009,17(1):92-97.
[121] 姚建军.试析美国"熔炉论"理想与现实之间的悖论[J].世界民族,2011(2):40-44.
[122] 俞国良,董妍.学业情绪研究及其对学生发展的意义[J].教育研究,2005,26(10):39-43.
[123] 俞国良,董妍.学习不良青少年与一般青少年学业情绪特点的比较研究[J].心理科学,2006,29(4):811-814.
[124] 俞国良,刘聪慧.独立或整合:社会认知神经科学对社会心理学的影响与挑战[J].中国人民大学学报,2009,23(3):70-79.
[125] 袁晓娇,方晓义,刘杨,等.流动儿童社会认同的特点、影响因素及其作用[J].教育研究,2010,31(3):37-45.
[126] 张巧玲,张曼华,来源,等.北京市流动儿童心理健康状况[J].中国健康心理学杂志,2013,21(8):1237-1239.
[127] 张卫,李董平,谢志杰.低社会经济地位与儿童发展[J].华南师范大学学报(社会科学版),2007(6):104-112.
[128] 曾小娟,蒋浩,李永鑫.农村留守初中生的心理健康与心理弹性、核心自我评价[J].中国心理卫生杂志,2014,28(12):947-950.